宁波文物考古研究丛书　乙种第一号

傅家山

——新石器时代遗址发掘报告

宁波市文物考古研究所　编著

科学出版社

北　京

内 容 简 介

傅家山遗址位于浙江省宁波市江北区慈城镇八字村，属于新石器时代河姆渡文化的一处重要遗址。为配合杭州湾跨海大桥南岸连接线工程建设，2004年宁波市文物考古研究所对该遗址进行了抢救性考古发掘，揭露出聚落中的干栏式建筑遗迹，并出土了大量的陶器、玉石器、骨器、木器和象牙器等生产工具、生活用具、雕刻艺术品。傅家山遗址的发现，丰富和发展了河姆渡文化内涵。本书是傅家山遗址发掘资料整理和研究的成果，为宁绍平原的区域文化研究提供了更为翔实的考古资料。

本书可供文物、考古、博物馆工作者以及从事建筑史、陶瓷史、美术史研究者和高校师生等阅读参考。

图书在版编目（CIP）数据

傅家山：新石器时代遗址发掘报告／宁波市文物考古研究所编著．—北京：科学出版社，2013.1

（宁波文物考古研究丛书．乙种；1）

ISBN 978-7-03-036142-4

Ⅰ.①傅… Ⅱ.①宁… Ⅲ.①河姆渡文化－文化遗址－发掘报告－宁波市 Ⅳ.①K878.05

中国版本图书馆 CIP 数据核字（2012）第 293041 号

责任编辑：宋小军 王琳玮／责任校对：朱光兰
责任印制：赵德静／封面设计：陈 敬

科学出版社 出版
北京东黄城根北街 16 号
邮政编码：100717
http://www.sciencep.com

双青印刷厂 印刷
科学出版社发行 各地新华书店经销

*

2013 年 1 月第 一 版　开本：787×1092　1/16
2013 年 1 月第一次印刷　印张：13　插页：58
字数：264 000

定价：**280.00 元**
（如有印装质量问题，我社负责调换）

FU JIA SHAN

——The Excavated Report on the Neolithic Site

Ningbo Municipal Institute of Cultural Relics and Archaeology

Science Press

Beijing

本书出版得到

国家重点文物保护专项补助经费

资　助

《宁波文物考古研究丛书》
编辑委员会

名誉主任：成岳冲

主　　任：陈佳强

副 主 任：孟建耀　王结华（执行）

编　　委：（按姓氏笔画排序）

　　　　　　王力军　王玉琦　江怀海　李永宁　李英魁

　　　　　　祝来生　徐建成　徐炳明　徐微明　黄浙苏

总　序

　　南部的天台山，西部的会稽、四明两山以及北部的海岸线，在浙江的最东面围合成一个相对封闭的独立平原水系，余姚江和奉化江穿过各自狭长的山谷，在这一广袤的水网平原腹地交汇成甬江，流入茫茫东海。这一特殊的地理骨架，设定了宁波地域发展富有个性的方向。

　　距今7000年前，这里有了择水而栖、农耕渔猎的河姆渡人，产生了"饭稻羹鱼"的物质生活和"双鸟舁日"的精神家园。河姆渡人最终在浙东形成了于越民族。公元前473年（周元王三年），于越人建造了宁波历史上第一座城市句章。公元前221年（秦始皇二十六年），全国一统后开始在这里设县建置，秦汉人和他们的后裔在这片土地上繁衍生息并烙下了生存印记。公元621年（唐武德四年）设置鄞州，这是宁波历史上建州的开始。公元738年（唐开元二十六年）设置明州，至公元821年（唐长庆元年）因港口对外开放和海防军事要塞的需要，而将明州治所迁至三江口并营建子城，至唐末完成了周长18公里的罗城，由此在东海之滨奠定了古代宁波城市的空间形态。在明州城建于三江口之后的一千余年间，以上林湖贡瓷为代表的越窑青瓷的繁盛与远输，以它山堰为重点的一大批水利工程的疏浚与修筑，以与高句丽和日本为主要交往航向的"海上丝绸之路"的开辟与拓展，以象山县学为开端的教育制度的确立与兴盛，以保国寺为典型的建筑技术的隆兴，以天一阁为翘首的藏书文化的兴起与地方文献的修撰，以黄宗羲为宗师的清代浙东学派的开创，生动凸现出宁波地域文化的脉络架构。近代因鸦片战争而被迫开埠，宁波城市又印上了中西文化碰撞与融合的历史痕迹。众多丰厚的文物古迹、历史遗存伴随着宁波的发展走到了今天。1986年12月，宁波荣膺国家级历史文化名城称号。

　　历史虽然已经过去，但文化灵魂犹在，遗风依然。作为历史物化载体的文物和对文献拾遗补正的考古，承载着重新发现历史和诠释文化的新的使命。1932年宁波地域第一个专门化的官方文物机构——宁波古物陈列所的成立，标示着现代文物考古学科在宁波这块古老土地上的滥觞，但这一时期的主要工作还仅仅停留在金石收藏与展陈的初始阶段，具有真正现代科学意味的文物考古工作的拓荒，还要迟至20世纪50年代以后。实质性的突破来自于20世纪70年代河姆渡遗址的两次发掘，得以正式命名的"河姆渡文化"以其久远的历史和独特的内蕴，证明这里同样也是华夏文明的一处源头。嗣后三十余年间，伴随着改革开放的强劲号角，宁波文物考古工作一如经济建设的快速推进，开始在这片民风绵长、物色丰饶的沃壤上悄然勃兴，开花结果；大批富于特色的历史建筑与街区、村镇的保护，成就了宁波古代文明的薪火传承；门类丰富的博物馆、陈列馆建设与藏品研究，搭建了现代文化与古代文明的互动平台；起讫千年，长盛不衰的海上交通的拓展和海交史迹的确认，不仅展示出宁波先民"铺桥为路"、"以舟作楫"的生活特质，同时也勾画出昔日港城与海外文化交流、商旅往来的历史图卷。继河姆渡遗址发掘之后，诸多史前时期聚落遗址的发掘与不同历史时期文物遗存的清理，清晰地揭示着宁波地域人地消长关系、生存能力和生产力水平；大量瓷窑遗址的发现与发掘，既佐证着东汉以来越窑青瓷的发轫与发展，更为宁波赢得了"海上陶瓷之路东方起点"的美誉；城市考古的揭幕与站在学科前沿的水下考古的启动，则让今人有幸阅读昔日宁波城市与港口的沧桑繁华。所有这些都是曾经生活在这块沃土上的先人慷慨赐予我们的厚重礼物。

　　江山秀丽，乃有学人宴集之典；才俊辈出，遂有文章极盛之会。对宁波地域历史文化的保护、发掘与课题的系统研究，无疑有着富有魅力的广阔前景。兹由宁波市文物考古研究所（文物保护管理所）推出的这套"宁波文物考古研究丛书"，荟历年文物考古之经络，总各代典章器物之精华，既有域内学者之耕耘，也不乏各地同仁之奉献，立意悠远，脉目清晰，图文并茂，博专共存。相信丛书的推出，必将厚德于历史之宁波，亦将裨益于宁波之今日。

　　是为序。

成岳冲

2006年9月于甬上

前　言

宁波位于浙江省东北部的东海之滨，居我国大陆海岸线中段，宁绍平原的东端。北临钱塘江杭州湾，西接绍兴市的上虞、嵊州、新昌三县，南濒三门湾，陆域南缘与台州市的三门、天台两县接壤，东南与舟山市隔海相望。宁波境内三面环山，一面濒海。天台山和四明山分别从西南、西北入境。地势由西南山麓向东北滨海缓慢倾斜，其间有低山丘陵和小块的河谷平原。余姚江、奉化江和甬江三江流贯其中，构成了"经原纬隰，枕山臂江"① 的独特地理形势。宁波市下辖6区3市2县，陆域面积9365平方千米，海域面积9758平方千米，常住人口760多万，是长三角南翼的经济中心。1986年12月8日，宁波被国务院公布为国家历史文化名城。

在漫长的岁月旅程中，宁波先民们创造了灿烂的精神财富和丰富的物质遗存。这里既是河姆渡文化和越窑青瓷遗址的主要分布区，又是浙东文化的摇篮和海上丝绸之路的始发港之一。特别是河姆渡文化的发现和认识，具有里程碑式的意义，掀开了中国文明起源研究新的一页，同时也确立了宁波在我国历史文化长河中的重要地位。

河姆渡遗址由浙江省博物馆考古部（1979年组建为浙江省文物考古研究所）在1973~1974年进行了首次科学发掘，发现了4个叠压的地层，揭露出干栏式建筑和水井等重要遗迹，出土了极具地域特色的夹炭黑陶器、骨耜等一批重要遗物及大量的动植物遗存，特别是栽培稻谷的大批量发现为同时期其他遗址所不见，掀起了稻作农业起源研究的热潮，确定了长江下游及其附近地区在我国原始稻作农业起源过程中的重要地位。1977~1978年第二次发掘时，又发现了灰坑、墓葬以及干栏式建筑基址等重要遗迹，出土了丰富的陶、石、骨、角、牙和木器等遗物。河姆渡遗址的发现与发掘无疑是浙江20世纪史前考古最伟大的成就之一，对推动我国新石器时代考古，特别是长江流域新石器时代考古研究起到了积极作用，得到了社会上的高度关注

---

① （清）裘琏：《横山文抄·甬东形胜赋》，清康熙刻本。

和学术界的普遍认同,确立了"河姆渡文化"①,被誉为"中国早期文化发展的另一个文化中心,有它自己的独立发展过程"②,雄辩地证明了长江流域是中华文明的又一摇篮。

此后,宁绍平原一度成为热土,河姆渡文化研究成为史前考古研究的中心。文物考古工作者开始不断探寻和研究河姆渡文化的分布范围、文化内涵及其与其他史前文化的关系。1986年,浙江省文物考古研究所与宁波市文物考古研究所合作,对位于宁波市江北区慈城镇西北角的慈湖遗址进行了正式考古发掘。发掘过程中不仅发现了大批富有特征的陶、石、骨、角、玉器以及木质钻头等新型生产工具,还有木屐等特色生活用具和木耜、牛轭形器等简易农耕工具。更重要的是,发掘确认慈湖遗址上、下层文化应是宁绍地区河姆渡文化向良渚文化发展过程中的一种新的文化内涵,这种新的文化内涵不仅填补了河姆渡文化发展脉络上的缺环,同时也首次在宁绍平原上确立了良渚文化层的存在③。

20世纪80年代以后,浙江省文物考古研究所等又先后对宁波慈城小东门遗址、奉化茗山后遗址、北仑沙溪遗址、象山塔山遗址、余姚鲻山遗址、鲞架山遗址和田螺山遗址等史前文化遗址进行了科学发掘。另外,1989年在发掘奉化茗山后遗址时,在其北侧山坡采集到一件用间接剥离法制作的燧石质镞形器;1996年在余姚鲻山遗址第6~10层中出土了数百件燧石质的细小石器④,主要有锤击器、刮削器、尖状器、凿形器和斧形器等器类,属于直接打击制成的细小石器。它们的发现表明横贯宁绍平原的奉化江、曹娥江流域的浙东盆地及低山地区,即山麓与平原交接地带有存在新石器时代早期遗存的可能性⑤,从而为寻找和探索本地区新石器时代早期遗存提供了一定依据。

---

① 浙江省文物管理委员会、浙江省博物馆:《河姆渡遗址第一期发掘报告》,《考古学报》1978年第1期;浙江省文物考古研究所:《河姆渡——新石器时代遗址考古发掘报告》,文物出版社,2003年。
② 夏鼐:《中国文明的起源》,《夏鼐文集(上)》,社会科学文献出版社,2000年。
③ 浙江省文物考古研究所、宁波市文物考古研究所:《宁波慈湖遗址发掘简报》,《浙江省文物考古研究所学刊》,文物出版社,1993年。
④ 王海明:《余姚鲻山河姆渡文化遗址》,《中国考古学年鉴·1995年》,文物出版社,1997年;浙江省文物考古研究所、厦门大学历史系:《浙江余姚市鲻山遗址发掘简报》,《考古》2001年第10期。
⑤ 刘军:《浙江考古的世纪回顾与展望》,《考古》2001年第10期。

以上这些考古发掘与研究的成果，不仅在不同程度上填补、深化和扩展了河姆渡及其后续文化的内涵，同时也在宁绍地区基本建立了河姆渡文化一期→二期→三期→四期→良渚文化钱塘江南岸类型（或称为良渚文化茗山后类型[①]）这样一个脉络相对比较清晰的史前文化发展序列。

与此同时，大量的考古调查与发掘还表明，发轫于上虞梁湖，横贯四明山川的余姚江是宁波史前文明的摇篮。迄今发现的姚江流域余姚境内典型的河姆渡文化遗址就有二十余处之多，由西向东依次为：乐安湖遗址（云楼乡）、兵马司遗址（双河乡安山桥）、黄家山遗址（双河乡桐湖）、桐山遗址（双河乡桐山）、翁家山遗址（梅溪乡湖田湾）、朱山遗址（梅溪乡西岙）、鲻山遗址（丈亭镇汇头）、新周家遗址（丈亭镇寺前王）、坑山垅遗址（丈亭镇下徐塔）、傅家遗址（陆埠镇傅家）、支溪岙遗址（沿江乡）、张界遗址（江中乡）、田屋遗址（江中乡方家）、王家遗址（江中乡钱家漕）、相山佛堂遗址（江中乡李家）、车厩一中遗址（车厩镇）、河姆渡遗址（河姆渡镇）、鲞架山遗址（河姆渡镇）、田螺山遗址（三七市镇相岙）、云山遗址（二六市乡）、下庄遗址（罗江乡百罗）、周家汇头遗址（罗江乡浪墅桥）。而姚江流域江北境内的河姆渡文化遗址相对较少，由西向东依次为：八字桥遗址（妙山乡）、傅家山遗址（慈城镇傅家村）、慈湖遗址（慈城镇西北）、小东门遗址（慈城镇东）。姚江流域之外则只有少量史前遗址发现，主要有慈溪市浒山镇的童家岙遗址、鄞州区茅山乡的董家跳遗址、鄞州区蜃蛟乡芦家桥村的蜃蛟遗址、奉化市南浦乡的茗山后遗址、象山县丹城镇的塔山遗址和红庙山遗址、北仑区柴桥镇的沙溪遗址等[②]（图版一）。

进入 21 世纪后，随着地方社会经济的快速发展，宁波地域配合基本建设的抢救性考古发掘工作也进入了高潮，使得大量的考古新发现浮出水面，其中傅家山遗址就是在这样的时代背景下撩开面纱的。

位于宁波市东北部、上海市东南、钱塘江口外的杭州湾，西起海盐县澉浦——慈溪市西三闸断面，东至扬子角——镇海连线，由西到东逐渐拓宽，湾顶宽约 20 千米，湾口宽约 100 千米，面积约 5000 平方千米。如何让天堑变通途，其实早在 1993 年宁波市就开始酝酿筹建杭州湾交通通道。2000 年 8

[①] 刘军、王海明：《宁绍平原良渚文化初探》，《东南文化》1993 年第 1 期。
[②] 傅璇琮：《宁波通史·史前至唐五代卷》，第 6、7 页，宁波出版社，2009 年。

月，浙江省发展计划委员会将杭州湾跨海大桥项目建议书上报国家计委。2002年4月30日，国务院第128次总理办公会议讨论通过了该项目的立项问题。同年5月29日，国家计委正式下达立项批文，同意杭州湾跨海大桥作为国道主干线沈（阳）海（口）线跨越杭州湾的便捷通道，成为国家高速公路网杭州湾环线（G92）的组成部分。大桥北起嘉兴市海盐郑家埭，跨越宽阔的杭州湾海域后止于宁波市慈溪水路湾，全长36千米，是目前世界上已建的最长的跨海大桥，大桥建成后缩短了宁波至上海间的陆路距离100余千米。杭州湾跨海大桥按双向六车道高速公路设计，设计时速每小时100千米，设计使用年限100年，总投资超过161亿元。大桥2003年11月14日开工，经过43个月的工程建设，2007年6月26日全桥贯通，2008年5月1日正式通车，梦想终于变成现实。杭州湾跨海大桥的建造对于促进长三角地区经济社会的合作、交流和发展，进一步提升浙江省的综合竞争力和国际竞争力，优化国道主干线的路网布局，改变宁波交通末端状况，缓解沪杭甬高速公路交通的压力，促进宁波、舟山深水良港资源的整合开发和利用都具有深远的、重大的战略意义。

傅家山遗址即是为配合杭州湾跨海大桥南岸连接线高速公路建设工程而进行的抢救性考古发掘项目。该遗址的发现与发掘，是继余姚河姆渡遗址之后在姚江流域发现的又一处重要的远古原始村落基址，也是宁波市区范围内首次发现的距今约七千年的河姆渡文化早期遗址，为研究河姆渡文化的分布特征、聚落形态、建筑构造以及文化内涵提供了新的考古学实例。特别是此次发现的干栏式建筑基址遗迹保存相对完整，其中有些构件的制造技术比河姆渡遗址发现的更胜一筹，这无疑对探索干栏式建筑技术的发展具有特殊价值。同时，此次考古中出土了较多的珍贵文物，有些器形和纹饰在河姆渡文化中尚属首次发现，丰富了该考古学文化的内涵。除此之外，通过对傅家山遗址的发掘和研究，还可以为古地质学、古地理学、古气候学、古生物学等相关学科的研究提供第一手的科学资料。因此，傅家山遗址的发现对长江下游史前文明的研究和探索，对充实宁波国家历史文化名城的内涵都具有重要意义。

傅家山遗址也是宁波市文物考古研究所第一次独立主持发掘的较大规模的史前遗址项目。在浙江省文物局和浙江省文物考古研究所的指导下，考古工作队制定了周密的发掘方案，严格按照国家文物局和《田野操作规程》的要求，规范操作，确保发掘质量。同时，考古工作队还根据现场实际情况，创新考古工作方法，如第一次采用垂直数码摄影技术，取得了与高空摄影效果相媲美的精确的遗迹正投影影像图。另外，注重考古发掘现场的科技保护工作，如采取木质遗迹脱水保护以及取样测试分析等相关工作，为出土文物的保护和考古发掘报告的编写提供科学依据。

考古发掘工作既是对发掘单位整体业务水平的检验，更是对考古队员敬业精神和团结合作精神的考验。在傅家山遗址发掘期间，正好经历了南方的梅雨季和酷暑期，考古工作队既要保障国家重点工程的顺利推进，同时还要保证考古发掘的质量不受影响。为此，考古队员们克服了重重困难，各相关部门和人员通力合作，经过4个多月紧张的野外发掘以及几年时间的室内整理工作，终于基本搞清了傅家山遗址的历史面貌，完成了考古发掘报告的编写并付梓出版。

特别值得一提的是，傅家山遗址的考古发掘与后续保护工作在建设部门和文物部门的共同努力下，使这弥足珍贵的文化遗产得以顺利揭露和妥善保护。建设单位宁波市高等级公路建设指挥部高度重视和大力支持发掘工作，从考古调查到正式发掘都坚持与文物部门密切配合，按协议及时拨付发掘经费，保证了考古工作的顺利开展。他们还经常到考古现场进行考察了解，并对考古中发现的重要遗迹给予积极保护。在发掘结束后，宁波市高等级公路建设指挥部邀请文物部门专家参加服务区方案论证会，吸纳了文物部门的建议，并及时调整了建设方案，同意将发掘现场进行回填保护（图版二，1）。同时按照遗址公园模式，树立大型遗址标志碑，并在重要路段添置以傅家山遗址文化内涵为元素的雕塑作品等，使古代文明与现代文明交相辉映，这在国内高速公路服务区的建设中还是极为罕见的（图版二，2）。而发掘单位宁波市文物考古研究所也事先主动征求工程部门意见，合理安排发掘项目的先后顺序，尽力如期完成发掘任务，保证工程建设的顺利进行。建设单位和发掘单位都从大局出发，双方积极探索文物保护与基本建设的最佳结合点，正确处理考古发掘与工程建设的关系，既使文物损失减少到最小的程度，又使工程建设不延误，应该说此项工作获得了双赢。建设部门与文物部门这种密切协作的精神，为我们今后处理基本建设与文物保护之间的矛盾创造了一个成功的案例，留下了许多可资借鉴的宝贵经验。与此同时，也使我们切身感受到文化遗产的保护工作，单凭文物部门的力量是远远不够的，只有动员全社会的共同参与，才能更好地共享文化遗产的保护成果。

目 录

总序 ······ 成岳冲	(i)
前言 ······	(iii)
第一章　概况 ······	(1)
第一节　宁波历史沿革 ······	(1)
第二节　地理位置与自然环境 ······	(2)
第三节　发现与发掘经过 ······	(4)
第二章　地层堆积与成因 ······	(6)
第一节　地层堆积 ······	(6)
第二节　地层成因 ······	(8)
一、地层分布特点 ······	(8)
二、地层堆积的成因 ······	(8)
第三章　文化遗存 ······	(11)
第一节　第8层 ······	(11)
一、遗迹 ······	(11)
（一）木构建筑基址 ······	(11)
（二）灰坑 ······	(17)
二、遗物 ······	(17)
（一）陶器 ······	(17)
（二）石器（玉石器） ······	(64)
（三）骨、角器 ······	(80)
（四）木器 ······	(95)
第二节　第7层 ······	(97)
一、遗迹 ······	(97)
（一）木础立柱的出土状况 ······	(97)
（二）木础立柱的基本认识 ······	(98)
二、遗物 ······	(99)
（一）陶器 ······	(99)

（二）石器 …………………………………………………………………（104）
　　　（三）骨器 …………………………………………………………………（107）
第三节　第6层 ………………………………………………………………………（109）
　一、遗迹 ……………………………………………………………………………（109）
　　　（一）水沟的形状与流向 …………………………………………………（109）
　　　（二）水沟形成原因分析 …………………………………………………（109）
　二、遗物 ……………………………………………………………………………（111）
　　　（一）陶器 …………………………………………………………………（111）
　　　（二）石器 …………………………………………………………………（113）
第四节　第4层 ………………………………………………………………………（114）
　遗物 …………………………………………………………………………………（114）
　（一）陶器 …………………………………………………………………………（114）
　（二）石器 …………………………………………………………………………（117）
第五节　第3层 ………………………………………………………………………（118）
　遗物 …………………………………………………………………………………（118）
　（一）陶器 …………………………………………………………………………（118）
　（二）石器 …………………………………………………………………………（119）

第四章　动植物遗存与古环境 ……………………………………………………（120）

第一节　动物遗存 ……………………………………………………………………（120）
　一、动物种属鉴定 …………………………………………………………………（120）
　　　（一）鱼纲 Pisces ……………………………………………………………（120）
　　　（二）鸟纲 Aves ………………………………………………………………（122）
　　　（三）爬行动物纲 Reptilia …………………………………………………（124）
　　　（四）哺乳动物纲 Mammalia ………………………………………………（124）
　二、动物骨骼反映的生业模式 ……………………………………………………（142）
　三、动物骨骼反映的人类行为 ……………………………………………………（143）
第二节　植物遗存 ……………………………………………………………………（144）
　一、采集的食用植物 ………………………………………………………………（144）
　二、孢粉分析的木本、草本和蕨类植物 ………………………………………（144）
第三节　遗址古环境分析 ……………………………………………………………（145）

第五章　结语 ………………………………………………………………………（147）

第一节　建筑选址与定居方式 ………………………………………………………（147）
　一、建筑的选址理念 ………………………………………………………………（147）

二、建筑的形式特色……………………………………………（148）
　第二节　陶制器皿与制陶技术……………………………………（149）
　第三节　生产工具与经济模式……………………………………（152）
　　一、工具特征与使用………………………………………………（152）
　　　（一）石器………………………………………………………（152）
　　　（二）骨（角）、木器…………………………………………（153）
　　二、经济模式………………………………………………………（154）
　　　（一）采集经济…………………………………………………（154）
　　　（二）渔猎经济…………………………………………………（155）
　　　（三）农业经济…………………………………………………（155）
　第四节　艺术成就与意识形态……………………………………（156）
　第五节　文化分期与年代…………………………………………（157）
附表……………………………………………………………………（159）
　附表一　陶片可辨器型与陶系关系统计总表……………………（159）
　附表二　北京大学加速器质谱（AMS）碳-14 测试报告…………（160）
附录……………………………………………………………………（161）
　附录一　动物骨骼遗存鉴定意见…………………………………（161）
　附录二　宁绍平原傅家山遗址的孢粉分析及其人地关系………（162）
Abstract……………………………………………………………（175）
后记…………………………………………………………………（177）

插 图 目 录

图一　傅家山遗址位置图··(2)
图二　傅家山遗址地形图··(3)
图三　傅家山遗址发掘探方分布图··(插页)
图四　傅家山遗址纵向地层剖面图··(7)
图五　傅家山遗址横向地层剖面图··(9)
图六　木构建筑基址遗迹图··(插页)
图七　建筑木构件··(15)
图八　H1 平、剖面图···(17)
图九　陶片纹样拓片··(19)
图一〇　第 8 层出土的陶敞口釜··(20)
图一一　第 8 层出土的陶敞口釜··(22)
图一二　第 8 层出土的陶敞口釜··(23)
图一三　第 8 层出土的陶敞口釜··(25)
图一四　第 8 层出土的陶敞口釜··(26)
图一五　第 8 层出土的陶敞口釜··(28)
图一六　第 8 层出土的陶敞口釜··(29)
图一七　第 8 层出土的陶直口釜··(30)
图一八　第 8 层出土的陶直口釜··(31)
图一九　第 8 层出土的陶敛口釜··(33)
图二〇　第 8 层出土的陶敛口釜··(34)
图二一　第 8 层出土的陶敛口釜··(36)
图二二　第 8 层出土的陶敛口釜··(37)
图二三　第 8 层出土的陶双耳罐、陶单耳罐···(38)
图二四　第 8 层出土的陶无耳罐、陶瓮···(39)
图二五　第 8 层出土的陶瓮、陶敞口盆、陶敛口盆·······································(40)
图二六　第 8 层出土的陶平底盘··(42)
图二七　第 8 层出土的陶平底盘··(43)

图二八	第8层出土的陶平底盘	(44)
图二九	第8层出土的陶平底盘、陶圈足盘	(45)
图三〇	第8层出土的陶圈足盘、陶敛口钵	(47)
图三一	第8层出土的陶敛口钵	(48)
图三二	第8层出土的陶敛口钵、陶敞口钵	(50)
图三三	第8层出土的陶敞口钵	(51)
图三四	第8层出土的陶碗	(52)
图三五	第8层出土的陶豆、陶盂形器	(54)
图三六	第8层出土的陶器盖	(55)
图三七	第8层出土的陶器盖	(56)
图三八	第8层出土的陶器座、陶釜支架	(58)
图三九	第8层出土的陶纺轮	(60)
图四〇	第8层出土的陶纺轮	(61)
图四一	第8层出土的陶纺轮、小陶器	(62)
图四二	第8层出土的小陶器	(63)
图四三	第8层出土的石斧	(65)
图四四	第8层出土的石斧	(66)
图四五	第8层出土的石斧	(67)
图四六	第8层出土的石斧	(68)
图四七	第8层出土的石斧	(69)
图四八	第8层出土的石斧	(70)
图四九	第8层出土的石锛	(72)
图五〇	第8层出土的石锛	(73)
图五一	第8层出土的打制石片	(74)
图五二	第8层出土的石凿	(75)
图五三	第8层出土的石凿	(76)
图五四	第8层出土的石球、石锤	(77)
图五五	第8层出土的砺石、石纺轮	(78)
图五六	第8层出土的玉石饰品	(79)
图五七	第8层出土的骨耜	(81)
图五八	第8层出土的骨镞	(83)
图五九	第8层出土的骨镞	(84)
图六〇	第8层出土的骨镞	(86)

图六一	第8层出土的骨凿	(89)
图六二	第8层出土的骨锥	(90)
图六三	第8层出土的骨笄	(91)
图六四	第8层出土的骨匕、坠饰、骨哨、角锤	(92)
图六五	第8层出土的柄形器	(93)
图六六	第8层出土的蝶形器、鹰首、靴形器	(94)
图六七	第8层出土的木轴杆	(95)
图六八	第8层出土的木矛、木镞、锛柄、木蝶形器	(96)
图六九	第7层立柱平剖面图	(98)
图七〇	第7层出土的陶敞口釜	(100)
图七一	第7层出土的陶直口釜、陶敛口釜、陶釜形罐、陶敞口盆、陶敛口盆	(101)
图七二	第7层出土的陶平底盘、陶圈足盘、陶敛口钵	(102)
图七三	第7层出土的陶敞口钵、陶碗、陶器盖	(103)
图七四	第7层出土的陶纺轮、陶兽形塑	(104)
图七五	第7层出土的石斧	(105)
图七六	第7层出土的石锛、石凿、石片、石球	(106)
图七七	第7层出土的骨耜	(107)
图七八	第7层出土的骨镞、骨凿、骨锥、骨匕	(108)
图七九	第6层G1平剖面图	(110)
图八〇	第6层出土的陶敞口釜、陶敛口釜、陶双耳罐、陶四耳罐、陶豆盘、陶器盖、陶盉、陶纺轮	(112)
图八一	第4层出土的石斧、石锛、石凿	(114)
图八二	第4层出土的陶敞口釜（鼎）、陶鼎足、陶釜支架、陶敞口罐、陶敛口罐	(116)
图八三	第4层出土的陶豆盘、陶豆把、陶纺轮	(117)
图八四	第4层出土的石锛、石刀、石片	(118)
图八五	第3层出土的陶纺轮、陶釜支架、石锛、石纺轮、石刀、石镞、石犁	(119)
图八六	乌鳢下颌骨、鲈形目或鲑形目鱼上颌骨	(121)
图八七	鲈形目或鲑形目鱼的脊椎骨、琵鹭肱骨	(122)
图八八	鹰肱骨、鳖腹甲	(123)
图八九	猕猴肱骨	(125)

图九〇　獾肱骨、水獭下颌骨与髋骨 …………………………………………（126）

图九一　猫科头后骨、犀齿、猪下颌骨 ………………………………………（128）

图九二　梅花鹿角 ………………………………………………………………（130）

图九三　梅花鹿与水鹿角 ………………………………………………………（130）

图九四　水鹿角 …………………………………………………………………（133）

图九五　水鹿头骨与下颌骨 ……………………………………………………（135）

图九六　麂下颌骨、麋鹿角 ……………………………………………………（137）

图九七　麋鹿下颌骨、水牛头骨与上颌骨 ……………………………………（140）

图九八　水牛下颌骨与寰椎 ……………………………………………………（141）

图 版 目 录

图版一　宁波主要史前遗址分布图
图版二　傅家山遗址回填现状
图版三　傅家山遗址发掘前现状与发掘探方
图版四　傅家山遗址远眺
图版五　傅家山遗址卫星影像图
图版六　关键柱地层剖面与 H1 剖面
图版七　木构建筑基址遗迹
图版八　木构建筑基址遗迹
图版九　建筑木构件
图版一〇　建筑木构件
图版一一　木构建筑基址全景（西南—东北）
图版一二　鸟瞰木构建筑全景（垂直摄影合成图像）
图版一三　傅家山遗址第 8 层出土的陶敞口釜
图版一四　傅家山遗址第 8 层出土的陶敞口釜
图版一五　傅家山遗址第 8 层出土的陶敞口釜
图版一六　傅家山遗址第 8 层出土的陶敞口釜
图版一七　傅家山遗址第 8 层出土的陶敞口釜
图版一八　傅家山遗址第 8 层出土的陶敞口釜
图版一九　傅家山遗址第 8 层出土的陶敞口釜
图版二〇　傅家山遗址第 8 层出土的陶敞口釜
图版二一　傅家山遗址第 8 层出土的陶敞口釜
图版二二　傅家山遗址第 8 层出土的陶敞口釜
图版二三　傅家山遗址第 8 层出土的陶直口釜
图版二四　傅家山遗址第 8 层出土的陶直口釜与陶敛口釜
图版二五　傅家山遗址第 8 层出土的陶敛口釜
图版二六　傅家山遗址第 8 层出土的陶敛口釜
图版二七　傅家山遗址第 8 层出土的陶敛口釜

图版二八　傅家山遗址第 8 层出土的陶敛口釜
图版二九　傅家山遗址第 8 层出土的陶敛口釜与陶双耳罐
图版三〇　傅家山遗址第 8 层出土的陶双耳罐、陶单耳罐、陶无耳罐
图版三一　傅家山遗址第 8 层出土的陶无耳罐、陶双耳瓮、陶敞口盆
图版三二　傅家山遗址第 8 层出土的陶敞口盆与陶敛口盆
图版三三　傅家山遗址第 8 层出土的陶敛口盆与陶平底盘
图版三四　傅家山遗址第 8 层出土的陶平底盘
图版三五　傅家山遗址第 8 层出土的陶平底盘
图版三六　傅家山遗址第 8 层出土的陶平底盘
图版三七　傅家山遗址第 8 层出土的陶平底盘与陶圈足盘
图版三八　傅家山遗址第 8 层出土的陶敛口钵
图版三九　傅家山遗址第 8 层出土的陶敛口钵
图版四〇　傅家山遗址第 8 层出土的陶敛口钵
图版四一　傅家山遗址第 8 层出土的陶敛口钵
图版四二　傅家山遗址第 8 层出土的陶敛口钵与陶敞口钵
图版四三　傅家山遗址第 8 层出土的陶敞口钵
图版四四　傅家山遗址第 8 层出土的陶敞口钵
图版四五　傅家山遗址第 8 层出土的陶敞口钵与陶碗
图版四六　傅家山遗址第 8 层出土的陶碗
图版四七　傅家山遗址第 8 层出土的陶豆
图版四八　傅家山遗址第 8 层出土的陶盂形器与陶器盖
图版四九　傅家山遗址第 8 层出土的陶器盖
图版五〇　傅家山遗址第 8 层出土的陶器座
图版五一　傅家山遗址第 8 层出土的陶釜支架与陶纺轮
图版五二　傅家山遗址第 8 层出土的陶纺轮
图版五三　傅家山遗址第 8 层出土的陶纺轮
图版五四　傅家山遗址第 8 层出土的陶纺轮
图版五五　傅家山遗址第 8 层出土的捏塑小陶器
图版五六　傅家山遗址第 8 层出土的捏塑小陶器
图版五七　傅家山遗址第 8 层出土的石斧
图版五八　傅家山遗址第 8 层出土的 B 型石斧
图版五九　傅家山遗址第 8 层出土的石斧
图版六〇　傅家山遗址第 8 层出土的石斧

图版六一　傅家山遗址第8层出土的石锛
图版六二　傅家山遗址第8层出土的石锛、打制石器、石凿
图版六三　傅家山遗址第8层出土的石凿
图版六四　傅家山遗址第8层出土的石凿与石球
图版六五　傅家山遗址第8层出土的石锤、砺石、石纺轮
图版六六　傅家山遗址第8层出土的玉玦与玉环
图版六七　傅家山遗址第8层出土的玉石器
图版六八　傅家山遗址第8层出土的骨耜
图版六九　傅家山遗址第8层出土的骨镞
图版七〇　傅家山遗址第8层出土的骨镞
图版七一　傅家山遗址第8层出土的骨镞
图版七二　傅家山遗址第8层出土的骨凿
图版七三　傅家山遗址第8层出土的骨锥与骨笄
图版七四　傅家山遗址第8层出土的骨笄、骨匕、坠饰、骨哨、角锤
图版七五　傅家山遗址第8层出土的柄形器、蝶（鸟）、鹰首、靴形器
图版七六　傅家山遗址第8层出土的轴杆
图版七七　傅家山遗址第8层出土的木矛、木镞、锛柄、蝶（鸟）形器
图版七八　傅家山遗址第7层木础立柱
图版七九　傅家山遗址第7层木础立柱
图版八〇　傅家山遗址第7层出土的陶釜
图版八一　傅家山遗址第7层出土的陶釜、陶罐、陶盆
图版八二　傅家山遗址第7层出土的陶盆、陶盘、陶钵
图版八三　傅家山遗址第7层出土的陶钵、陶碗、陶器盖
图版八四　傅家山遗址第7层出土的陶器盖、陶纺轮、陶兽
图版八五　傅家山遗址第7层出土的石斧与石锛
图版八六　傅家山遗址第7层出土的石锛、石凿、刻刀、石球
图版八七　傅家山遗址第7层出土的骨耜与骨镞
图版八八　傅家山遗址第7层出土的骨镞、骨凿、骨锥、骨匕
图版八九　傅家山遗址第6层出土的陶釜与陶罐
图版九〇　傅家山遗址第6层出土的陶豆盘、陶器盖、陶盂、陶纺轮
图版九一　傅家山遗址第6层出土的石斧、石锛、石凿
图版九二　傅家山遗址第4层出土的陶釜（鼎）、陶罐、陶釜支架
图版九三　傅家山遗址第4层出土的陶器足

图版九四　傅家山遗址第4层出土的陶豆把、陶纺轮、石锛、石刀
图版九五　傅家山遗址第4层与第3层出土的陶纺轮、陶釜支架、石纺轮、石刀、石镞
图版九六　傅家山遗址第3层出土及采集的石犁
图版九七　傅家山遗址第8层出土的动物骨骼
图版九八　傅家山遗址第8层出土的动物骨骼
图版九九　傅家山遗址第8层出土的动物骨骼
图版一〇〇　傅家山遗址第8层出土的动物骨骼
图版一〇一　傅家山遗址第8层出土的动物骨骼
图版一〇二　傅家山遗址第8层出土的动物骨骼
图版一〇三　傅家山遗址第8层出土的动物骨骼
图版一〇四　傅家山遗址第8层出土的动物骨骼
图版一〇五　傅家山遗址第8层出土的动物骨骼
图版一〇六　傅家山遗址第8层出土的动物骨骼
图版一〇七　傅家山遗址第8层出土的动物骨骼
图版一〇八　傅家山遗址地层出土的菱壳
图版一〇九　菱角和橡子
图版一一〇　南酸枣和松球果
图版一一一　陶器加工痕迹
图版一一二　陶器加工痕迹

第一章 概　　况

第一节　宁波历史沿革

宁波历史悠久。早在7000年前，先民们就在这里繁衍生息，创造了灿烂的河姆渡文化。

春秋时为越国地，战国中期以后为楚国辖地。公元前222年，秦定楚江南地，置鄞、鄮、句章三县，属会稽郡。

两汉、三国至魏晋南北朝时期，三县除隶属的州、国和郡名时有变动外，其区域范围基本未变。

隋开皇九年（589年），三县同余姚合并，称句章县，县治置小溪（今鄞县鄞江镇），仍属会稽郡。唐武德四年（621年），改置鄞州，设州治于三江口（现宁波老城区）；武德八年（625年）改称鄮县，属越州，县治复置小溪。唐开元二十六年（738年）设明州，辖鄮县、慈溪、奉化、翁山（今定海）四县，州治设在小溪，从此明、越分治，明州与越州同隶江南东道。唐代宗广德二年（764年）象山划归明州，至此明州所辖由四县扩为五县。唐长庆元年（821年）刺史韩察将州治从小溪迁至三江口，并建子城，为其后一千多年来宁波城市的发展奠定了基础。据记载，宁波最早的城垣为东晋隆安四年（400年）刘牢之所筑，称筱墙，故址相传在今海曙区西门筱墙巷一带。

五代称明州望海军。北宋建隆元年（960年）称明州奉国军。南宋绍兴三年（1133年）置沿海制置使，辖温台明越四郡。南宋庆元元年（1195年）升为庆元府。

元至元十三年（1276年）称庆元路。大德七年（1303年）设浙东道都元帅府。

朱元璋洪武元年（1368年）称明州府，明洪武十四年（1381年）为避国号讳，改称宁波府。宁波之名沿用至今。清顺治十五年（1658年）设宁绍台道，驻宁波。1927年划鄞县城区设宁波市。

1949年5月浙东解放，鄞县城区建置宁波市，城区亦为宁波专署驻地。1983年撤销专署，实行市管县体制。随着北仑深水良港的开发建设，宁波逐渐由河口城市向海港城市演进,并形成三江、镇海、北仑三片滨海临江发展的空间格局。1986年宁波列为国家历史文化名城,1987年经国务院批准,成为计划单列市。

宁波以港兴市,是中外闻名的商埠。唐时已是与日本、朝鲜及东南亚一些国家通商的主要港口,成为"海上丝绸之路"的起点之一,与扬州、广州并称为中国三大对外贸易港口。宋时又与广州、泉州同时列为对外贸易三大港口重镇。鸦片战争后,宁波被迫辟为"五口通商"口岸之一。在近代史上,宁波新兴工商业发展较早,"宁波帮"更是蜚声海内外。如今的宁波是浙江省经济最发达的城市之一,是全国十五个副省级城市和五个计划单列市之一。宁波港是我国著名的深水良港,是上海国际航运枢纽港的重要组成部分,目前已与世界上216个国家和地区的600多个港口开通了航线。

第二节 地理位置与自然环境

傅家山遗址位于杭州湾南岸、余姚江以北的宁绍平原,东经121°25′,北纬30°01′。其行政区划隶属宁波市江北区慈城镇八字村,遗址东南距宁波市区20.7千米,西距余姚市27千米,南距后江4.2千米(图一)。遗址背靠四明山余脉的慈溪南部

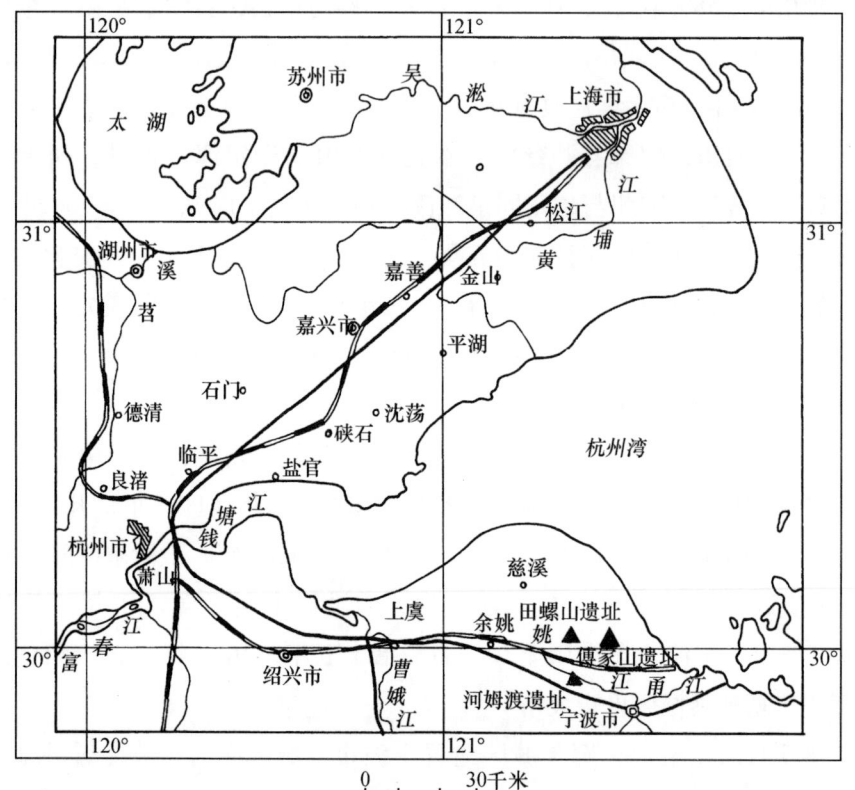

图一 傅家山遗址位置图

山地，面对潟湖形成的冲积平原和丘陵山地，姚江由西向东流经山涧谷地，至余姚长亭三江口分成南北二流，北流靠近萧甬铁路，途经慈城、洪塘、骆驼出镇海口入海，俗称后江。

傅家村以傅姓居住自然村得名，傅家山位于傅家村北面，是一座呈"L"形的小孤山，海拔 8 米左右，山体面积约 6000 平方米。山地植被很薄，山顶平，裸露山岩，边坡有少许竹林（图二；图版三，1）。它的西面及西北面是黄泥岭、妙法寺

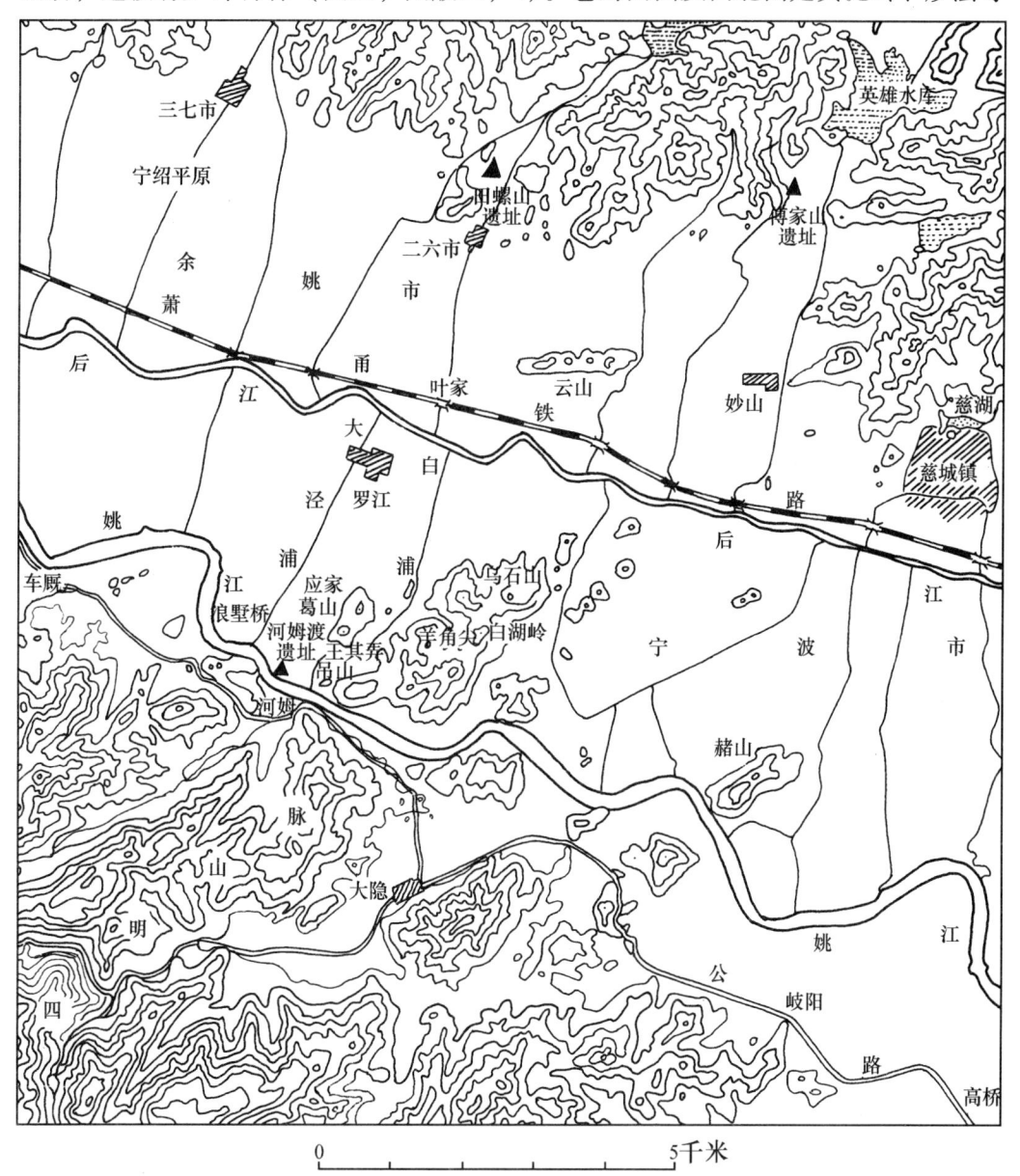

图二 傅家山遗址地形图

山、虎口山，与傅家山仅一河相隔（图版四）。黄泥岭下是八字村委会所在地。东北约 1 千米是由大南尖山、龙山、长龙山环绕成的英雄水库。东面约 0.5 千米是北山下浮上桥村。乡间的云（湖）慈（城）公路由此而过。南面约 4 千米为 61 省级公路和萧甬铁路，折东 3 千米为慈城站。遗址西距余姚三七市镇相岙村田螺山遗址 4 千米，西南距余姚河姆渡遗址 9.5 千米（图版五，1）。

遗址所处区域地势很低，海拔 2 米左右。北部山地与东西两侧山脉呈喇叭口地形，逢大雨易成涝灾，因此遗址东西两侧山边有排涝河，向南排入姚江（后江）。经考古勘探，遗址周围区域发现厚薄不一的泥炭层，说明自古以来这一带为低洼的沼泽地。

第三节 发现与发掘经过

20 世纪 70 年代，在进行农田、水利等基本建设过程中，曾属妙山乡的八字村、五星村、妙山村等地相继出土过新石器时代的石器、陶片、兽骨等遗物。1976 年 3 月，妙山乡八字大队在八字村黄泥岭山以南开掘了一条东西向的郭塘河，开河挖渠时发现了大量陶片，还有石器、木桩、稻谷、红烧土和兽骨等。宁波市文管会接到当地群众报告后随即派员进行了清理，在遗址附近农耕土下，发现了大面积泥炭层，有的泥炭层中间夹着淤泥层，并出有陶器、石器，还有炭化了的稻谷、红烧土块、猪的颌骨、牛角、鹿角、足骨以及残木器和建筑构件等遗物[1]。从散落陶片的分布情况看，遗址面积约一万平方米以上，后被命名为八字桥遗址。此遗址与相邻的河姆渡遗址出土第一、第二文化层遗物相比，不仅陶器的陶质陶色相同，而且有许多器物也一样，属于河姆渡文化类型。1982 年 2 月，八字桥遗址被公布为宁波市级文物保护单位。1983～1984 年文物部门开展文物普查时，又在八字河的河床上以及在傅家山周围盖房、挖井时发现有类似的遗物出土。因此，八字村周围区域一直是被文物部门列为史前文化遗址的重点分布区。

2003 年，宁波市高等级公路建设指挥部向文物部门征询杭州湾跨海大桥南岸连接线规划设计方案的意见。同年 6 月，为防止建设工程可能对地下遗址造成破坏，宁波市文物考古研究所对《杭州湾跨海大桥南岸连接线规划设计方案》中涉及文物遗迹情况进行考古调查。通过对方案一约 59 千米及方案二约 8.2 千米路线的实地踏勘，发现工程设计路线经过几处地下文物埋藏区。其中最主要的有两处，一处是

---

[1] 林士民：《浙江宁波市八字桥发现新石器时代遗址》，《考古》1980 年第 6 期。

位于慈溪市掌起镇东埠头村西侧约100米处的缸窑山墓地，宁波市文物考古研究所和慈溪市文物管理委员会办公室自2004年4月15日至6月30日联合对该墓地进行了抢救性考古发掘，清理出商周至明清时期墓葬25座①。另一处则是位于宁波市区以北约27千米的江北区慈城镇八字村傅家山遗址。根据该规划设计方案，高速公路线路将贯穿傅家村，并在傅家山北面建高速公路慈城服务区。为此，宁波市文物考古研究所于2004年4月14日至5月13日，在高速公路路基和服务区的工程范围内进行了地下考古勘探，勘探面积4万余平方米。经勘探，在傅家山的周围发现了木头、陶片、水生腐殖物和动物遗存，面积约2万平方米，遂命名为傅家山遗址。

为做好地下文物的抢救保护工作，2004年5月，经浙江省文物局同意并上报国家文物局正式批准（考函字〔2004〕第123号），在浙江省文物考古研究所的指导下，并在宁波市高等级公路建设指挥部的大力支持下，宁波市文物考古研究所于2004年5~8月对傅家山遗址进行了抢救性考古发掘。傅家山遗址考古工作队由宁波市文物考古研究所副所长褚晓波担任考古领队，宁波市文物考古研究所考古部主任、副研究馆员丁友甫为工地负责人，队员由宁波市文物考古研究所的林国聪、刘志远，山东省聊城市文管会的孙贵洪、刘文平以及河南省洛阳市考古勘探队的马利强、马国强组成，后勤保障工作由向江泉、黄大尧负责。

考古发掘地点选择了处于服务区建设工程范围内的傅家山的东北部，呈"L"形山体的内侧（图版五，2）。这个地点勘探时发现遗物堆积较为丰富，且能方便发掘工作的开展。发掘前遗址地表是水稻田，海拔2.02米。发掘布方采用正向5米×5米探方27个，每个探方的东、北向各留1米宽隔梁，编号以发掘区的西南角为起点，三位数为探方的基本号，其中百位数代表遗址的发掘区，十位数为纵向号，个位数为横向号。东西向排列探方5个，编号为T110~T114（发掘区西北部因太靠近山体，少布一方，实际探方为4个），南北向6个，编号T111~T161。后为寻找遗址的墓葬区，解剖山体与遗址地层的堆积关系，又在T130北壁向西扩出一条长10、宽2米探沟，编号T1。在T151的北壁向西扩出一条长20、宽1.5米的探沟，编号T2。此次考古共计发掘面积725平方米（图三；图版三，2）。

---

① 宁波市文物考古研究所、慈溪市文物管理委员会办公室：《浙江慈溪掌起缸窑山墓地发掘报告》，《东南文化》2005年第2期。

第二章 地层堆积与成因

第一节 地层堆积

遗址地层堆积厚度2.1~2.5米，从上而下除耕土层以外可分为八层，因受地形环境的影响，每层分布厚薄不同，以纵向T111、T121、T131、T141、T151、T161东壁地层为例，分别介绍如下（图四；图版六，1）。

耕土层：灰黑色土，质较松软。厚0.2~0.25米。包含较多的稻根根系和细小的现代瓷片。

第1层：灰黄色锈斑土，质细腻致密有黏性，上部较硬。距地表0.2~0.25米，厚0.25~0.3米。出土遗物极少，偶有印纹硬陶、原始瓷。

第2层：黑色泥炭土，质疏松。距地表0.48~0.58米，厚0.02~0.1米。含炭化了的植物枝叶，无遗物出土。

第3层：黑灰色亚黏土，质软细腻，有较多细小气孔，含少量砂粒、青灰色小泥团、石块、芦苇秆和植物的腐朽物质。距地表0.55~0.6米，厚0.15~0.25米。其间，有少量夹砂陶、泥质陶片遗物出土，其中，泥质黑皮陶和表面呈银灰色的泥质陶是此层代表性陶系。

第4层：灰褐色亚黏土，质稍硬，细腻土中仍见较多细小气孔和局部的青灰色小泥团，含少量黄色颗粒土、砂粒、石块和植物腐朽残迹。距地表0.7~0.9米，厚0.25~0.35米。遗物中陶片的数量有所增加，除陶质陶色基本与上层相同外，增加了少量的夹炭陶。

第5层：青灰色淤泥土，质细腻纯净，为海相淤积土。距地表1~1.2米，厚0.07~0.4米。无遗物出土。

第6层：灰黑色亚黏土，质较硬，细密。距地表1.1~1.5米，厚0.08~0.2米。含砂粒、石块、木片、木炭灰、红烧土块和陶器等，陶片数量比上层又有明显增加，陶系以夹砂和夹炭陶为主，泥质陶消失。本层有冲积沟一条，编号G1。

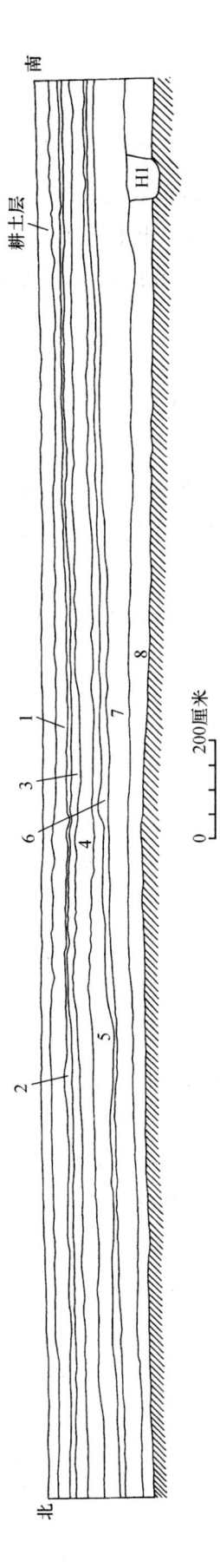

图四 傅家山遗址纵向地层剖面图

第7层：青灰色砂土，质疏松，上部砂土中含有少量的毛根系腐殖成分，下部砂颗粒逐渐变粗，间有石块，局部砂土颜色由青灰过渡成灰黑并伴有炭粒灰。距地表1.25~1.65米，厚0.35~0.65米。出土遗物有陶器、石器、骨器和动物骨、角等遗存，陶系中以夹砂、夹炭为主。此层中部开始出现少量的木板、木桩的建筑遗迹。

第8层：褐色腐殖土，质松软，含大量水陆生植物果实，如菱角、橡子、酸枣、松球果和动物的骨骼遗存。其间夹杂碎木片、短树枝、少量炭粒和砂子。距地表1.85~2米，厚0.25~0.65米。遗物中的陶器、玉石器、骨器和动物的骨、角等遗物在数量上比第7层有进一步的增加。除此之外，还发现了成排建筑遗迹的桩木、横木、少量带榫卯的建筑构件和灰坑。此层是傅家山遗址内涵最为丰富的文化层。

生土层：青灰色海相淤积黏土。距地表2.5米以下，厚10米以上，叠压于傅家山基岩。

第二节　地层成因

一、地层分布特点

根据发掘区以外的地层勘探情况和发掘区内的地层剖面，地层分布展示了一个以傅家山为中心，向四周作倾斜状堆积的特点。上述地层的纵剖面上已有了显露，再结合地层横剖面，这个特点更加明显。以T141~T144的北壁地层剖面为例，显示整个地层剖面线由西向东倾斜。由于斜坡状堆积，形成地层的厚薄不同。第1层~第6层，西薄东厚，数据如下：第1层，厚0.24~0.38米。第2层，厚0.03~0.12米。第3层，厚0.1~0.3米。第4层，厚0.18~0.5米。第5层，厚0.15~0.64米。第6层，厚0.08~0.45米。从第7层起，堆积厚度开始逆转，变为西厚东薄直至消失。第7层，厚0.65~0米。第8层，厚0.45~0.3米。地层的堆积特点，让我们准确判断地层的成因、遗址的起始和持续时间以及分布的范围有了确切的依据（图五）。

二、地层堆积的成因

根据地层的分布特点，结合土质土色形成的原理，参照地层中的包含物，分析地层的成因过程。

图五 傅家山遗址横向地层剖面图

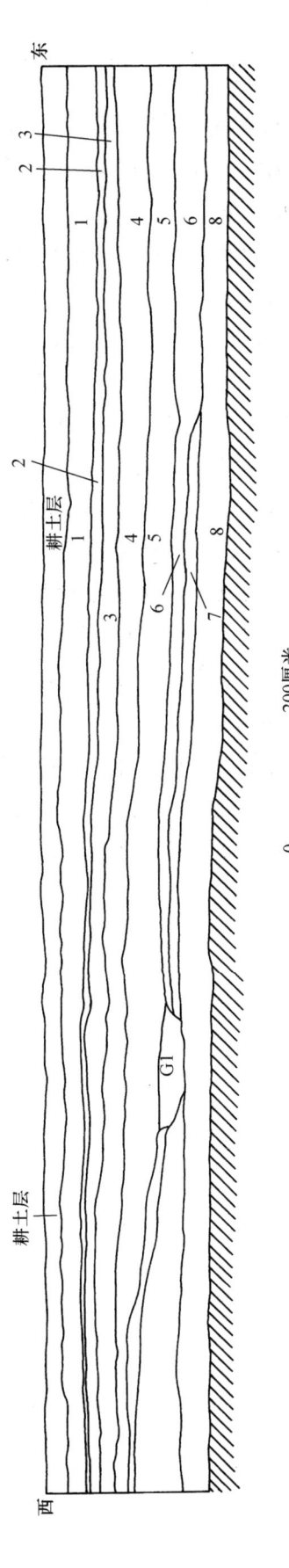

海相生土层，清一色的海相淤泥淤盖了傅家山的山脚岩岩基，淤积厚度较深，说明傅家山原先可能是靠近陆岸的一个孤岛，海退以后，使之淤泥逐渐成陆，为傅家山先民的定居生活创造了活动的空间。

第8层，是傅家山先民在成陆的海相地层上搭建建筑，开始定居，经过生产劳动和生活实践所遗留的物质遗存文化层。

第7、6层，继续了生产生活活跃时期的文化堆积。

第5层，青灰色海相淤积黏土，经历了一次短时期的海侵以后形成的自然淤积。地形高低不同，低处堆积较厚，高处相对较薄，没有人类活动的遗迹和遗物。

第4层，灰褐色亚黏土，土色较浅，形成这种土色的主要原因，是受上层黑色亚黏土渗透和土中含有腐殖物质形成的影响。人类便又开始了在沉积土上的活动。

第3层，黑色亚黏土，为泥炭形成过程中的亚泥炭层，颜色较黑。泥炭层中泥土的比重较多，但仍可见植物的腐朽成分。由于在沉积过程中受自然和人为的共同作用，泥土中夹有青灰色泥团、砂粒、竹片、木片甚至人类的活动遗物。

第2层，泥炭层的形成，说明地势低洼，水草、灌木杂生的沼泽区，经过长期的腐殖物堆积形成。属于纯自然堆积的地层。

第1层，分布比较均匀，土质黏性较大，没有经过人类活动形成的堆积，虽有人类的遗物出土，但数量不多。分析此层土是由山洪冲刷后形成的自然淤积，其中，不乏散碎的遗物可能是从异地通过自然的力量带来所致。

第三章 文化遗存

傅家山遗址的文化遗存主要分布在第6~8层，尤其是第8层最为丰富，是整个遗址的精华所在。第3、4层只有遗物出土，无遗迹发现。傅家山先民们优选了傅家山作为定居场所，利用了那里优质的自然资源和适宜的居住环境，繁衍生息。凭借劳动的智慧，搭建了与居住环境相适应的木构建筑；制作生活生产所需的各类陶器、劳动必需的骨石器以及精神生活所需的原始艺术品。同时，通过采集、渔猎和种植的经济手段，留下了大量植物、动物和耜耕农业的遗存，为研究傅家山先民生产、生活的原始文化和人与自然的生存环境提供了最好的实物资料。现将各层的文化遗存予以分类叙述。

第一节 第8层

一、遗 迹

主要是木构建筑留下的建筑基址和灰坑。

（一）木构建筑基址

建筑基址露头于第7层下，基本遍布第8层的整个发掘区。是由木板、木桩和横木三类木质材料构建了不规整的长条状成排桩木基础，呈现由东南往西北列向。排桩是由无数根的木桩、横木和木板相互组合而成。木桩依据形状分为三类：圆木桩、扁圆木桩和木板桩，分别约占木桩总数的90%、4%、6%，都是经过削尖加工而打入生土。木桩的直径大小不同，有小径桩，0.03~0.07米；中径桩，0.08~0.12米；大径桩，0.13~0.16米。按照桩径的粗细，其功能大致分为基础桩、支撑桩和承重桩。横木（与竖桩相对而言的卧木）依据树的部位和材料的大小分为躯杆木、条杆木和小木棒。躯杆木较长又直，直径0.3~0.35米。条杆木直径0.07~0.1米。小木棒则在0.06米以下。木板较多，形状、大小不一，以平放为主。木桩结合横木呈现排状，或无横木单独成排。有的条杆木之间相互并列，形成具有一定宽度的平面。少数零乱无序木桩和小木棒分布其中，成为整个基址的整体。除成排木桩以外，在排桩之间存在相对独立的四柱对应桩，构成了建筑上四柱为间的形象概念（图六）。

1. 排桩分布情况

根据木桩、横木和木板出土时的相对规律性，将其列为10排，方向在5°~30°之间。为便于叙述，将所列排桩由西往东介绍如下。

第1排　位于T111、T112、T121、T131、T141，是整个发掘区中保存最好的一排。起自T112的西南角，从南壁地层中延伸而来。这一排是以躯杆木与板桩结合为主，共有横木6段，木板桩35块，圆木桩14根。全长分成南北两段，中间约有0.6米断开，北段是一整根的躯杆原木，呈南北向横卧，直径约0.3米，北粗南细。东侧紧贴4颗木桩，桩径0.12~0.14米，长1.5米左右，削尖打入生土1~1.1米。接近断开处打入4块木板桩，与南段木板桩成直线连接。南段以木板桩为主，依附于几段躯杆木的东侧，间隙0.1~0.2米。板桩宽0.1~0.45米不等，厚0.04米，底部削薄打入生土深0.3~0.4米。木板桩顶与卧木处于同一高度，表面及顶部都有火烧的痕迹。其间另有长木桩固定卧木。两侧有零星的木板，长度一般在0.5~0.7米，宽0.2~0.3米之间。排残长15.3米。方向约北偏西15°（图版七，1~3；图版八，1、2）。

第2排　位于T141、T151、T161，在第1排的北端东侧，共有木桩9根，直径0.1~0.16米，间距不等，小者0.45~0.6米，一般1米，大者1.6米。排桩西侧有一根呈东北向的条杆木，长2.2米，直径0.1~0.14米。排残长8.2米。方向北偏西约10°。

第3排　位于T142、T152、T161，在第2排的东侧约1.5米。北端圆弧形向西拐弯与第2排相接。共有木桩8根，直径0.12米。跨于第2、3排木桩之间有一根带叉的条杆木，长2.3米，径0.1米。排残长6.7米。方向北偏西10°。

第4排　位于T122、T132，在第1排以东2~3米，共有木桩7根，条杆木两根和树杆两段。木桩直径0.05~0.1米，条杆木长1~2.9米，直径0.06~0.1米，树杆长1.6~2.5米，宽0.1~0.28米。排残长6.2米，方向约北偏西5°。

第5排　位于T113、T112、T122、T132、T142、T152、T162，北端在第3排的东侧约1米，南端在第1排的东侧约4.3米。共有木桩159根，其中木板桩17根，扁圆桩10根，呈纵向的条杆木20根，横向6根。木桩直径在0.04~0.08米，大多数是0.06米。木板桩宽0.13~0.24米，厚0.03~0.06米不等。综观此排木桩从T122~T162排列较直，方向北偏西10°，从T112斜向东后又向南折，形成拐角。

在 T112、T122 木桩稀疏，T132 木桩密集，双排作之字形排列。由此往北长约 3.2 米无木桩，靠横卧木连接。T142 木板桩与条杆木组合，木板桩倾斜状，靠于条杆木。T132 有一根躯杆木，顶部分叉，长 3.9 米，直径 0.16 米，斜于 4～5 排之间。条杆木多出现在中北部，长 1.7～3.4 米，直径在 0.08～0.12 米。排残长 28 米。

第 6 排　位于 T113、T123、T133、T143、T142、T152、T162，在第 5 排的东侧，南端与第 5 排相接，北端与第 5 排靠近。一般间距 2～3 米。共有木桩 146 根，直径大多在 0.04～0.08 米，个别 0.1～0.12 米。纵向条杆木 3 根，直径 0.08～0.12 米。此列木桩总体上较其他稀疏，条杆木也不多。但在 T123 至 T133 之间有一段密集的小木桩，高度约在 0.3 米，底部削尖，深度未到生土，都向东侧倾斜。它的东北端同有较多的小木桩顶着一根条杆木，推测这一段密集的小木桩同样是顶条杆木的。西侧有一根东西向的横木，与 5 排相接，长 1.8 米，宽 0.18 米，旁有两根木桩夹住。排残长 22.6 米。方向北偏西 25°，折为北偏西 12°。

第 7 排　位于 T152、T162，在第 6 排的东北向 2 米处，长度在 T162 北壁的地层中继续延伸。共有木桩 12 根，直径 0.03～0.08 米。条杆木 10 根，4～5 根并列在一起，宽度 0.6～0.8 米。条杆木长 1.1～4.6 米，直径 0.1～0.13 米。木桩打在条杆木的东侧和中间，排残长 6.6 米，方向北偏西 10°。

第 8 排　位于 T114、T124、T123、T134、T133、T143、T153，在第 6 排的东侧 2.5～3 米。共有木桩 125 根，条杆木 7 根，木板 4 块。无横木的地方木桩较为密集。木桩直径 0.04～0.08 米。条杆木直径 0.06～0.12 米。除了木桩和条杆木组成以外，在 T143、T133 还有躯杆木和木板结合的连接体，分列西东两侧，宽约 1.4 米。其内有短木条、木板和木桩布在中间。分列西侧的躯杆木，长 6.8 米，直径 0.22 米，南端分叉，旁边挨着根条杆木，长 2.2 米，直径 0.12 米。分列东侧是一块长木板，呈斜状，长 4.4 米，残宽 0.15～0.25 米，厚 0.03～0.07 米。木板近边端有两个长方形卯孔，长宽厚分别是：北孔 0.1 米×0.07 米×0.45 米，南孔 0.1 米×0.06 米×0.04 米，孔距 2.16 米（图版八，3）。木板东侧与其紧贴有 5 根木桩，将木板固定住。躯杆木与长木板之间，除木桩外，还有几段残断的躯杆横木，木板内侧的一段残木，表面加工弧形，光滑干净，质地很硬。它的北侧另一段残木呈弯曲状，旁有几根木桩支撑。排残长 21.6 米，方向北偏西 18°。

第 9 排　位于 T144、T143、T153、T163，在第 8 排的东北侧。共有木桩 17 根，躯杆残木一段。木桩直径 0.04～0.08 米。残木长 1.8 米，宽 0.12～0.23 米。排残长 13.6 米，方向北偏西 30°。

第 10 排　位于 T114、T124、T134，在第 8 排的东侧。共有木桩 48 根，条杆木 20 根。条杆木为同一方向排列，组成一个宽约 2 米的平面。条杆木之间有 0.1～

0.3 米的间隙，间隙中打有木桩。木桩直径0.04～0.06米，底部削尖，打入生土深0.35米。条杆木直径0.06～0.12米。排残长8.4米，方向北偏西20°。

2. 四柱桩

位于T123⑧编号⑧Z1～⑧Z4的4根木桩，有别于其他排桩，基本处于同一水平高度，地表下深1.76～1.8米。木桩直径0.14～0.16米。大小或是高度上基本相同，形成长方形的对称距离。

⑧Z1　位于西北角，残长0.95米，削尖，插入生土0.4米，直径0.16米。

⑧Z2　位于东北角，残长1.56米，平底，插入生土0.9米，直径0.16米。

⑧Z3　位于西南角，残长0.89米，削尖，插入生土0.35米，直径0.14米。

⑧Z4　位于东南角，残长1.22米，削尖，插入生土0.6米，直径0.16米。

⑧Z1～⑧Z2，东西长2.26米。⑧Z1～⑧Z3，南北宽3.2米。⑧Z3～⑧Z4，东西长2.4米。⑧Z2～⑧Z4，南北宽3.27米（图版八，4）。

3. 建筑木构件的加工工艺

木构建筑基址中的木桩、横木和木板，每一件都是或多或少经过加工之后形成的，其中包括木材的砍伐、去枝、剖开、削尖等工序。根据木构件的不同功用，有些只要粗加工就可使用，如躯杆木、条杆木和木桩，但木桩的加工量最大，约有80%木桩的底部经过削尖，板桩也不例外。有些特殊的建筑构件，还需要进一步的深加工，如榫卯和槽板等。介绍如下。

梁头榫　T123⑧:32，取圆木1根，在一端中间加工成长方榫，榫长29.5、宽5.5、厚4厘米。梁身残长31厘米，横截面呈椭圆形，直径10～14厘米（图七，1；图版九，1）。

双榫槽板　2件。板长方形，顶端两侧各有一榫，底端齐平，离底端边5厘米左右厚度减半，又斜面至底边，侧面有凹槽。T121⑧:34，板通长54、宽28、厚5厘米。其中，榫长5、宽4.5、厚3厘米。两侧有凹槽，其中一侧槽边中间呈圆弧形，光滑流畅。槽宽2.5、深2厘米。槽底圆润（图七，2；图版九，2）。T131⑧:23，板通长54、宽22、厚4厘米。其中，榫长4.5、宽4.5、厚2.5厘米。一侧有凹槽，槽边略弧形。槽宽1.5、深2.5厘米（图七，3；图版九，3、4）。

槽板　T131⑧:24，板长52、宽28、厚5厘米。离端边8厘米起斜面。背面在边沿四周切出一个长43、宽25厘米长方形边线，线外剔地深1.2～1.8厘米，使之长方形板块凸出。剔地边沿呈斜面，宽窄不匀称，顶端4、底端6、侧边1.2～3厘米（图七，4；图版九，5）。

第三章 文化遗存

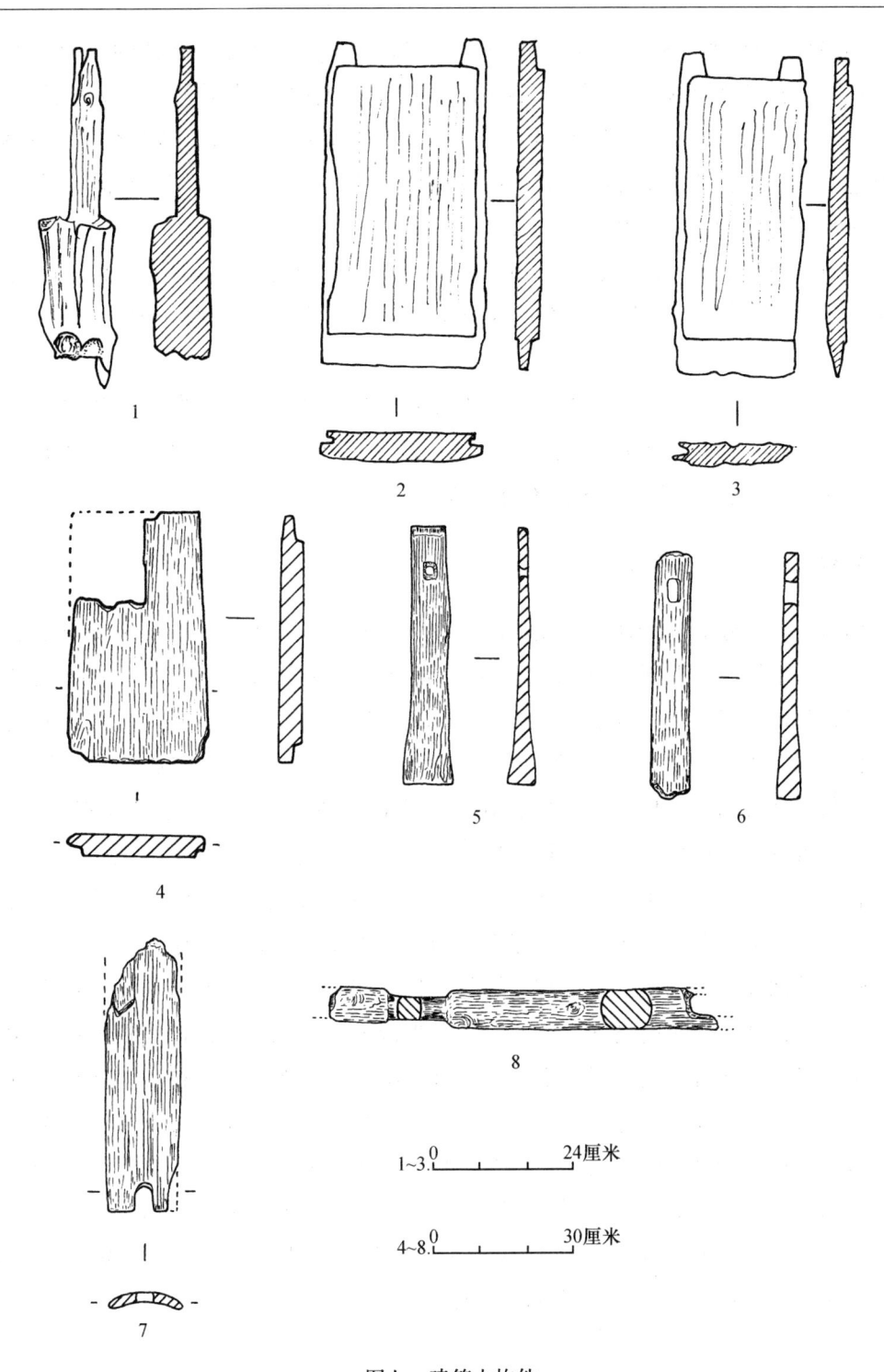

图七 建筑木构件
1. 梁头榫（T123⑧:32） 2、3. 双榫槽板（T121⑧:34、T131⑧:23） 4. 槽板（T131⑧:24）
5、6. 卯眼板（T120⑧:8、T111⑧:40） 7. 凹口板（T121⑧:38） 8. 扣榫（T144⑧:20）

卯眼板　T120⑧:8，长53、宽7~10厘米，厚2~5厘米。在薄的一端凿1个方形卯孔，孔径2厘米×2厘米。两面对凿，孔壁略毛。木质较硬，纵向露木筋（图七，5；图版一〇，1）。T111⑧:40，残长51、宽8~9厘米，厚2.8~4.5厘米。一侧边加工平直。两端凿卯眼，其一端卯眼处残断，另一端有规则的斜向，长3.5、宽2.5厘米（图七，6；图版一〇，2）。

凹口板　T121⑧:38，板残长55、宽15、厚2.5厘米。一面平，另一面弧形，至边厚1厘米。板一端中间有个凹字形口，长5、宽3.5厘米（图七，7；图版一〇，3）。

扣榫　T144⑧:20，残长81厘米，直径9~10厘米。顶端下圆径中扣出一个长13、宽6、厚4厘米方形榫。其后长52厘米处另有一卯眼，惜由此残断。残断卯孔径约5厘米×5厘米（图七，8；图版一〇，4、5）。

4. 木构建筑基址的初步认识

　　揭露的木构建筑基址遗迹，较高的木桩、横木，以及木柱的顶部都留下了焦炭样的痕迹，推测建筑是被一场大火烧尽了地面以上的木构架，残留其下的建筑基址。建筑基址虽然失去了其上建筑形制的实例，但从其基址的材料、范围与构筑方法分析，属于干栏式木构建筑的可能性最大。理由是：第一，桩数量多，起着架空、夹固和加实基础的作用，是最适宜于低洼软土地基作架空的建筑材料。第二，横木与木桩的配合使用，虽然构筑简单，但具有了建筑基础的基本要素。第1排保留了相对完整的横木与板桩的结合体，横木尤像现代建筑地龙骨的承重基础。第8排有一块带长方形卯孔的木板，可能就是地龙骨上立柱的柱脚卯眼。地龙骨的长度就是建筑的面宽长度。第三，排桩之间基本处于同一个方向和水平高度，可以前后相互连接，具备了建筑的进深。第四，第1排板桩可能就是连接该建筑上部分的板墙，可以确立地龙骨之上的房子空间。第五，出土的梁头榫、扣榫、卯孔板以及双榫槽板等都是木构建筑的连接构件。总之，排桩与横木的配制，加上密集木桩的支撑，这种木构建筑基础的做法无独有偶，与河姆渡遗址干栏式建筑有惊人的相似之处，"这种以桩木为基础，其上架设大、小梁（地栿）承托地板，构成架空的建筑基座，于其上立柱架梁的干栏式木构建筑，是原始巢居的直接继承和发展"[①]，说明同类文化反映在建筑上的共同特征（图版一一、图版一二）。

[①] 浙江省文物考古研究所：《河姆渡新石器时代遗址考古发掘报告（上册）》，26页，文物出版社，2003年。

（二）灰坑

发现灰坑 1 个，编号 H1（图八；图版六，2）。

H1　位于 T111 东隔梁，开口于第 7 层下，打破生土。坑口平面近似方形，直壁，平底。口径 82~88 厘米，底径略小于口径，深 92 厘米。其内堆积灰褐色杂土，有褐色釜支架的烧土块、青灰色泥块、小石块、小木片、木炭、较多菱壳和少量陶片。

H1 以第 8 层土为壁，形状较为规整，遗物中又有较多菱壳，原可能作为储藏的窖坑，后废为灰坑。

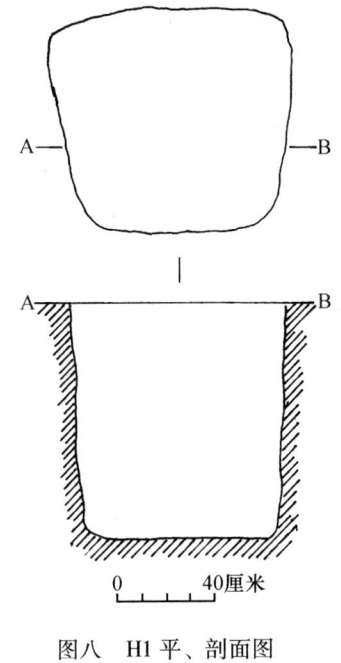

图八　H1 平、剖面图

二、遗　物

出土遗物种类较多，按其质地分为陶器、玉石器、骨器、木器等，共计 539 件，分别叙述如下。

（一）陶器

完整器和可复原器共计 277 件。

1. 陶系

第 8 层共出土陶片 25925 片，分夹炭黑陶、夹砂黑陶、夹砂灰陶，其中夹炭黑陶 12107 片、夹砂黑陶 6120 片、夹砂灰陶 7698 片，分别占总数 46.7%、23.6%、29.7%（附表一）。夹炭黑陶是在陶土中掺和植物的碎茎叶、稻壳等有机物质，经 800℃左右的温度在还原焰的状态下烧成，有机物仅达到炭化的程度，在部分器物的断面和表面仍可清晰地见到炭化的形状，尤其是稻谷壳痕迹更加明显。夹炭黑陶的显著特点在于：质地松软、胎厚量轻、有较多气孔（烧成温度越高，炭化程度越少，气孔越明显）。用夹炭黑陶制造的器型主要是盛储器类的罐、盆、盘、钵、豆，其次是器座、器盖和炊器的釜等。由于夹炭黑陶有较多气孔，往往盛器的盆、盘、豆和敛口钵在烧制前表面经过打磨，呈现乌黑光亮。罐的外表在烧制前可能刷上一层泥浆，表面呈现土黄色，弥补了夹炭陶烧结后留下气孔的缺陷。夹砂黑陶、灰陶，是在夹炭陶原有成分的基础上羼入少量细砂，这种夹砂黑陶主要是用于炊器釜的制作，也少量用于罐和钵。在陶土中掺和一定量的颗粒石英砂，根据砂粗细程度，生产的胎壁厚薄兼有，厚达0.8、薄仅0.3厘米。除上述两类陶系之外，极少数夹杂贝（蚌）壳成分的陶系，胎体呈现少量白色颗粒状或表面闪亮的晶体。陶器的装饰工艺在器物的不同部位采用压印、刻划、戳印、镂孔等手法，纹饰以绳纹为主，此外还有一些较少见的纹样（图九）。

2. 器类

分炊器、盛储器、小陶器。器型类别较为简单，主要有釜、罐、瓮、盆、盘、钵、豆、器座、器盖、釜支架、陶纺轮以及其他陶制品。

（1）炊器、盛储器

釜　100件，是遗址中数量最多，器型最丰富的炊器。用夹砂或夹炭的陶土制成，圜底，绝大多数拍印绳纹（少数无纹）是釜的基本特征。由于烧煮时釜内的食物汁外溢或过烧，使得不少釜口沿外壁或内底残留烧结的黏糊物和烧焦的锅巴。通体被烟熏黑的痕迹成为炊器与其他器类的最好区别。根据器型口沿的不同，分为敞口釜、直口釜和敛口釜三大类。

敞口釜　60件。按颈部以下装饰的不同分八型。

A型　8件。口沿一侧有桥状耳，器型较小。按肩部不同分四式。

Ⅰ式：4件。溜肩。T142⑧:19，夹炭黑陶。侈口，短颈，弧腹，器形修长。底部饰粗绳纹。高12.5、口径10.6厘米（图一○，1；图版一三，1）。T142⑧:7，夹炭黑陶。侈口，短颈，腹略鼓，底稍尖。底部饰绳纹。高12.5、口径12.5厘米（图一○，2；图版一三，2）。T121⑧:28，夹砂灰陶。侈口，短颈，腹壁斜直，底较尖。素面。高12、口径12.4厘米（图一○，3；图版一三，3）。T123⑧:26，夹砂黑陶。侈口，短颈，腹壁斜直，器矮胖。底部饰绳纹。高14.5、口径13厘米（图一○，4；图版一三，4）。

Ⅱ式：1件。折肩。T141⑧:14，夹砂黑陶。侈口，直颈，弧腹。唇部二道弦纹，肩部斜短线纹，腹底饰斜直绳纹。高15、口径12.3厘米（图一○，5；图版一三，5）。

Ⅲ式：2件。斜肩。T114⑧:25，夹炭黑陶。侈口，略鼓腹。肩腹之间有凸脊。底部饰细绳纹。高14、口径11.2厘米（图一○，6；图版一三，6）。T163⑧:4，夹砂黑陶。敞口，束颈，弧腹。肩腹之间有凸脊。底部饰细绳纹。高14.6、口径

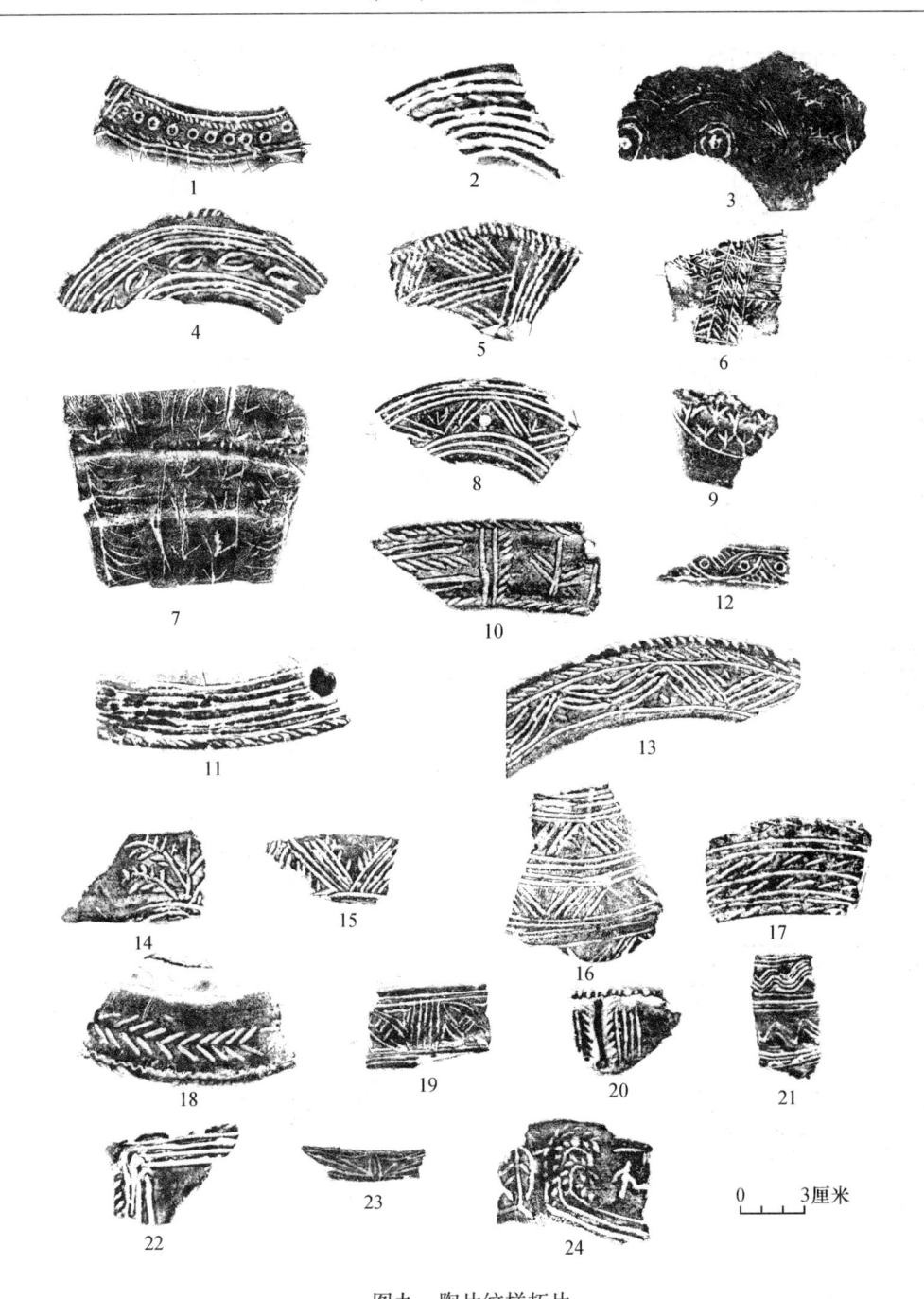

图九　陶片纹样拓片

1. 连珠纹（T131⑧）　2. 同心圆弦纹（T111⑧）　3. 人面纹（T123）　4. 大谷粒纹（T141⑧）　5. 折尺弦纹（T121⑧）　6. 叶脉纹（T123⑧）　7. 树形针叶纹（T122）　8. 曲折纹（T131⑧）　9. 禾苗纹（T131⑧）　10. 禾苗组合纹（T151）　11. 乳丁纹（T142⑧）　12. 叶芽圆点纹（T113⑧）　13. 连弧曲折纹（T141⑧）　14. 植物纹（T134⑧）　15. 斜线与谷粒纹（T120⑧）　16. 多组曲折纹（T142⑧）　17. 多组短斜线纹（T112⑧）　18. 锯齿串叶纹（T121⑧）　19. 船形纹（T124）　20. 茎叶纹（T142⑧）　21. 水波纹（T113⑧）　22. 折弦纹（T141⑧）　23. 叶芽纹（T142⑧）　24. 稻鱼纹（T122⑧）

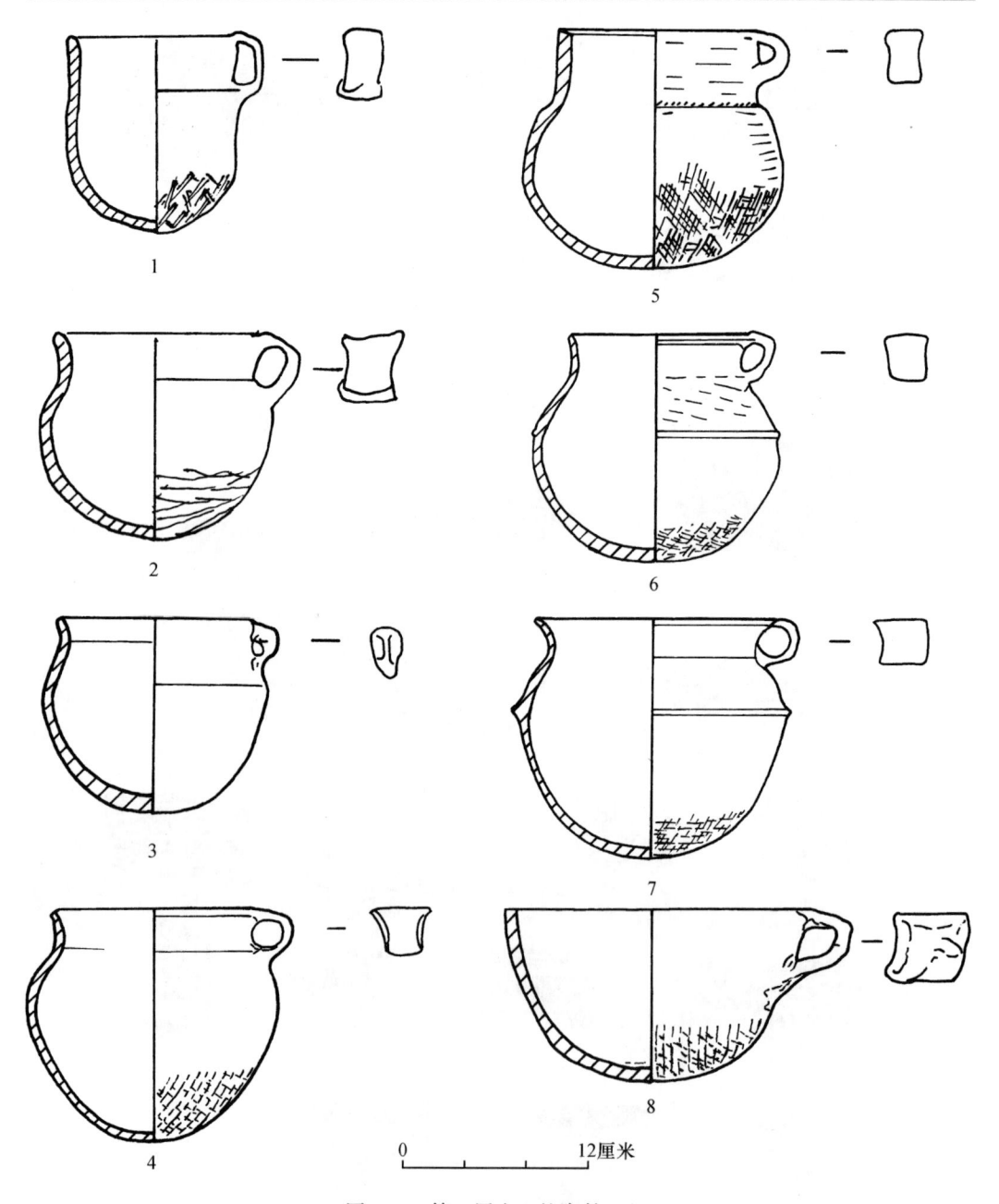

图一〇　第8层出土的陶敞口釜

1~4. A型Ⅰ式敞口釜（T142⑧：19、T142⑧：7、T121⑧：28、T123⑧：26）　5. A型Ⅱ式敞口釜（T141⑧：14）
6、7. A型Ⅲ式敞口釜（T114⑧：25、T163⑧：4）　8. A型Ⅳ式敞口釜（T133⑧：28）

15.3厘米（图一〇，7；图版一四，1）。

Ⅳ式：1件。无肩。T133⑧：28，夹砂黑陶。侈口，腹壁斜收，圜底近平。桥状单耳由口沿延伸至腹部，耳面较宽。底部饰粗绳纹。胎壁较厚，制作粗糙。高

10.8、口径19.2厘米（图一〇，8；图版一四，2）。

B型　3件。侈口，口沿下颈部饰对称小錾耳。按腹部形式不同分三式。

Ⅰ式：1件。上腹壁较直，腹较深。T142⑧：6，夹炭黑陶。短颈。唇沿饰细齿纹，颈腹交接处饰一周弦纹，底部饰绳纹。高15.6、口径19.8厘米（图一一，1；图版一四，3）。

Ⅱ式：1件。弧腹。T121⑧：1，夹砂黑陶。短颈。唇沿饰细齿纹，腹部至底部饰细绳纹。高22.5、口径30.2厘米（图一一，2；图版一四，4）。

Ⅲ式：1件。矮腹。T154⑧：9，夹炭黑陶。口沿下和肩腹交接处各有一对称小錾耳。底部饰细绳纹。高10、口径13.4厘米（图一一，3；图版一四，5）。

C型　4件。无耳，颈部下方无装饰。按腹部形式不同分四式。

Ⅰ式：1件。下腹较尖，最大腹径居中。T163⑧：2，夹砂黑陶。敞口，束颈，器形修长，高与腹径相同。光素无纹。高17、口径15厘米（图一一，4；图版一四，6）。

Ⅱ式：1件。颈下鼓腹，最大径在上腹部，底部较尖。T141⑧：15，夹砂黑陶。侈口，短颈，制作不甚规整。光素无纹。高17.5、口径14.5厘米（图一一，5；图版一五，1）。

Ⅲ式：1件。上腹壁较直，下腹斜收。T114⑧：21，夹炭黑陶。侈口，短颈。底部饰绳纹。高15、口径18.5厘米（图一一，6；图版一五，2）。

Ⅳ式：1件。弧腹，腹深较直，呈筒形。T131⑧：20，夹炭黑陶。敞口。底部饰绳纹。高17.6、口径26厘米（图一一，7；图版一五，3）。

D型　11件。无耳，肩部有纹样装饰，且基本为侈口，斜折肩。按颈部长短分三式。

Ⅰ式：2件。短颈，颈部约占器身高度的六分之一。T124⑧：29，夹砂黑陶。上腹壁较直。颈与肩的转折处饰斜短线纹，底部饰绳纹。高17、口径15.6厘米（图一一，8；图版一五，4）。T124⑧：33，夹砂黑陶。底部饰绳纹。高18、口径17.8厘米（图一一，9；图版一五，5）。

Ⅱ式：7件。颈部较长，约占器身高度的四分之一。T142⑧：20，夹炭黑陶。肩部二道斜短线间隔弦纹，底部饰绳纹。高18、口径21.6厘米（图一一，10；图版一五，6）。T114⑧：32，夹炭黑陶。高16、口径18.6厘米（图一一，11；图版一六，1）。T112⑧：21，夹砂灰陶。肩部两道斜短线间隔弦纹。高20、口径24厘米（图一二，1；图版一六，2）。T131⑧：15，夹砂黑陶。肩部弦纹和斜短线纹，下腹至底部饰绳纹。高14.6、口径19.8厘米（图一二，2；图版一六，3）。T124⑧：36，夹砂黑陶。肩部饰斜短线间隔弦纹，底部饰绳纹。高14、口径16.5厘米（图一二，3；

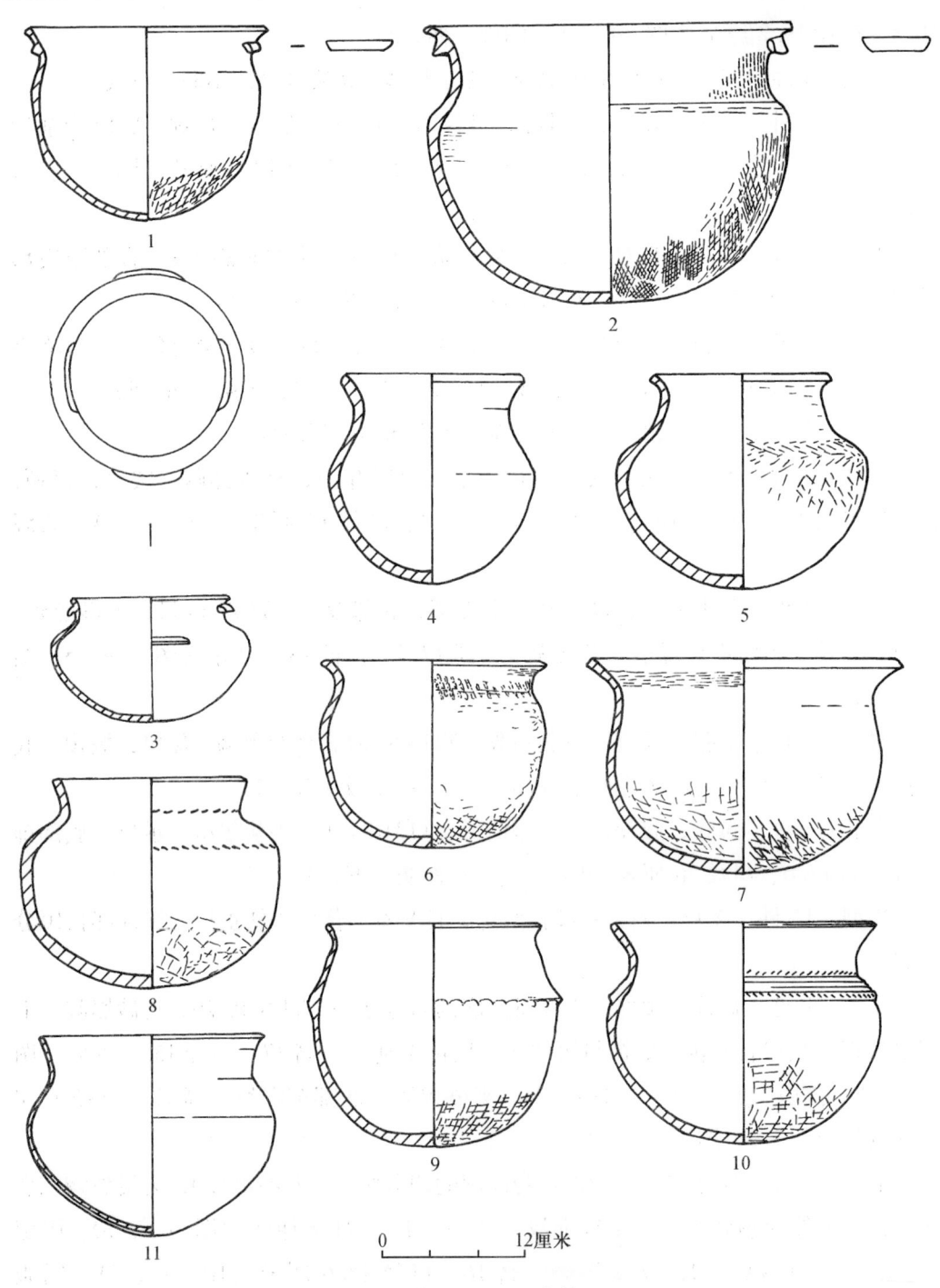

图一一 第8层出土的陶敞口釜

1. B型Ⅰ式敞口釜（T142⑧:6） 2. B型Ⅱ式敞口釜（T121⑧:1） 3. B型Ⅲ式敞口釜（T154⑧:9） 4. C型Ⅰ式敞口釜（T163⑧:2） 5. C型Ⅱ式敞口釜（T141⑧:15） 6. C型Ⅲ式敞口釜（T114⑧:21） 7. C型Ⅳ式敞口釜（T131⑧:20） 8、9. D型Ⅰ式敞口釜（T124⑧:29、T124⑧:33） 10、11. D型Ⅱ式敞口釜（T142⑧:20、T114⑧:32）

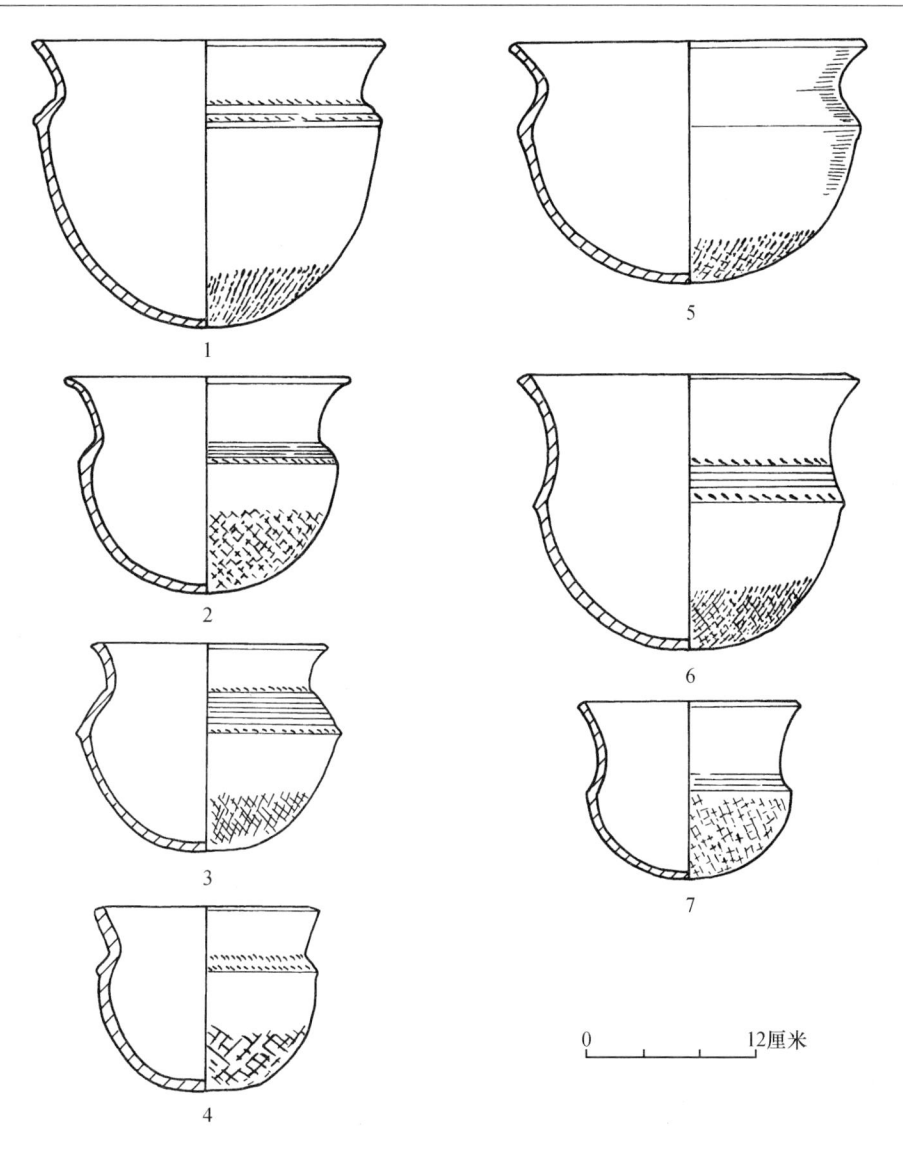

图一二 第 8 层出土的陶敞口釜
1~5. D 型 Ⅱ 式敞口釜（T112⑧：2、T131⑧：15、T124⑧：36、T112⑧：17、T141⑧：21）
6、7. D 型 Ⅲ 式敞口釜（T132⑧：14、T131⑧：16）

图版一六，4）。T112⑧：17，夹砂黑陶。肩部两道斜短线纹，腹底部饰绳纹。高12.4、口径16厘米（图一二，4；图版一六，5）。T141⑧：21，夹砂黑陶。肩部弦纹和底部饰绳纹。高16、口径24厘米（图一二，5；图版一六，6）。

Ⅲ式：2件。颈部约占器身高度的二分之一。T132⑧：14，夹砂灰陶。敞口，颈较高。肩部两道斜短线间隔弦纹。高18.5、口径24.4厘米（图一二，6；图版一七，1）。T131⑧：16，夹砂灰陶。侈口，颈较高，折肩较甚。肩部弦纹，腹部绳纹。高 11.5、口径 14.8 厘米（图一二，7；图版一七，2）。

E 型　21 件。敞口，粗颈，颈部以下有凸脊装饰。按颈部与腹部的不同分五式。

Ⅰ式：5 件。矮颈，深鼓腹。T124⑧：31，夹炭黑陶。底部饰绳纹。高 15、口径 20 厘米（图一三，1；图版一七，3）。T114⑧：35，夹炭黑陶。微卷沿，肩部有锯齿状凸脊。底部饰绳纹。高 17.8、口径 21.4 厘米（图一三，2；图版一七，4）。T154⑧：10，夹炭黑陶。侈口，短颈，斜肩，球腹。素面无纹饰。高 13.4、口径 12.5 厘米（图一三，3；图版一七，5）。T134⑧：19，夹砂灰陶。颈和肩部饰有间断的蛤齿纹。高 14、口径 15.8 厘米（图一三，4；图版一七，6）。T142⑧：32，夹砂灰陶。高 15、口径 17 厘米（图一三，5；图版一八，1）。

Ⅱ式：6 件。高颈，浅斜弧腹。T131⑧：21，夹炭黑陶。侈沿。沿口饰斜线，颈部一周饰蛤齿纹，凸脊饰锯齿纹，底部饰绳纹。高 16.7、口径 21.5 厘米（图一三，6；图版一八，2）。T141⑧：13，夹砂灰陶。颈部与脊面饰有斜短线与弦纹的组合纹饰，底部饰绳纹。高 18、口径 21.6 厘米（图一三，7；图版一八，3）。T141⑧：18，夹炭黑陶。颈与脊交接处饰斜短线与弦纹，腹底布满绳纹。高 18.5、口径 22.5 厘米（图一三，8；图版一八，4）。T114⑧：31，夹砂黑陶。侈口，粗高颈，颈高占器高的二分之一而有余。颈腹之间饰素脊。底部饰绳纹。高 16.5、口径 18.3 厘米（图一三，9；图版一八，5）。T123⑧：35，夹砂黑陶。底部饰绳纹。高 15.5、口径 18 厘米（图一三，10；图版一八，6）。T111⑧：4，夹砂黑陶。斜肩，肩沿较宽。肩部有斜短线与弦纹两组，每组在斜短线内划弦纹三条。高 20、口径 18.5 厘米（图一四，1；图版一九，1）。

Ⅲ式：7 件。高颈，深斜弧腹。T143⑧：22，夹砂黑陶。肩部饰有间断的蛤齿纹与弦纹，脊沿和腹底皆有绳纹。高 13.4、口径 17 厘米（图一四，2；图版一九，2）。T121⑧：31，夹砂黑陶。肩部有斜短线和弦纹组合。高 15.5、口径 20 厘米（图一四，3；图版一九，3）。T132⑧：16，夹砂黑陶。肩部饰蛤齿纹间隔弦纹，底部饰绳纹。高 20、口径 27 厘米（图一四，4；图版一九，4）。T152⑧：22，夹炭黑陶。肩部饰蛤齿纹间隔弦纹，底部饰绳纹。高 16.7、口径 21.8 厘米（图一四，5；图版一九，5）。T132⑧：15，夹砂黑陶。折沿。肩部划斜短线间隔弦纹，底部饰绳纹。高 16、口径 20.5 厘米（图一四，6；图版一九，6）。T141⑧：20，夹砂黑陶。肩部有弦纹与斜短线纹，底部饰绳纹。高 15、口径 20 厘米（图一四，7；图版二〇，1）。T141⑧：19，夹砂黑陶。底部饰绳纹。高 15.5、口径 17.8 厘米（图一四，8；图版二〇，2）。

第三章 文化遗存

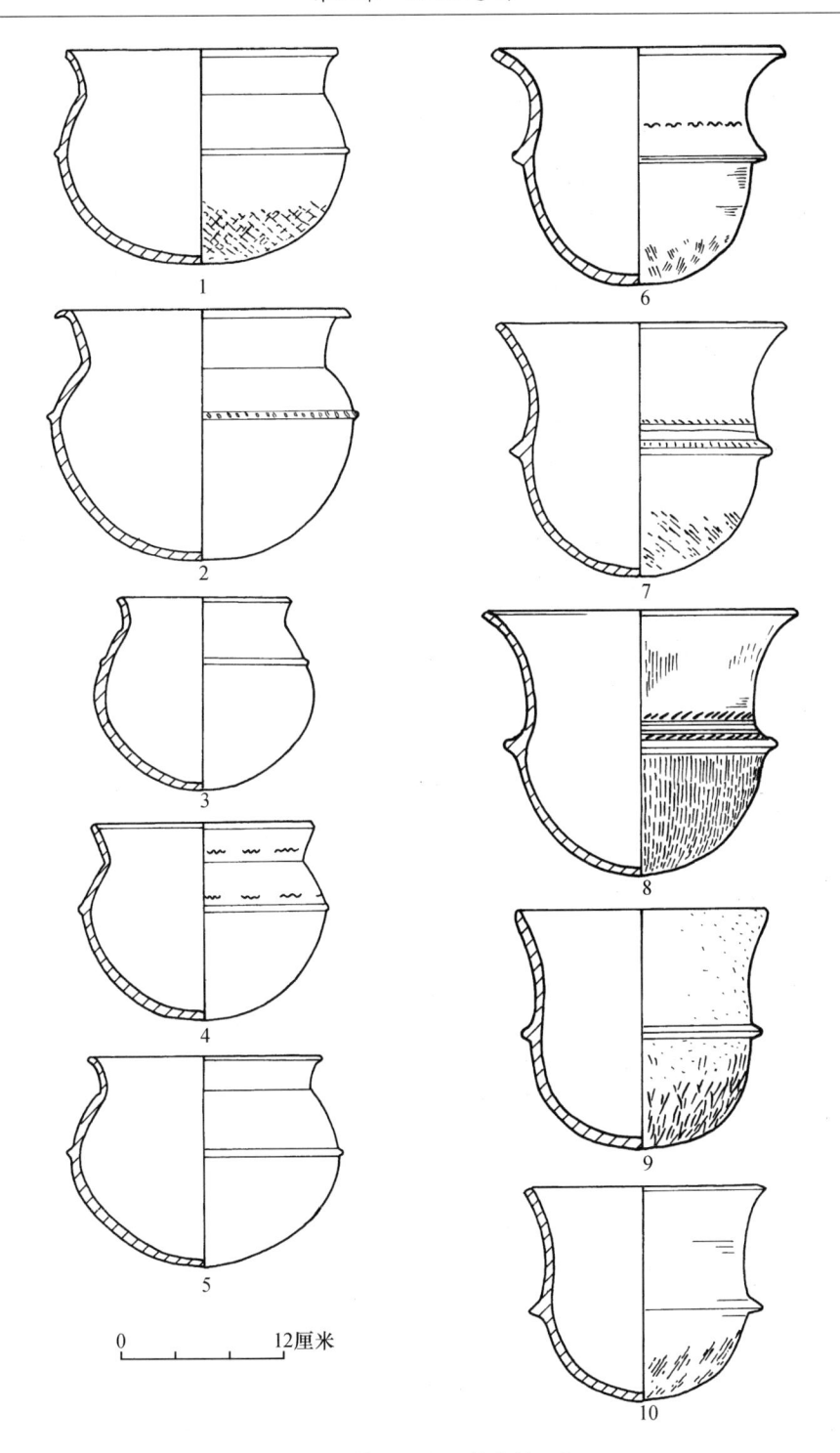

图一三 第 8 层出土的陶敞口釜

1~5. E 型 I 式敞口釜（T124⑧:31、T114⑧:35、T154⑧:10、T134⑧:19、T142⑧:32） 6~10. E 型 II 式敞口釜
（T131⑧:21、T141⑧:13、T141⑧:18、T114⑧:31、T123⑧:35）

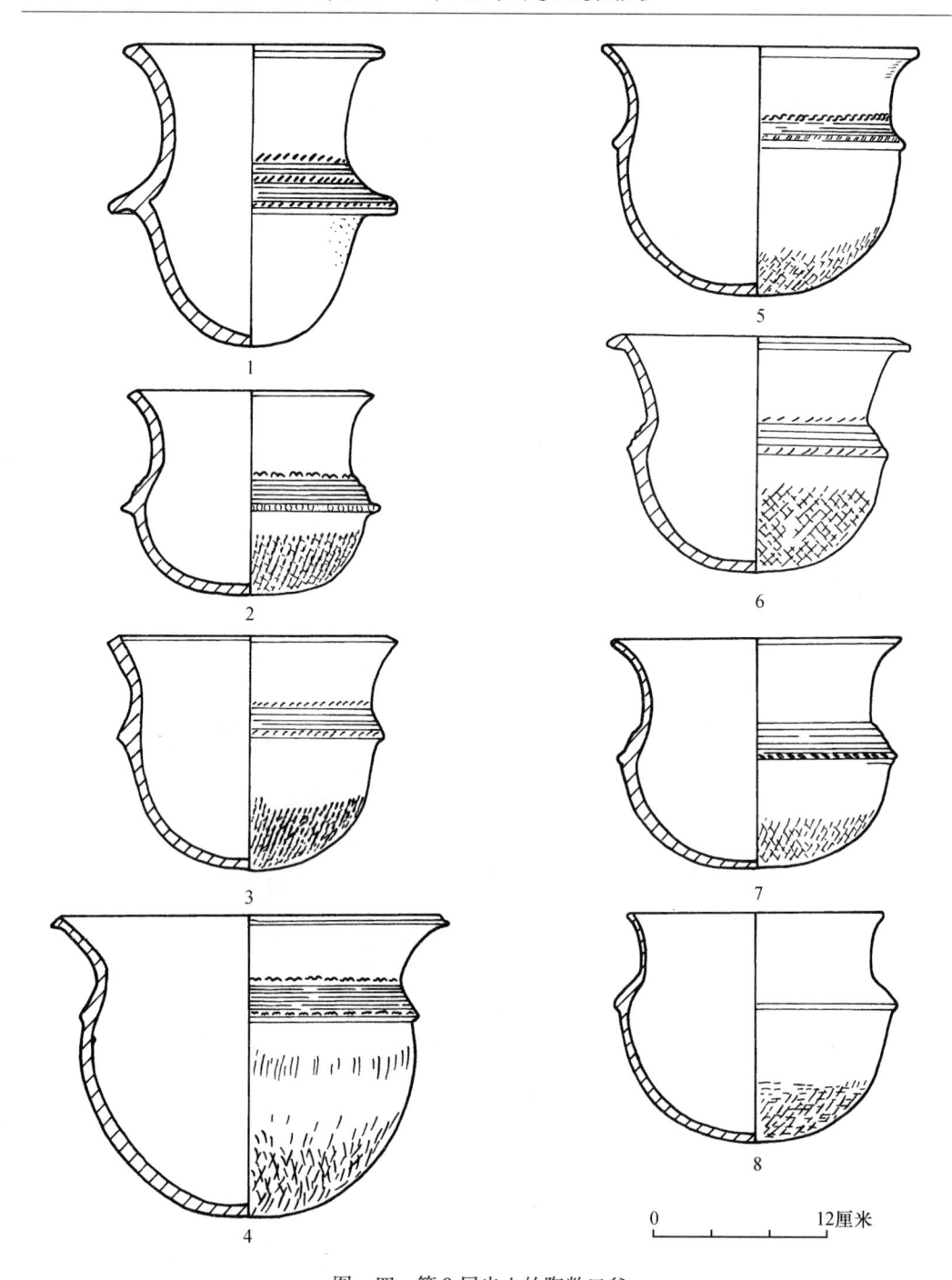

图一四 第8层出土的陶敞口釜

1. E型Ⅱ式敞口釜（T111⑧:4） 2~8. E型Ⅲ式敞口釜（T143⑧:22、T121⑧:31、T132⑧:16、T152⑧:22、T132⑧:15、T141⑧:20、T141⑧:19）

Ⅳ式：1件。高颈，深鼓腹。T111⑧：32，夹砂黑陶。折沿，连肩凸脊。肩部饰斜短线和弦纹，底部饰绳纹。高19、口径15.8厘米（图一五，1；图版二〇，3）。

Ⅴ式：2件。矮颈，浅鼓腹。肩、腹交接处附凸脊。底部饰细绳纹。T134⑧：12，夹砂灰陶。高14、口径20.3厘米（图一五，2；图版二〇，4）。T152⑧：20，夹砂黑陶。锯齿状凸脊。高16、口径23.6厘米（图一五，3；图版二〇，5）。

F型　5件。粗颈，口沿下颈部有一对小錾耳，肩部有凸脊。按腹部形状分四式。

Ⅰ式：2件。弧腹。敞口，溜肩，锯齿形凸脊，脊下腹壁斜弧收成圜底。肩部有间断的蛤齿纹与弦纹，腹部遍施绳纹。T142⑧：27，夹炭黑陶。高18.2、口径24.4厘米（图一五，4；图版二〇，6）。T112⑧：18，夹炭黑陶。高20.8、口径29.8厘米（图一五，5；图版二一，1）。

Ⅱ式：1件。鼓腹。T114⑧：23，夹炭黑陶。敞口，溜肩，弧腹，圜底。底部饰绳纹。高18.5、口径26.2厘米（图一五，6；图版二一，2）。

Ⅲ式：1件。筒形腹。T141⑧：12，夹砂黑陶。侈口，口径较小，颈较高，直筒形深腹，圜底。颈与脊饰谷粒纹与弦纹两组，底部饰绳纹。高25.2、口径15.8厘米（图一五，7；图版二一，3）。

Ⅳ式：1件。斜直腹。夹炭灰陶。T144⑧：15，敞口，侈沿，颈略高，圜底较尖。颈部有半圆戳印纹和弦纹，凸脊饰斜短线纹。高18.2、口径26.4厘米（图一五，8；图版二一，4）。

G型　8件。敞口，口沿下与肩腹交接处有凸脊。按照腹部形式的不同分三式。

Ⅰ式：4件。斜弧腹。斜肩，圜底。底部饰绳纹。T114⑧：26，夹炭黑陶。高18.5、口径21.7厘米（图一六，1；图版二一，5）。T114⑧：35，夹砂黑陶。颈稍高，锯齿状凸脊。高17.3、口径19.7厘米（图一六，2；图版二一，6）。T114⑧：27，夹炭黑陶。齿状凸脊。高14.5、口径14.5厘米（图一六，3；图版二二，1）。T133⑧：25，夹炭黑陶。高14、口径14.7厘米（图一六，4；图版二二，2）。

Ⅱ式：2件。微鼓腹。短颈，斜肩，折肩明显。底部有绳纹。T113⑧：10，夹炭黑陶。高12.2、口径13厘米（图一六，5；图版二二，3）。T144⑧：16，夹炭黑陶。高18、口径15.5厘米（图一六，6；图版二二，4）。

Ⅲ式：1件。鼓腹。T134⑧：4，夹炭黑陶。溜肩，器型较矮胖。底部饰绳纹。高16.5、口径24厘米（图一六，7；图版二二，5）。

H型　1件。口沿下有凸脊，肩腹交接处有一对小錾耳。T134⑧：11，夹炭黑陶。敞口，短颈，斜肩，鼓腹，整器较矮。底部饰绳纹。高14.5、口径20.5厘米（图一六，8；图版二二，6）。

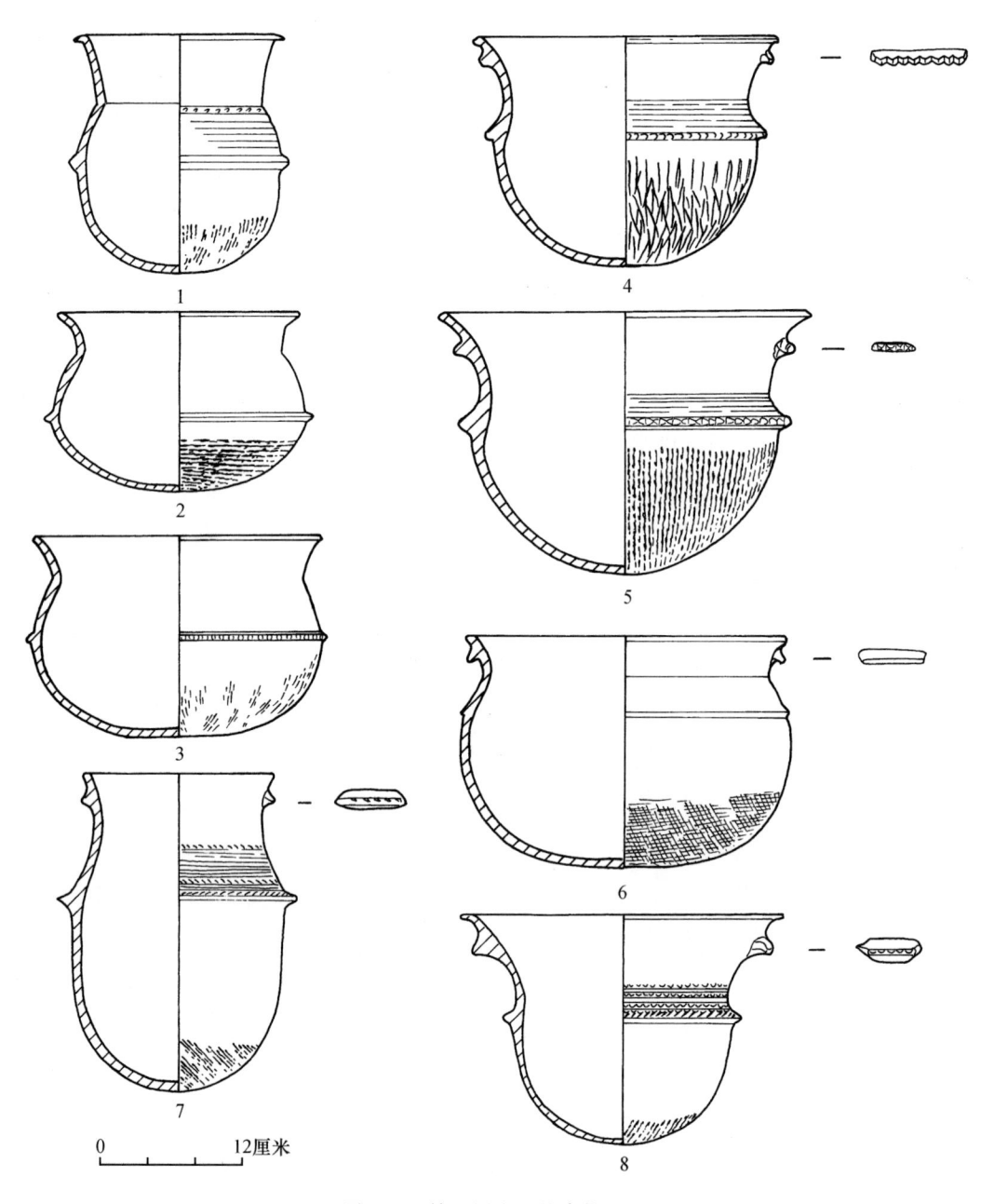

图一五　第8层出土的陶敞口釜

1. E型Ⅳ式敞口釜（T111⑧:32）　2、3. E型Ⅴ式敞口釜（T134⑧:12、T152⑧:20）　4、5. F型Ⅰ式敞口釜（T142⑧:27、T112⑧:18）　6. F型Ⅱ式敞口釜（T114⑧:23）　7. F型Ⅲ式敞口釜（T141⑧:12）　8. F型Ⅳ式敞口釜（T144⑧:15）

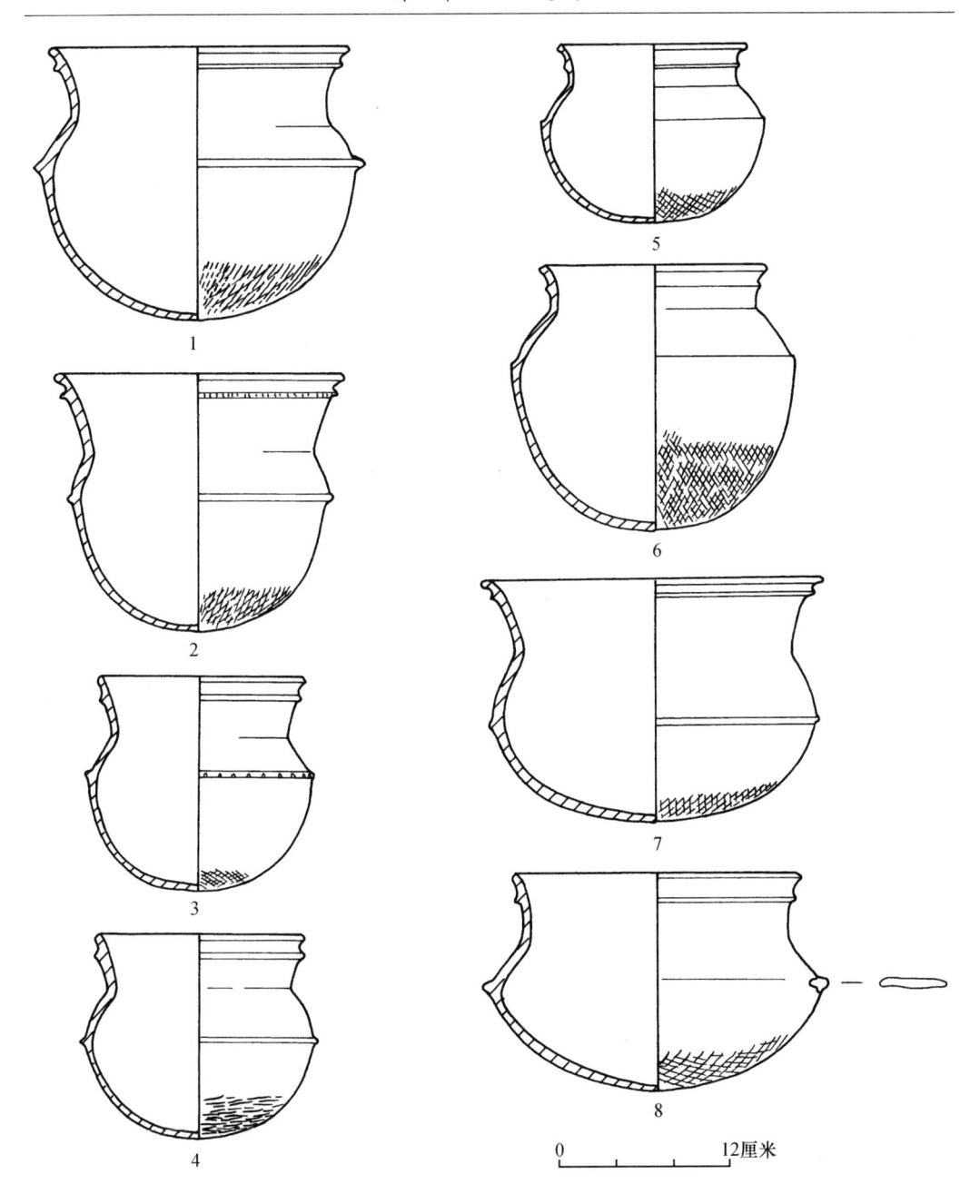

图一六 第8层出土的陶敞口釜

1~4. G型Ⅰ式敞口釜（T114⑧:26、T114⑧:35、T114⑧:27、T133⑧:25） 5、6. G型Ⅱ式敞口釜（T113⑧:10、T144⑧:16） 7. G型Ⅲ式敞口釜（T134⑧:4） 8. H型敞口釜（T134⑧:11）

直口釜 11件。直口，口颈交接处有凸脊。根据口沿及肩脊有无的情况分三型。

A型 3件。矮沿，颈以下无脊。按腹部不同分二式。

Ⅰ式：2件。斜弧腹。T143⑧:28，夹炭黑陶。直颈。细齿状凸脊。口沿上饰两圈间断的蛤齿纹，腹底部饰绳纹。高 19.6、口径 22.8 厘米（图一七，1；图版二三，1）。T144⑧:17，夹炭黑陶。微束颈。底部饰绳纹。高 15.8、口径 24 厘米（图一七，2；图版二三，2）。

Ⅱ式：1件。鼓腹。T143⑧:24，夹炭黑陶。颈内弧，弧腹圜底。口颈交接处有细齿状凸脊。整器口大底小，腹浅似盆。高 11.5、口径 23 厘米（图一七，3；图版二三，3）。

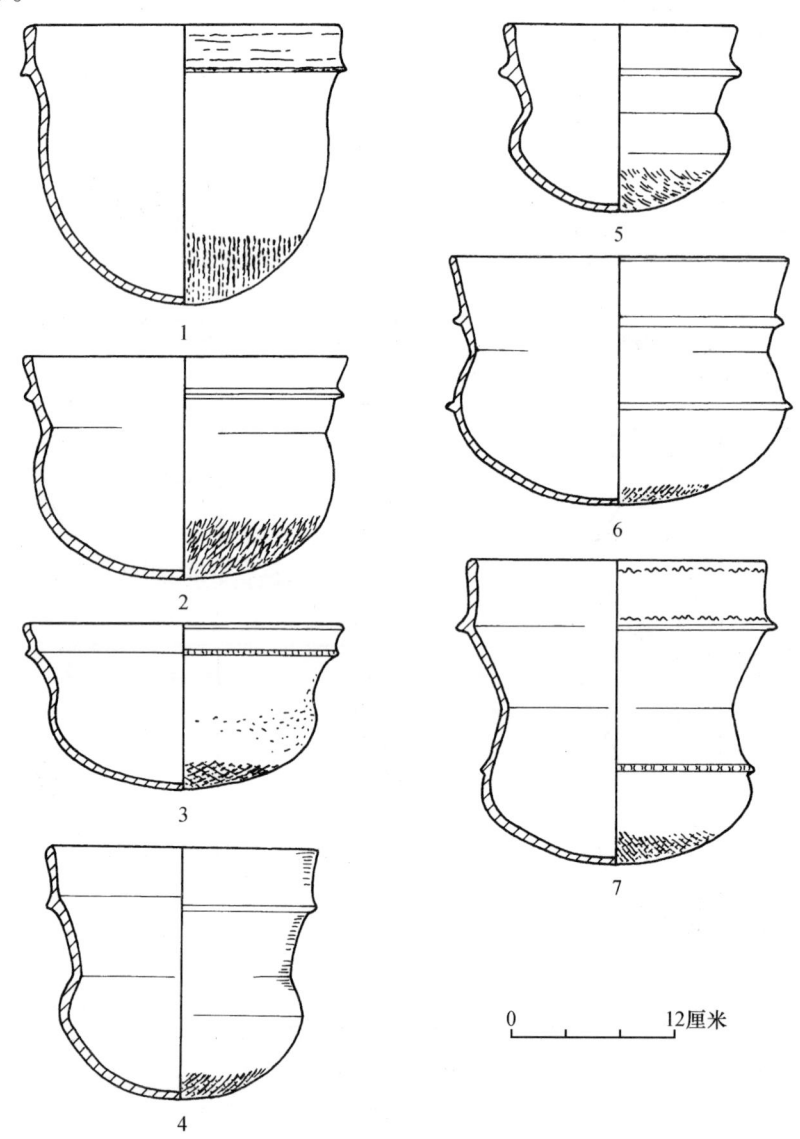

图一七　第8层出土的陶直口釜

1、2. A型Ⅰ式直口釜（T143⑧:28、T144⑧:17）　3. A型Ⅱ式直口釜（T143⑧:24）　4、5. B型直口釜（T144⑧:14、T133⑧:13）　6、7. C型Ⅰ式直口釜（T133⑧:26、T134⑧:7）

B型　2件。高沿，口大腹小，颈以下无脊。T144⑧：14，夹炭黑陶。颈斜收，溜肩，矮腹。底部饰绳纹。高18、口径20厘米（图一七，4；图版二三，4）。T133⑧：13，夹炭黑陶。直口，短颈略束，溜肩，折腹。底部饰绳纹。高13.5、口径17.2厘米（图一七，5；图版二三，5）。

C型　6件。口大，沿较高，颈以下有脊。按肩部的情况分四式。

Ⅰ式：2件。无肩。斜颈内收，矮腹。口颈与腹之间附两条凸脊。T133⑧：26，夹砂灰陶。直口微侈，尖状凸脊。底部饰绳纹。高17.2、口径24厘米（图一七，6；图版二三，6）。T134⑧：7，夹砂灰陶。口沿上有两周间断的蛤齿纹，底部饰绳纹。高21.3、口径21.8厘米（图一七，7；图版二四，1）。

Ⅱ式：1件。折肩。T123⑧：25，夹炭黑陶。束颈，弧腹。口颈与肩腹之间附两条凸脊，其中，肩腹的凸脊呈细齿状。颈部有一对小錾耳。口沿上有弦纹和谷粒纹，底部饰绳纹。高22、口径30.4厘米（图一八，1；图版二四，2）。

Ⅲ式：2件。溜肩。直口微敛，束颈，斜肩，深腹。口颈与肩腹之间附两条齿状凸脊。T134⑧：6，夹炭黑陶。底部布满绳纹。高27.6、口径30.4厘米（图一八，2；

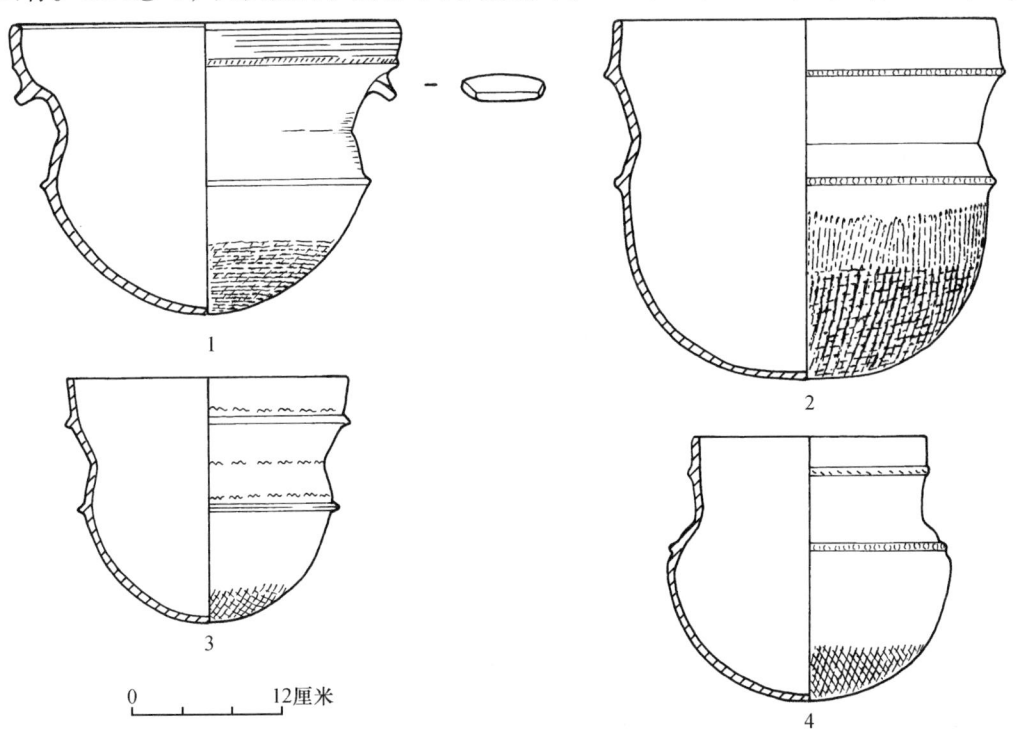

图一八　第8层出土的陶直口釜

1. C型Ⅱ式直口釜（T123⑧：25）　2、3. C型Ⅲ式直口釜（T134⑧：6、T152⑧：21）
4. C型Ⅳ式直口釜（T122⑧：9）

图版二四,3)。T152⑧:21,夹炭黑陶。口沿和肩部各饰蛤齿纹。高19、口径22.2厘米（图一八,3;图版二四,4)。

Ⅳ式:1件。鼓肩。T122⑧:9,夹炭黑陶。直颈,斜肩,矮腹。颈部和肩部各有带状凸脊,其上有竖纹。高20.2、口径19厘米（图一八,4;图版二四,5)。

敛口釜　29件。按照口部及肩脊有无的情况分三型。

A型　4件。弧敛口,无肩无脊。按器型分三式。

Ⅰ式:2件。钵形釜。T114⑧:28,夹砂黑陶。弧腹,圜底,整器似半球形。底部饰绳纹,火烧痕迹明显。高8.6、口径16.2厘米（图一九,1;图版二四,6)。T142⑧:5,夹砂黑陶。口微敛,壁较直,制作不规整。底部饰绳纹。高8、口径16厘米（图一九,2;图版二五,1)。

Ⅱ式:1件。罐形釜。T114⑧:29,夹砂灰陶。短颈,弧腹,圜底较尖。腹部遍施绳纹。胎壁很薄。高15.3、口径14.5厘米（图一九,3;图版二五,2)。

Ⅲ式:1件。双耳釜。T143⑧:25,夹炭黑陶。束颈,球腹。口沿下有一对齿状小鋬耳。底部饰绳纹。高15、口径21厘米（图一九,4;图版二五,3)。

B型　5件。小敛口,口颈交接处有凸脊,深腹。按肩部的特点分三式。

Ⅰ式:3件。溜肩,颈腹交接处饰凸脊。T114⑧:30,夹炭黑陶。折敛口,上腹较直。口沿与肩部饰弦纹和斜短线纹,底部饰绳纹。高17、口径13.5厘米（图一九,5;图版二五,4)。T132⑧:12,夹炭黑陶。折敛口,上腹较直。口沿和肩部均饰弦纹。高21、口径16厘米（图一九,6;图版二五,5)。T152⑧:18,夹炭黑陶。弧敛口。口肩无纹,底为绳纹。高18.4、口径16.8厘米（图一九,7;图版二五,6)。

Ⅱ式:1残件。折肩,颈腹交接处连腹凸脊。T123⑧:29,夹炭黑陶。整器口小腹大。口沿和肩部划满弦纹。高37、口径23.6厘米（图一九,8;图版二六,1)。

Ⅲ式:1残件。溜肩,口颈交接处显凸脊。T154⑧:13,夹炭黑陶。侈沿。本器纹饰特殊,在口部和肩部横竖弦纹分段交替,戳印的圈点纹相隔其间。残高20、口径29厘米（图一九,9;图版二六,2)。

C型　20件。大折敛口,粗颈内弧,肩腹交接处有凸脊,浅腹。按口径与腹径特点以及凸脊大小分四式。

Ⅰ式:5件。折肩,口径与腹径基本一致,最大腹径在器物的中部,凸脊不很明显。T112⑧:14,夹砂黑陶。折肩,腹壁斜收,底部较尖。口沿和肩部有弦纹,凸脊饰斜短线纹,底部饰绳纹。高20.8、口径21.2厘米（图二〇,1;图版二六,3)。T133⑧:31,夹砂灰陶。高21.6、口径22.7厘米（图二〇,2;图版二六,4)。T131⑧:19,夹砂灰陶。口沿有斜短线和弦纹的组合纹饰,肩部与凸脊饰弦纹和

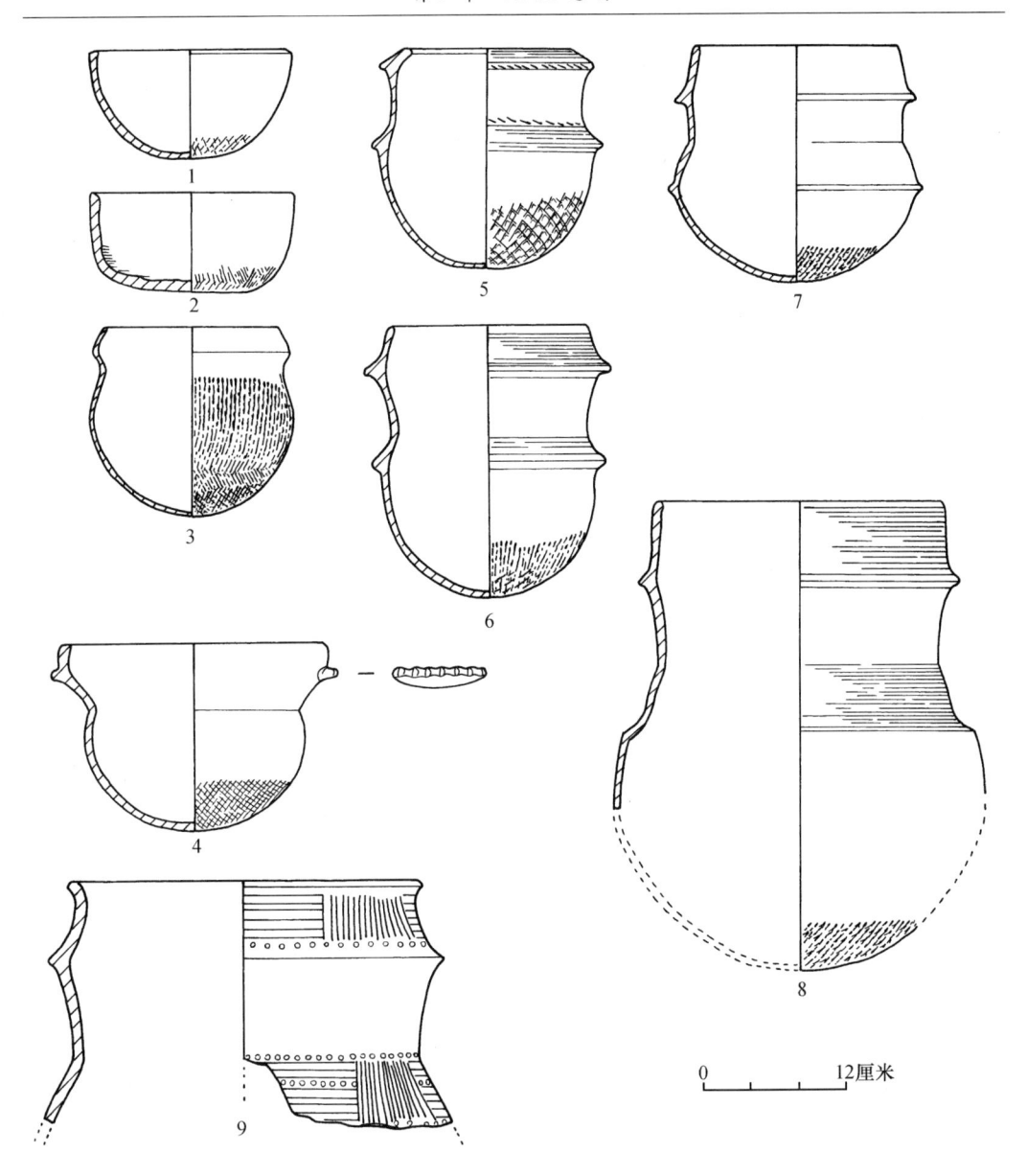

图一九 第8层出土的陶敛口釜

1、2. A型Ⅰ式敛口釜（T114⑧:28、142⑧:5） 3. A型Ⅱ式敛口釜（T114⑧:29） 4. A型Ⅲ式敛口釜（T143⑧:25） 5~7. B型Ⅰ式敛口釜（T114⑧:30、T132⑧:12、T152⑧:18） 8. B型Ⅱ式敛口釜（T123⑧:29） 9. B型Ⅲ式敛口釜（T154⑧:13）

斜短线纹，底部饰绳纹。高18、口径19.5厘米（图二〇,3；图版二六,5）。T123⑧:1，夹炭黑陶。折肩，上腹较直。口沿和肩部都划有斜短线与弦纹的组合纹饰。高16.5、口径18.5厘米（图二〇,4；图版二六,6）。T123⑧:33，夹砂灰陶。口沿和肩部弦纹，凸脊上斜短线纹。高18.5、口径22厘米（图二〇,5；图版二七,1）。

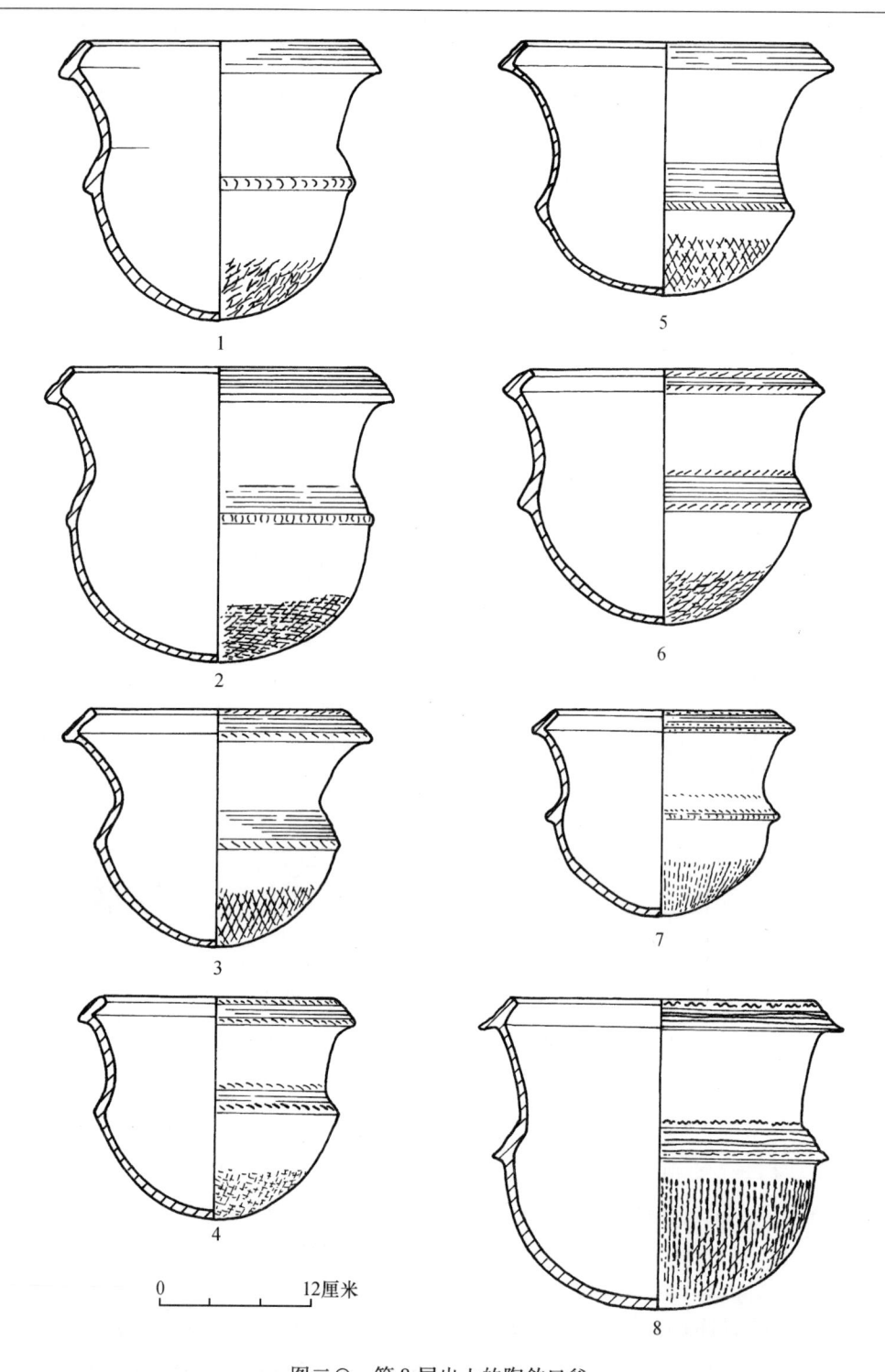

图二〇 第8层出土的陶敛口釜

1~5. C型Ⅰ式敛口釜（T112⑧:14、T133⑧:31、T131⑧:19、T123⑧:1、T123⑧:33）
6~8. C型Ⅱ式敛口釜（T110⑧:5、T121⑧:30、T112⑧:19）

Ⅱ式：5件。口径与腹径基本一致，最大腹径在器物的中部，明显连肩凸脊。T110⑧：5，夹炭黑陶。口沿与肩部有斜短线和弦纹组合纹饰，底部饰绳纹。高19.5、口径21.5厘米（图二〇，6；图版二七，2）。T121⑧：30，夹砂黑陶。锯齿状凸脊。口沿与肩部的纹饰由谷粒纹和弦纹组成，底部饰绳纹。高16、口径16厘米（图二〇，7；图版二七，3）。T112⑧：19，夹砂黑陶。口沿与肩部纹饰由蛤齿纹和弦纹组成，腹底部饰绳纹。高23.4、口径23.2厘米（图二〇，8；图版二七，4）。T132⑧：13，夹砂灰陶。口与肩部饰弦纹，底部饰绳纹。高20、口径24.6厘米（图二一，1；图版二七，5）。T123⑧：31，夹砂灰陶。口沿与肩部饰斜短线与弦纹。高17、口径20厘米（图二一，2；图版二七，6）。

Ⅲ式：9件。颈较高，口径大于腹径，最大腹径在器物的中部或中部偏下，凸脊较不明显。T123⑧：24，夹炭黑陶。口沿与肩部有斜短线和弦纹的组合，底部饰绳纹。高19.6、口径20.5厘米（图二一，3；图版二八，1）。T111⑧：36，夹砂灰陶。敛口，口沿较窄，器形较大。口沿与颈肩处饰谷粒纹和弦纹的组合，底部饰绳纹。高28、口径35厘米（图二一，4；图版二八，2）。T141⑧：11，夹炭黑陶。折肩，上腹较直，凸脊不很明显。口沿与肩饰有弦纹，底部饰绳纹。高17.5、口径14.3厘米（图二一，5；图版二八，3）。T134⑧：8，夹炭黑陶。折肩，腹斜收，底较尖。口沿与肩部各有两周谷粒纹装饰，底部饰绳纹。高16、口径17.5厘米（图二一，6；图版二八，4）。T133⑧：24，夹炭黑陶。溜肩。口沿与肩饰谷粒纹和弦纹。高14.5、口径15.4厘米（图二一，7；图版二八，5）。T121⑧：18，夹炭黑陶。颈内弧，肩不明显，腹较直，底近平。口沿饰弦纹，底部饰绳纹。制作不甚规整。高17、口径17厘米（图二一，8；图版二八，6）。T130⑧：4，夹炭黑陶。腹浅。口沿和颈腹凸脊处有弦纹与斜短线纹，底部饰绳纹。高17、口径19厘米（图二二，1；图版二九，1）。T152⑧：19，夹炭黑陶。口沿与肩部饰蛤齿纹与弦纹。高16、口径21.5厘米（图二二，2；图版二九，2）。T123⑧：34，夹砂黑陶。束颈。脊沿上有细齿纹，底部饰绳纹。高13.5、口径16厘米（图二二，3；图版二九，3）。

Ⅳ式：1件。口径大于腹径，最大腹径在器物的中下部，凸脊明显。T114⑧：34，夹炭黑陶。口沿下有一对称鸡冠状鋬耳。颈腹之间饰锯齿形凸脊，口沿饰蛤齿纹与弦纹组合，凸脊上饰弦纹三周。高21.5、口径27.5厘米（图二二，4；图版二九，4）。

罐　9件。深腹，平底。根据形制可分为双耳罐、单耳罐和无耳罐三类。

双耳罐　6件。按耳部形状分二型。

A型　5件。短颈，鼓腹，口沿与肩之间有对称桥状耳。按耳部位置分三式。

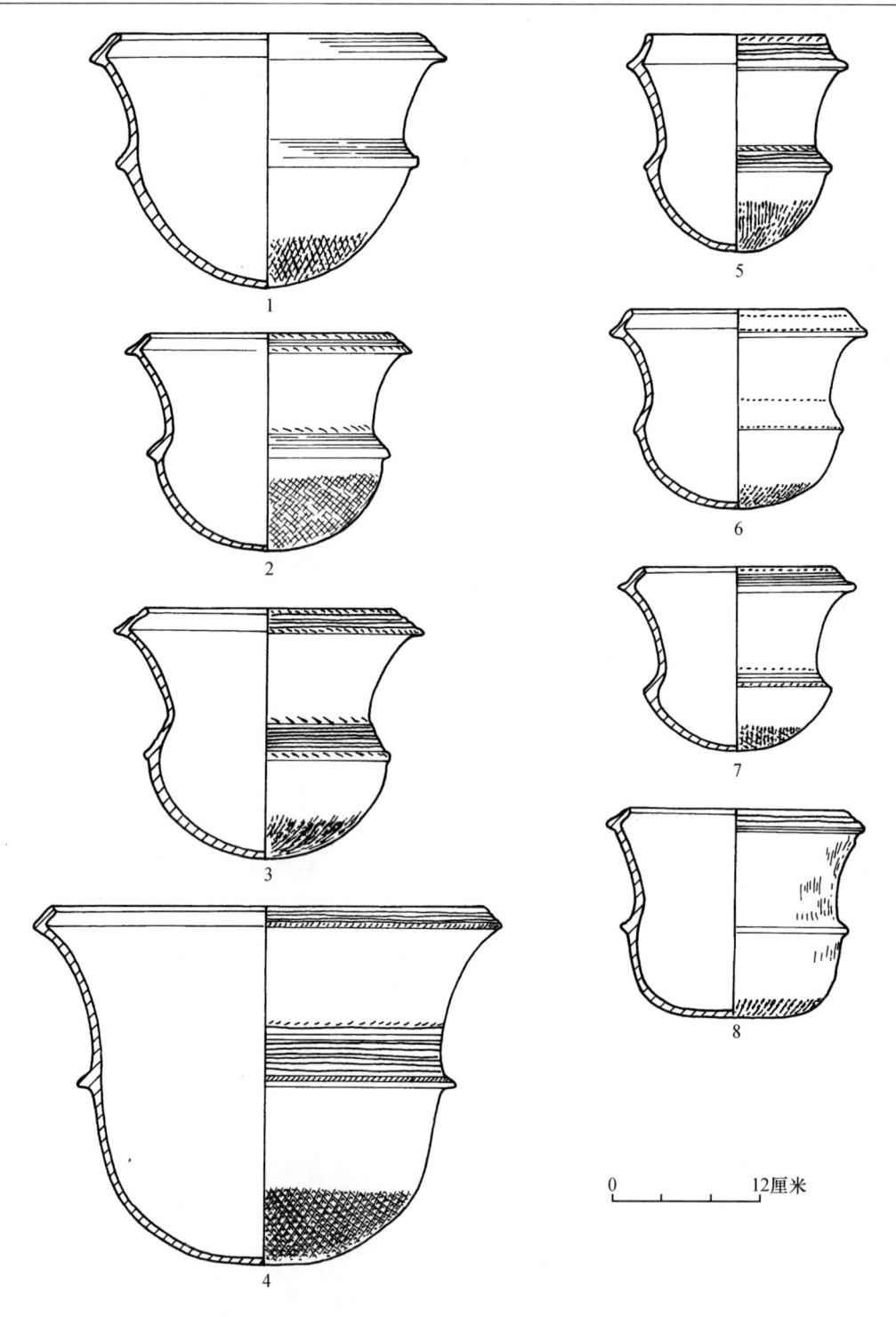

图二一 第 8 层出土的陶敛口釜

1、2. C 型 Ⅱ 式敛口釜（T132⑧:13、T123⑧:31） 3~8. C 型 Ⅲ 式敛口釜（T123⑧:24、T111⑧:36、T141⑧:11、T134⑧:8、T133⑧:24、T121⑧:18）

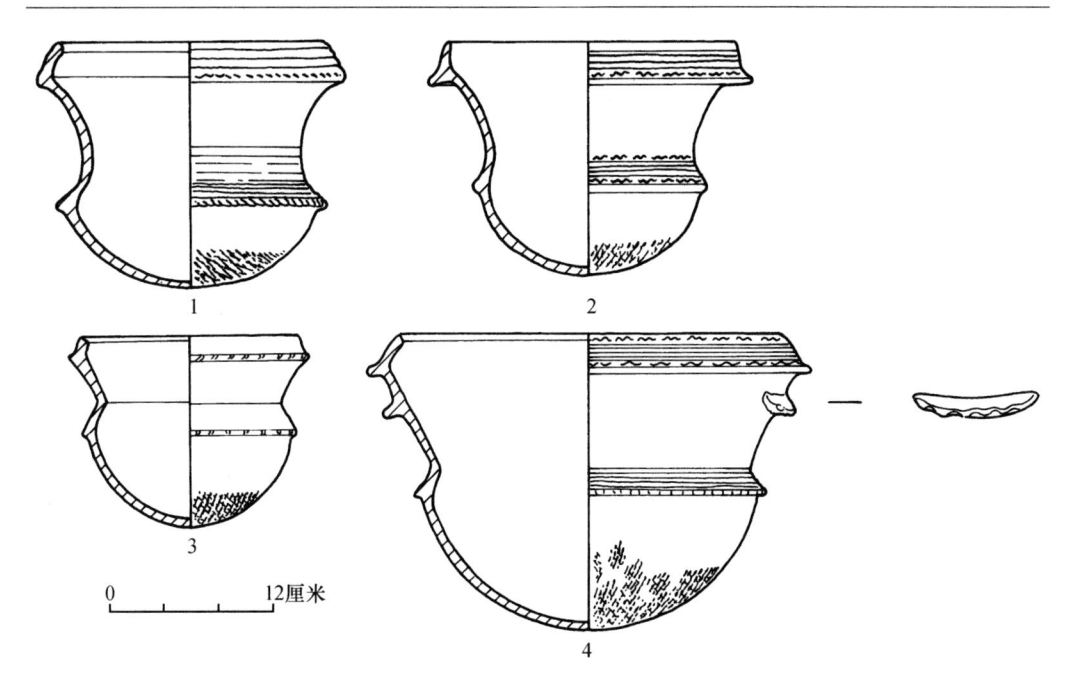

图二二 第8层出土的陶敛口釜

1~3. C型Ⅲ式敛口釜（T130⑧：4、T152⑧：19、T123⑧：34） 4. C型Ⅳ式敛口釜（T114⑧：34）

Ⅰ式：3件。双耳上部凸于口沿。T143⑧：19，夹炭黑陶。直口，器形矮胖。高14、口径15.8厘米（图二三，1；图版二九，5）。T124⑧：30，夹炭黑陶。直口，耳旁颈部钻一小孔。高19.2、口径15厘米（图二三，2；图版二九，6）。T123⑧：30，夹炭黑陶。器高大于口径，器形略显修长。高22.8、口径16.5厘米（图二三，3；图版三〇，1）。

Ⅱ式：1件。双耳与口沿相平。T114⑧：22，夹砂灰陶。侈口，底内凹。高17.2、口径22厘米（图二三，4；图版三〇，2）。

Ⅲ式：1件。双耳上部低于口沿。T134⑧：15，夹炭黑陶。折敛口，直腹斜收，底内凹。高18、口径25厘米（图二三，5；图版三〇，3）。

B型 1件。口沿处有一对錾耳。T142⑧：30，夹砂灰陶。敛口，弧腹。器形较小。高7.5、口径10.5厘米（图二三，6；图版三〇，4）。

单耳罐 1件。T112⑧：3，夹砂黑陶。侈口，短颈，溜肩，弧腹，平底。口沿与肩之间有单侧桥状耳。底部有绳纹。器形较小。高7.5、口径6.3厘米（图二三，7；图版三〇，5）。

无耳罐 2件。按有无颈部分二型。

A型 1件。短颈。T121⑧：16，夹炭黑陶。直口，鼓腹。胎较薄，器不规整。高21.2、口径18厘米（图二四，1；图版三〇，6）。

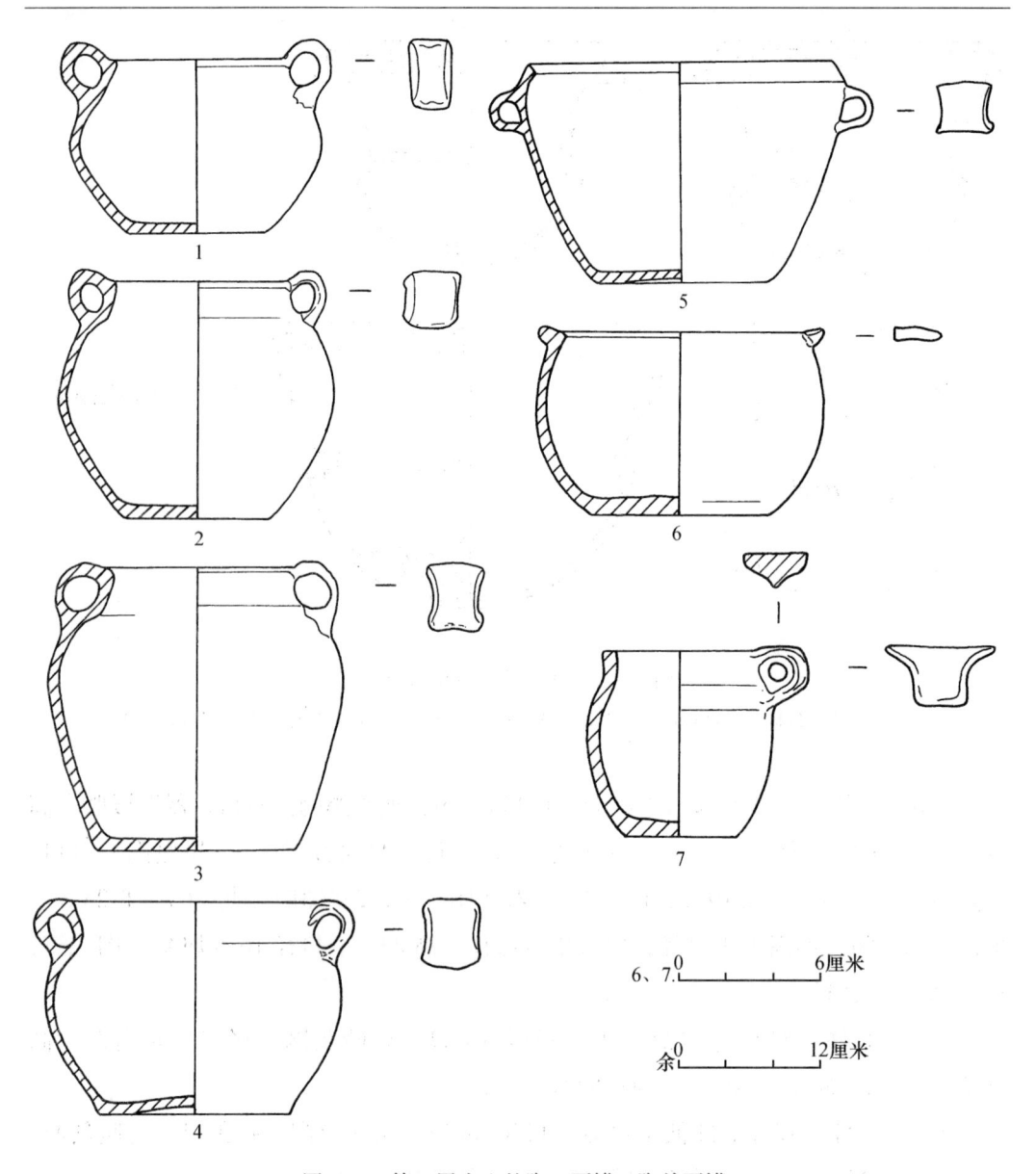

图二三 第8层出土的陶双耳罐、陶单耳罐
1~3. A型Ⅰ式双耳罐（T143⑧：19、T124⑧：30、T123⑧：30） 4. A型Ⅱ式双耳罐（T114⑧：22）
5. A型Ⅲ式双耳罐（T134⑧：15） 6. B型Ⅰ式双耳罐（T142⑧：30） 7. 单耳罐（T112⑧：3）

B型 1件。无颈。T114⑧：2，夹炭黑陶。敛口，腹壁斜直。口沿上有相对的两个小孔。高13.6、口径17.8厘米（图二四，2；图版三一，1）。

双耳瓮 3件。侈口，短颈，深腹，腹壁斜收，腹部有桥状双耳，平底。部分器表残留原橘红色的陶衣。按器形分为二型。

A型 2件。器型瘦高。溜肩。颈部有弦纹和谷粒纹。T111⑧：29，夹炭黑陶。

双耳位居腹下部。高43.5、口径12.5、底径19厘米（图二四，3；图版三一，2）。T111⑧：30，夹炭黑陶。双耳位居腹中部。高43.5、口径14、底径19厘米（图二四，4；图版三一，3）。

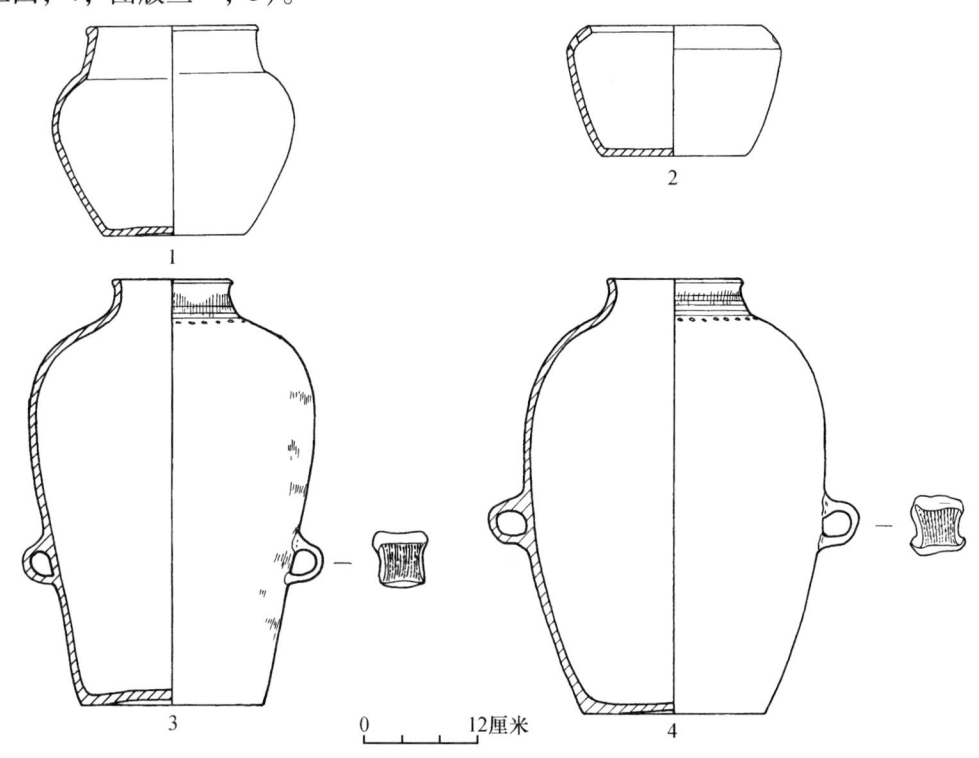

图二四　第8层出土的陶无耳罐、陶瓮
1. A型无耳罐（T121⑧：16）　2. B型无耳罐（T114⑧：2）　3、4. A型双耳瓮（T111⑧：29、T111⑧：30）

B型　1件。器型矮胖。T141⑧：16，夹炭黑陶。鼓肩，耳面较宽。颈部有弦纹和间断的蛤齿纹。高35.5、口径13、底径17.5厘米（图二五，1；图版三一，4）。

盆　9件。平底。夹炭黑陶，极少数夹有细砂，内外壁均经打磨，显现乌黑光亮。按口部的不同，分敞口盆和敛口盆两类。

敞口盆　3件。敞口，腹斜收。根据口沿的变化分二型。

A型　1件。折沿，沿较宽。T153⑧：13，夹炭黑陶。胎壁厚薄均匀，制作规整。高8、口径28.5厘米（图二五，2；图版三一，5）。

B型　2件。侈口，沿较窄。T111⑧：16，夹炭黑陶。腹斜直。高6、口径26.4厘米（图二五，3；图版三一，6）。T151⑧：1，夹砂黑陶。口沿上钻一个小孔。高6、口径26.4厘米（图二五，4；图版三二，1）。

敛口盆　6件。根据錾耳的数量，分三型。

A型　3件。无錾耳。T144⑧：5，夹炭黑陶。腹壁斜弧。高11、口径26.5厘米

（图二五，5；图版三二，2）。T152⑧：16，夹炭黑陶。敛口，口略直，腹壁斜直。高9、口径27.5厘米（图二五，6；图版三二，3）。T133⑧：29，夹炭黑陶。敛口，平沿，腹壁斜直，制作规整。高7.8、口径28.2厘米（图二五，7；图版三二，4）。

B型　2件。口沿或腹壁有对称的小錾耳。T151⑧：6，夹炭黑陶。腹较深，腹壁上有对称小錾耳。高13、口径25.5厘米（图二五，8；图版三二，5）。T134⑧：28，夹炭黑陶。口沿上有一对小錾耳。高8.6、口径21.5厘米（图二五，9；图版三二，6）。

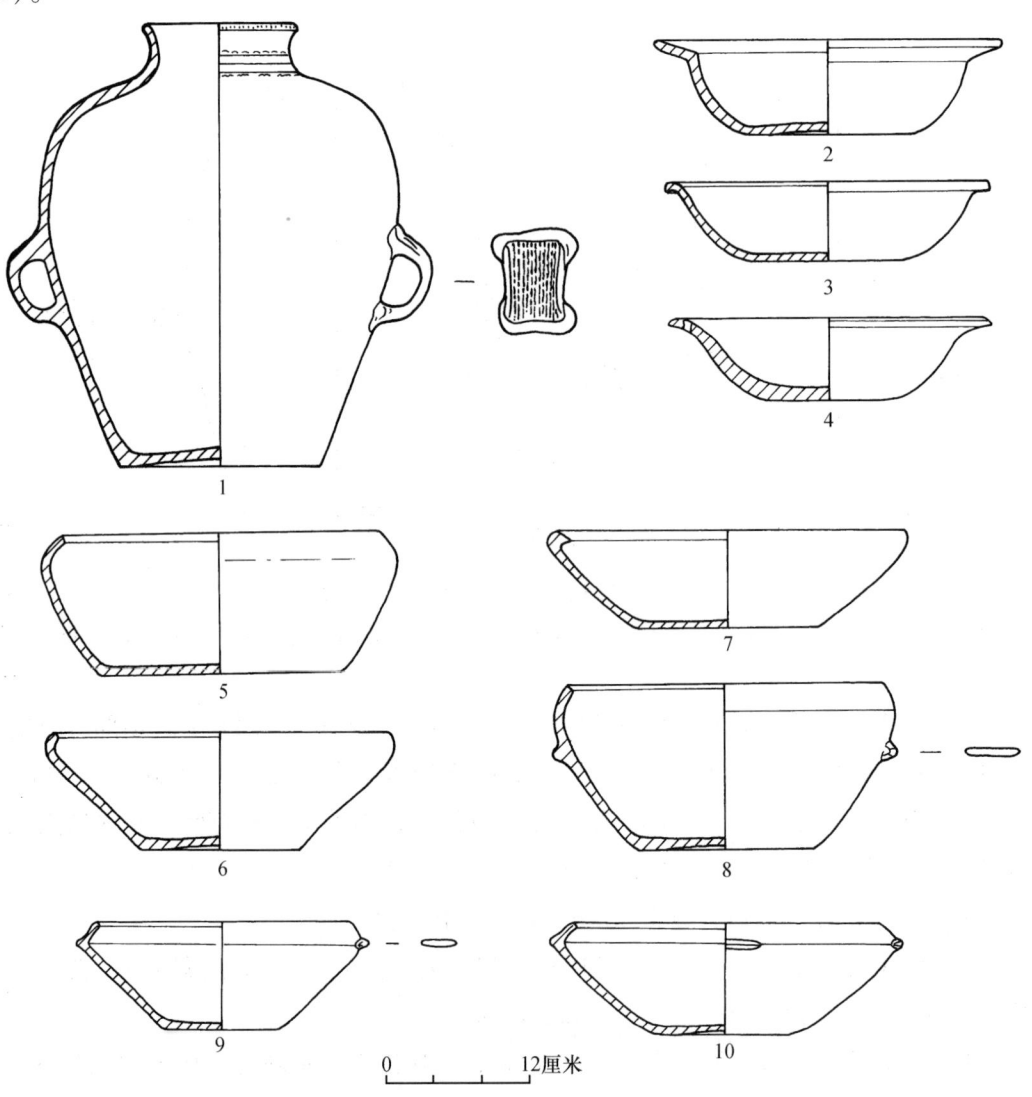

图二五　第8层出土的陶瓮、陶敞口盆、陶敛口盆
1. B型双耳瓮（T141⑧：16）　2. A型敞口盆（T153⑧：13）　3、4. B型敞口盆（T111⑧：16、T151⑧：1）
5~7. A型敛口盆（T144⑧：5、T152⑧：16、T133⑧：29）　8、9. B型敛口盆（T151⑧：6、T134⑧：28）
10. C型敛口盆（T154⑧：11）

C型　1件。口沿上有两组相对的弧形小錾耳。T154⑧：11，夹炭黑陶。折敛口，腹壁斜直。高9.5、口径25.2厘米（图二五，10；图版三三，1）。

盘　39件。夹炭黑陶。敞口，浅腹，厚胎。内壁打磨光滑，以素面为主，个别在口沿处有戳印纹和小钻孔。根据底部不同，可分为平底盘和圈足盘两类。

平底盘　32件。敞口，斜腹，小平底。根据口部的变化分三型。

A型　11件。敞口。折沿，沿边凸起，圆唇，腹与沿交接处脊线明显。按沿面的特点分二式。

Ⅰ式：9件。沿面略有凹陷或内弧，折沿明显。T121⑧：8，高6、口径24.2厘米（图二六，1；图版三三，2）。T141⑧：17，高6、口径24.5厘米（图二六，2；图版三三，3）。T121⑧：27，口沿和腹壁有10个分成5组的小孔，孔径在0.5～0.8厘米。高5、口径24厘米（图二六，3；图版三三，4）。T122⑧：7，口沿上钻一小孔。高6.4、口径28.6厘米（图二六，4；图版三三，5）。T122⑧：8，腹斜直，底较大，底边钻一小孔。高5.5、口径27厘米（图二六，5；图版三三，6）。T121⑧：25，高5、口径25.6厘米（图二六，6；图版三三，7）。T110⑧：6，沿上有一周弦纹和戳点纹。高5、口径27.6厘米（图二六，7；图版三三，8）。T110⑧：8，高4、口径22.6厘米（图二六，8；图版三四，1）。T122⑧：2，高5.5、口径26.3厘米（图二六，9；图版三四，2）。

Ⅱ式：2件。沿面斜平，折沿不明显，但脊线清楚。T121⑧：29，腹壁斜直，内底较小。高6、口径24厘米（图二六，10；图版三四，3）。T110⑧：10，沿面较窄，外侧刻"人"字纹饰。高5.8、口径23.6厘米（图二六，11；图版三四，4）。

B型　16件。侈口。斜直壁，小平底。按口沿的不同分三式。

Ⅰ式：7件。斜折沿，圆唇。大多数以素面为主，少数刻有纹饰。T143⑧：27，口沿上有"八"字，似柳条纹。纹饰下方有一个小孔。高6.3、口径25.2厘米（图二七，1；图版三四，5）。T131⑧：12，口沿上有柳条纹。高6.5、口径21.6厘米（图二七，2；图版三四，6）。T112⑧：2，高6、口径22厘米（图二七，3；图版三四，7）。T143⑧：17，高6、口径19.7厘米（图二七，4；图版三四，8）。T143⑧：26，腹壁微弧，折沿线凸出。高7、口径26厘米（图二七，5；图版三五，1）。T134⑧：26，高6.1、口径21厘米（图二七，6；图版三五，2）。T110⑧：9，腹较浅。高4，口径20厘米（图二七，7；图版三五，3）。

Ⅱ式：6件。平沿，尖唇。T131⑧：9，高7.6、口径27.4厘米（图二八，1；图版三五，4）。T134⑧：3，高6、口径21厘米（图二八，2；图版三五，5）。T143⑧：15，口沿上有横向排列的几条"人"字纹。高4、口径18厘米（图二八，3；图版三五，6）。T113⑧：9，口沿与腹交接线不明显。高6.6、口径32.8厘米（图二八，4；

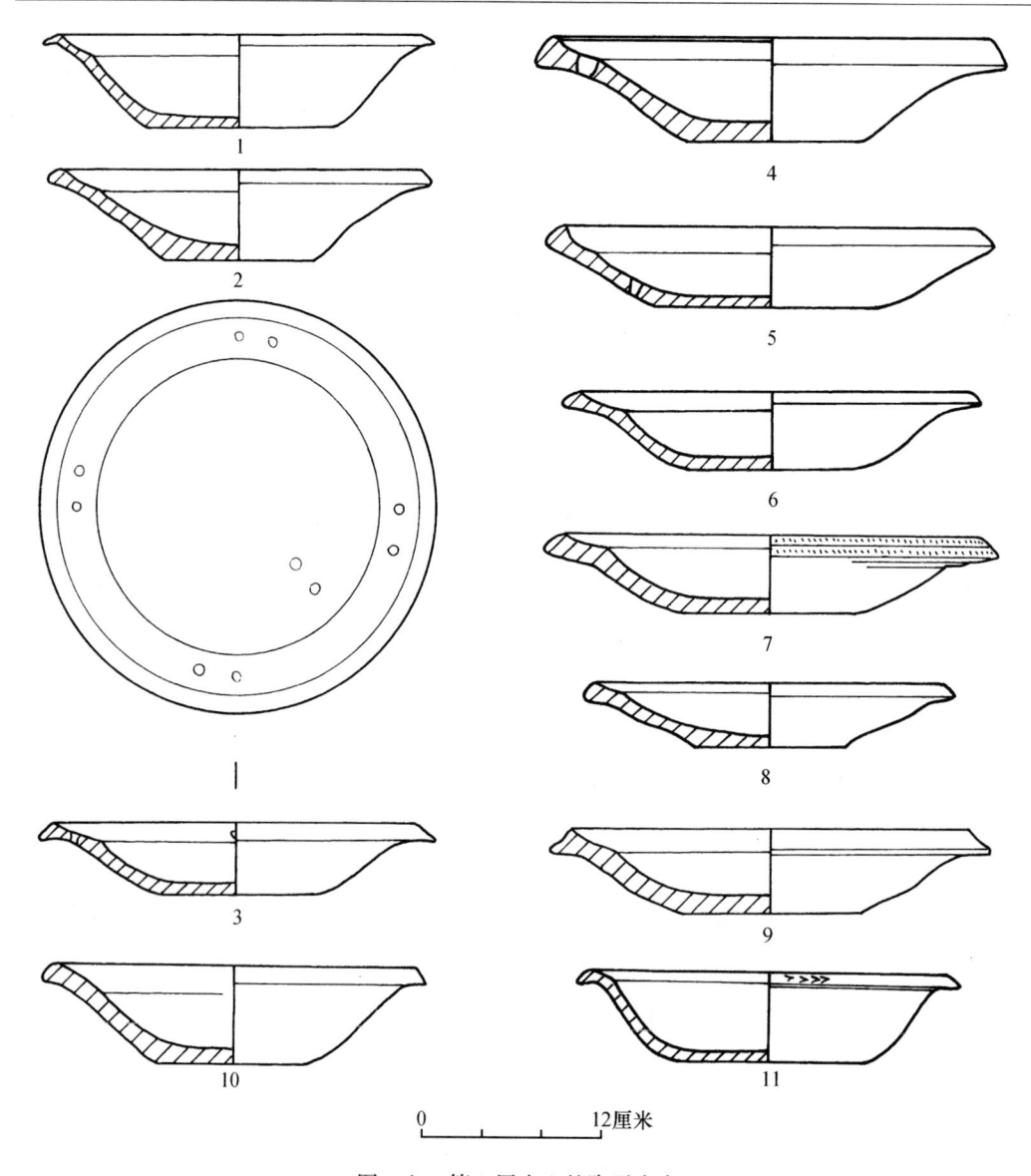

图二六 第8层出土的陶平底盘

1~9. A型Ⅰ式平底盘（T121⑧:8、T141⑧:17、T121⑧:27、T122⑧:7、T122⑧:8、T121⑧:25、T110⑧:6、T110⑧:8、T122⑧:2）　10、11. A型Ⅱ式平底盘（T121⑧:29、T110⑧:10）

图版三五，7）。T161⑧:8，高5、口径18.2厘米（图二八，5；图版三五，8）。T142⑧:17，高6、口径25.5厘米（图二八，6；图版三六，1）。

Ⅲ式：3件。侈沿，圆唇。腹与沿无明显折线。T134⑧:16，高6.3、口径25.4厘米（图二八，7；图版三六，2）。T124⑧:21，口沿上有两个小圆孔。中间一条间隔的蛤齿纹。高5.5、口径23.5厘米（图二八，8；图版三六，3）。T123⑧:27，口沿上有两周弦纹，用竖线分成了四等分。壁上有对称的小孔。高5、口径26厘米

第三章 文化遗存

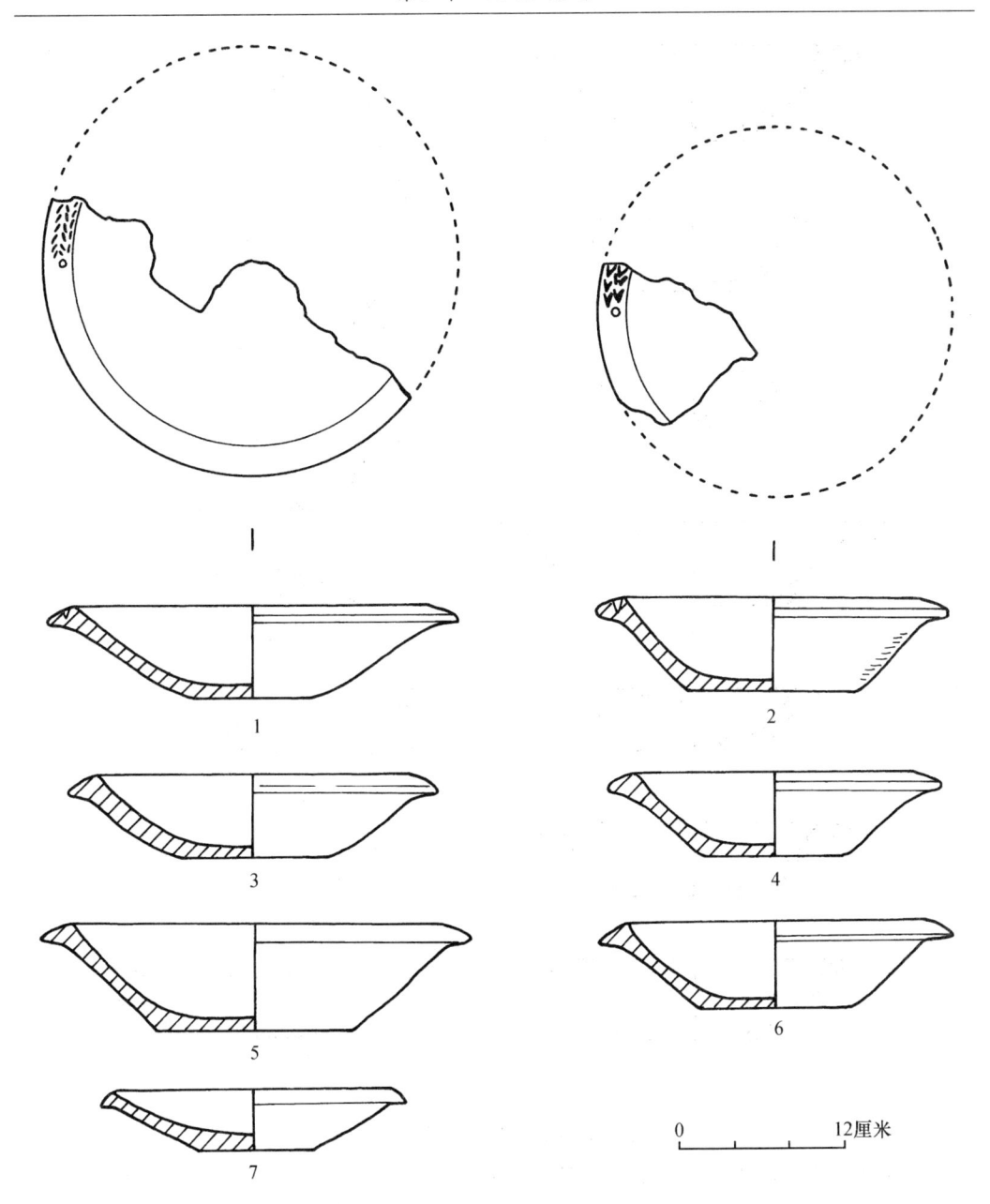

图二七 第8层出土的陶平底盘

1~7. B型Ⅰ式平底盘（T143⑧:27、T131⑧:12、T112⑧:2、T143⑧:17、T143⑧:26、T134⑧:26、T110⑧:9）

（图二八，9；图版三六，4）。

C型 5件。敛口。斜腹，小平底。按口沿的不同分三式。

Ⅰ式：2件。弧敛口，圆唇。T144⑧:4，高7、口径24厘米（图二九，1；图版三六，5）。T143⑧:18，腹壁内弧。高7、口径20.5厘米（图二九，2；图版三六，6）。

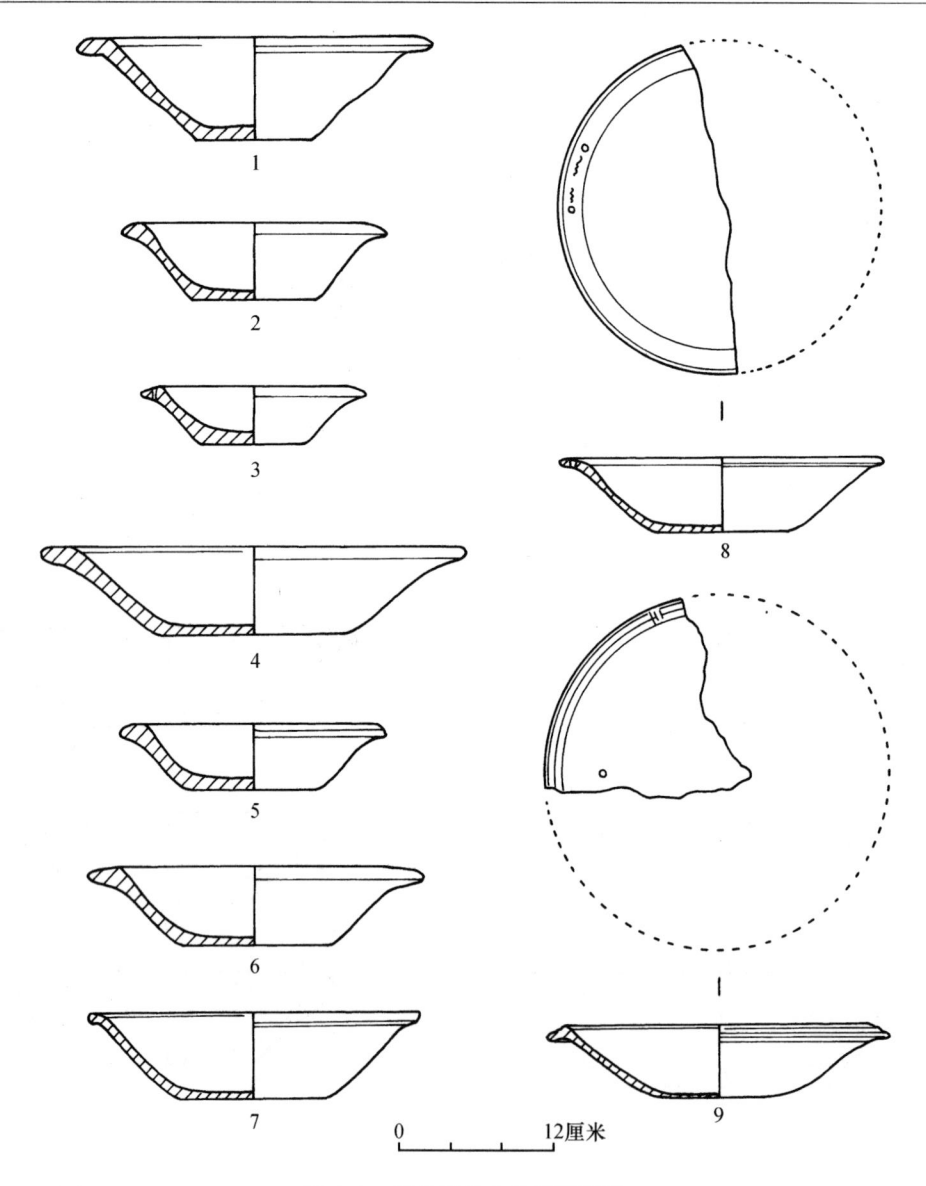

图二八 第 8 层出土的陶平底盘
1~6. B 型 Ⅱ 式平底盘（T131⑧:9、T134⑧:3、T143⑧:15、T113⑧:9、T161⑧:8、T142⑧:17）
7~9. B 型 Ⅲ 式平底盘（T134⑧:16、T124⑧:21、T123⑧:27）

Ⅱ式：2 件。折敛口，方唇。唇面略向内斜，腹壁内弧。T132⑧:11，高 8.7、口径 30 厘米（图二九，3；图版三六，7）。T134⑧:29，高 6.5、口径 23.5 厘米（图二九，4；图版三六，8）。

Ⅲ式：1 件。微敛口，方唇。T131⑧:10，口微敛，上腹较直，下腹斜收，小平底。高 7.5、口径 23 厘米（图二九，5；图版三七，1）。

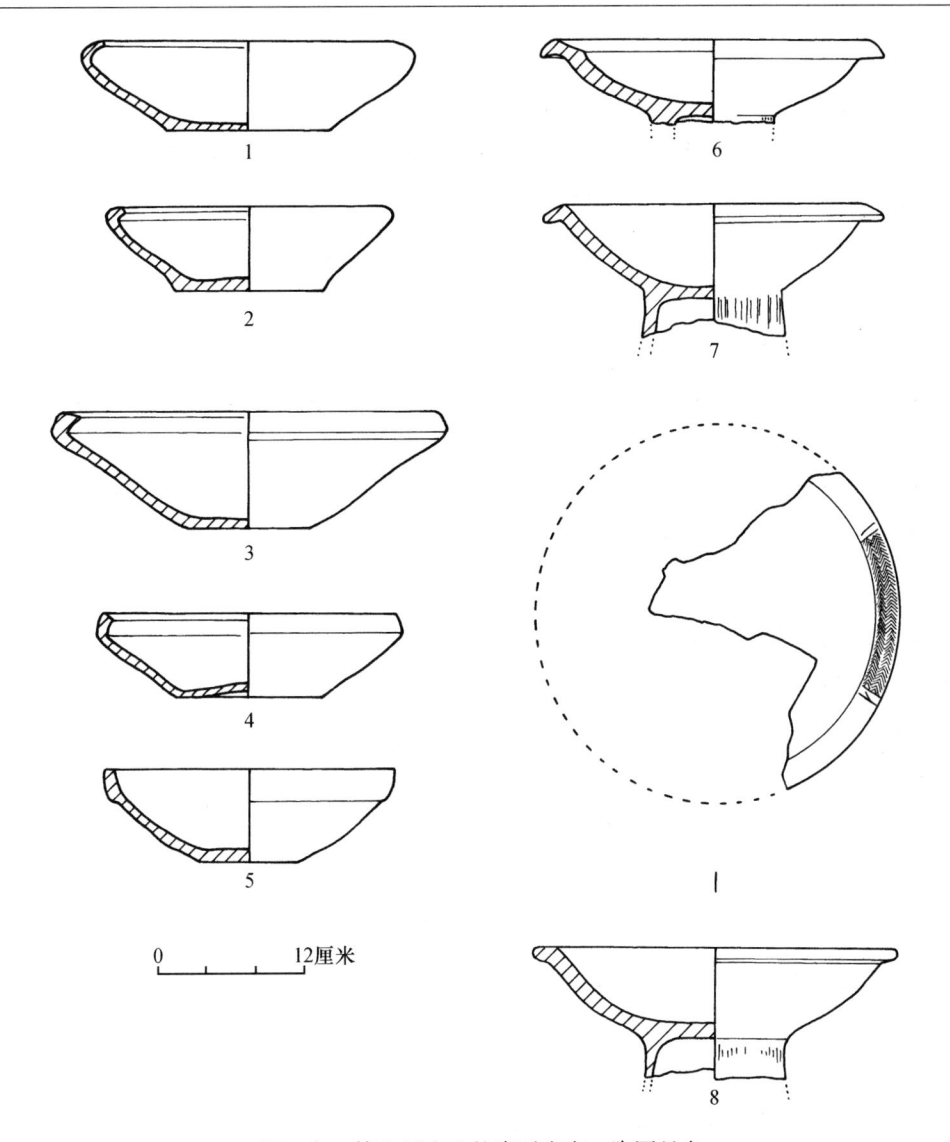

图二九　第8层出土的陶平底盘、陶圈足盘
1、2. C型Ⅰ式平底盘（T144⑧：4、T143⑧：18）　3、4. C型Ⅱ式平底盘（T132⑧：11、T134⑧：29）
5. C型Ⅲ式平底盘（T131⑧：10）　6. A型Ⅰ式圈足盘（T111⑧：17）　7. A型Ⅱ式圈足盘（T120⑧：7）
8. B型圈足盘（T114⑧：8）

圈足盘　7件。盘底圈足均残，底部残留圈足痕迹。现根据口沿的不同分为四型。

A型　2件。折沿，尖唇。按盘口特征分二式。

Ⅰ式：1件。敞口。T111⑧：17，外沿高于内沿，浅腹，似Ⅰ式平底盘。残高6.5、口径25.4厘米（图二九，6；图版三七，2）。

Ⅱ式：1件。侈口。T120⑧：7，折线高出沿口，腹较深。残高10、口径24.2

厘米（图二九，7；图版三七，3）。

B 型　2 件。平沿，圆唇，敞口。T114⑧：8，沿面上有一段双排的"人"字纹。残高 10、口径 30 厘米（图二九，8；图版三七，4）。T114⑧：17，残高 9.5、口径 28.5 厘米（图三〇，1；图版三七，5）。

C 型　2 件。斜沿，方唇，敞口，深腹。按内底大小分二式。

Ⅰ式：1 件。内底较小。T113⑧：5，沿较宽，折沿明显，腹壁斜直。残高 8.5、口径 20.2 厘米（图三〇，2；图版三七，6）。

Ⅱ式：1 件。内底较宽。T134⑧：13，略有折沿，腹壁斜弧。残高 8、口径 24.5 厘米（图三〇，3；图版三七，7）。

D 型　1 件。侈沿，尖唇。T143⑧：23，敞口，口沿略上翘，形似盘口。外壁腹与沿之间附一条凸脊。凸脊上有"人"字纹，口沿上有弦纹。残高 8、口径 24.4 厘米（图三〇，4；图版三七，8）。

钵　43 件。以夹炭黑陶为主，少量夹砂灰陶和黑陶。根据口部的形状分敛口钵和敞口钵两类。

敛口钵　27 件。斜腹，平底，内外均经打磨。按腹壁的不同分为四型。

A 型　17 件。腹壁斜直或外弧，平底。按照口沿的宽窄分二式。

Ⅰ式：3 件。口沿较宽。T134⑧：30，腹斜直。其上划四圈弦纹。高 10.5、口径 17 厘米（图三〇，5；图版三八，1）。T133⑧：12，夹砂黑陶，口沿较窄。沿下有划弦纹。高 7、口径 17 厘米（图三〇，6；图版三八，2）。T112⑧：6，口沿上有三组不同方向的斜短线纹，用两周弦纹间隔。高 5.7、口径 7.3 厘米（图三〇，7；图版三八，3）。

Ⅱ式：14 件。口沿较窄。腹斜直，弧敛口沿。T123⑧：28，小平底。高 10、口径 22 厘米（图三〇，8；图版三八，4）。T124⑧：7，高 10、口径 20 厘米（图三〇，9；图版三八，5）。T112⑧：16，高 9.5、口径 19 厘米（图三〇，10；图版三八，6）。T141⑧：7，高 9.5、口径 19 厘米（图三〇，11；图版三九，1）。T141⑧：22，高 9、口径 19.6 厘米（图三〇，12；图版三九，2）。T134⑧：17，高 8、口径 19.5 厘米（图三一，1；图版三九，3）。T153⑧：22，高 7.8、口径 19 厘米（图三一，2；图版三九，4）。T151⑧：5，高 11、口径 16.6 厘米（图三一，3；图版三九，5）。T161⑧：5，夹砂灰陶，口微敛，腹底交接处为弧形，近圜底。高 9.2、口径 18 厘米（图三一，4；图版三九，6）。T111⑧：31，夹砂灰陶，口大底小，腹底交接处较圆钝。高 8、口径 24 厘米（图三一，5；图版四〇，1）。T133⑧：32，底部有绳纹。高 7、口径 16 厘米（图三一，6；图版四〇，2）。T112⑧：4，高 6.2、口径 10 厘米（图三一，7；图版四〇，3）。T124⑧：25，高 5.5、口径 11.4 厘米（图三一，8；

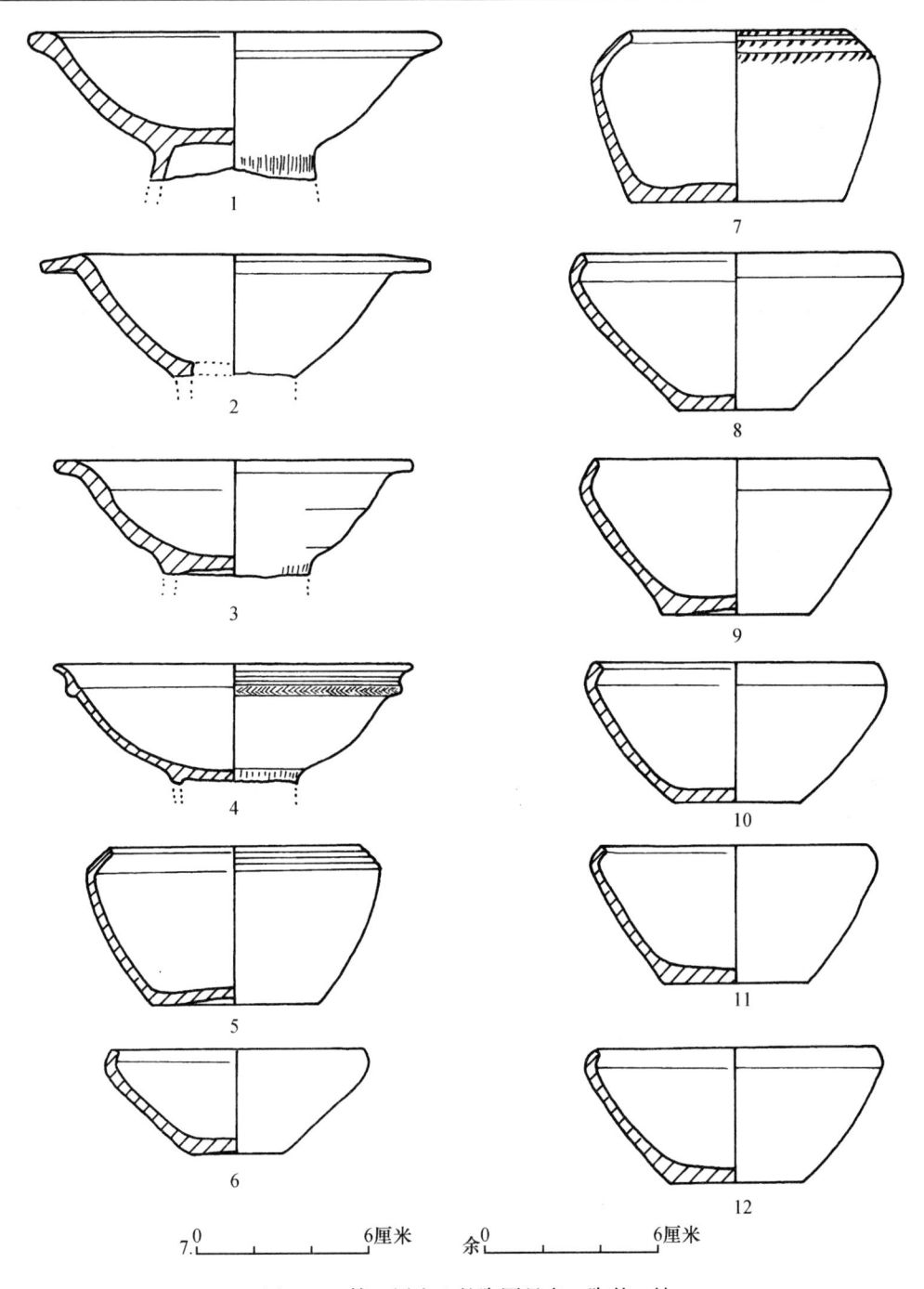

图三〇 第 8 层出土的陶圈足盘、陶敛口钵

1. B 型圈足盘（T114⑧:17）　2. C 型 I 式圈足盘（T113⑧:5）　3. C 型 II 式圈足盘（T134⑧:13）
4. D 型圈足盘（T143⑧:23）　5~7. A 型 I 式敛口钵（T134⑧:30、T133⑧:12、T112⑧:6）
8~12. A 型 II 式敛口钵（T123⑧:28、T124⑧:7、T112⑧:16、T141⑧:7、T141⑧:22）

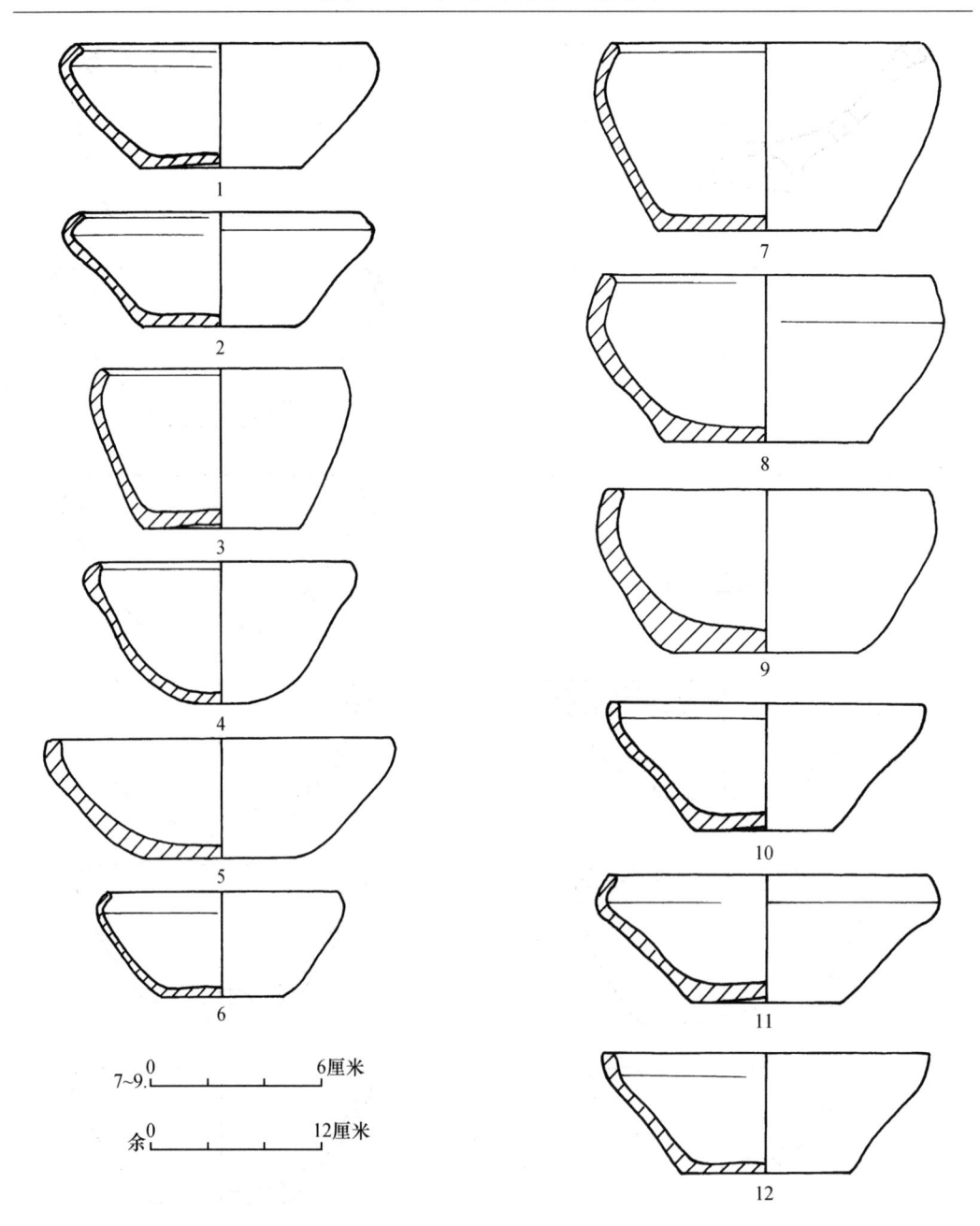

图三一　第 8 层出土的陶敛口钵

1~9. A 型 Ⅱ 式敛口钵（T134⑧:17、T153⑧:22、T151⑧:5、T161⑧:5、T111⑧:31、T133⑧:32、T112⑧:4、T124⑧:25、T133⑧:38）　10~12. B 型敛口钵（T153⑧:20、T163⑧:5、T154⑧:6）

图版四〇，4）。T133⑧:38，高 5.5、口径 11.2 厘米（图三一，9；图版四〇，5）。

B 型　3 件。腹壁内弧，口较大，底较小。T153⑧:20，高 8.6、口径 21.4、底径 9.5 厘米（图三一，10；图版四〇，6）。T163⑧:5，高 8.5、口径 21.8 厘米（图三一，11；图版四一，1）。T154⑧：6，高8.2、口径22.2厘米（图三一，12；图版四一，2）。

C 型　5件。腹较浅，腹壁斜直。器型扁矮，折敛口。按唇部特点分二式。

Ⅰ式：1件。圆唇。T153⑧：21，夹砂黑陶。腹壁斜直略有内弧。高6.5、口径15.5厘米（图三二，1；图版四一，3）。

Ⅱ式：4件。方唇，唇面平或倾向内侧。T144⑧：12，高6.5、口径15.8厘米（图三二，2；图版四一，4）。T153⑧：18，高5.7、口径13.5厘米（图三二，3；图版四一，5）。T144⑧：2，方唇内侧。高5、口径15.8厘米（图三二，4；图版四一，6）。T134⑧：9，高7.8、口径14.5厘米（图三二，5；图版四二，1）。

D 型　2件。弧腹，筒形，腹下垂。T154⑧：1，口沿下有一周弦纹。高9.5、口径12.5厘米（图三二，6；图版四二，2）。T133⑧：33，高9.5、口径12厘米（图三二，7；图版四二，3）。

敞口钵　16件。敞口，斜直腹，平底。根据颈部装饰的不同分三型。

A 型　7件。素面，无耳无棱。根据腹部特点分为二式。

Ⅰ式：3件。直筒形腹。侈口，口略大于底，壁较直。T134⑧：1，高10.8、口径12.4厘米（图三二，8；图版四二，4）。T154⑧：3，高10、口径13.8厘米（图三二，9；图版四二，5）。T144⑧：7，口沿略侈。高10.5、口径17厘米（图三二，10；图版四二，6）。

Ⅱ式：4件。斜直腹。敞口，平底。T154⑧：8，高9、口径18厘米（图三二，11；图版四三，1）。T134⑧：36，高9.2、口径16厘米（图三二，12；图版四三，2）。T124⑧：27，高8、口径16厘米（图三二，13；图版四三，3）。T112⑧：15，高8、口径16.4厘米（图三二，14；图版四三，4）。

B 型　8件。口沿与腹部之间有单桥状耳或双耳。敞口，斜直腹，平底。根据口部形状及耳的变化分三式。

Ⅰ式：6件。圆口，单耳。斜直腹，平底。T134⑧：38，耳圆形，高11、口径17厘米（图三三，1；图版四三，5）。T144⑧：6，耳扁圆形，高11.7、口径18.5厘米（图三三，2；图版四三，6）。T151⑧：3，耳半圆形，外壁略内弧，胎较厚。高10、口径18.5厘米（图三三，3；图版四四，1）。T142⑧：28，腹壁较直，方形耳。下腹和底部有绳纹。高9.5、口径16.5厘米（图三三，4；图版四四，2）。T134⑧：32，高9、口径16.8厘米（图三三，5；图版四四，3）。T144⑧：3，高9.2、口径13.4厘米（图三三，6；图版四四，4）。

Ⅱ式：1件。长方形口，单耳。腹壁较直，底近圆形。T121⑧：32，方形耳。高10、长口径17.4、宽口径15.5厘米（图三三，7；图版四四，5）。

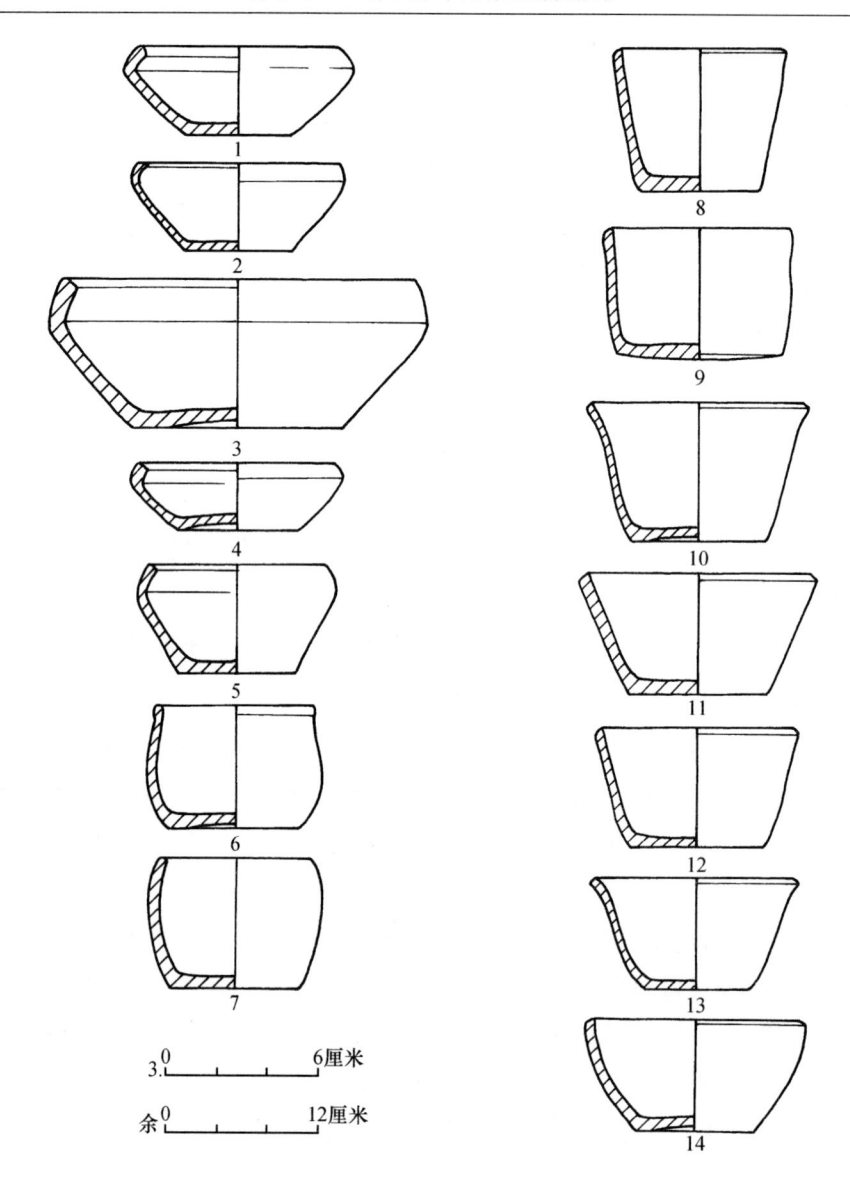

图三二 第8层出土的陶敛口钵、陶敞口钵

1. C 型 I 式敛口钵（T153⑧:21） 2~5. C 型 II 式敛口钵（T144⑧:12、T153⑧:18、T144⑧:2、T134⑧:9）
6、7. D 型敛口钵（T154⑧:1、T133⑧:33） 8~10. A 型 I 式敞口钵（T134⑧:1、T154⑧:3、T144⑧:7）
11~14. A 型 II 式敞口钵（T154⑧:8、T134⑧:36、T124⑧:27、T112⑧:15）

III 式：1件。长方形口，双耳。T133⑧:7，腹壁较直，胎厚，制作不规整。两端附双耳。高9.2、长口径16、宽口径10.8厘米（图三三，8；图版四四，6）。

C 型 1件。内壁口沿与腹壁交接处有棱脊。T164⑧:1，夹炭黑陶。敞口，口沿下微束，弧腹，平底。高7、口径18厘米（图三三，9；图版四五，1）。

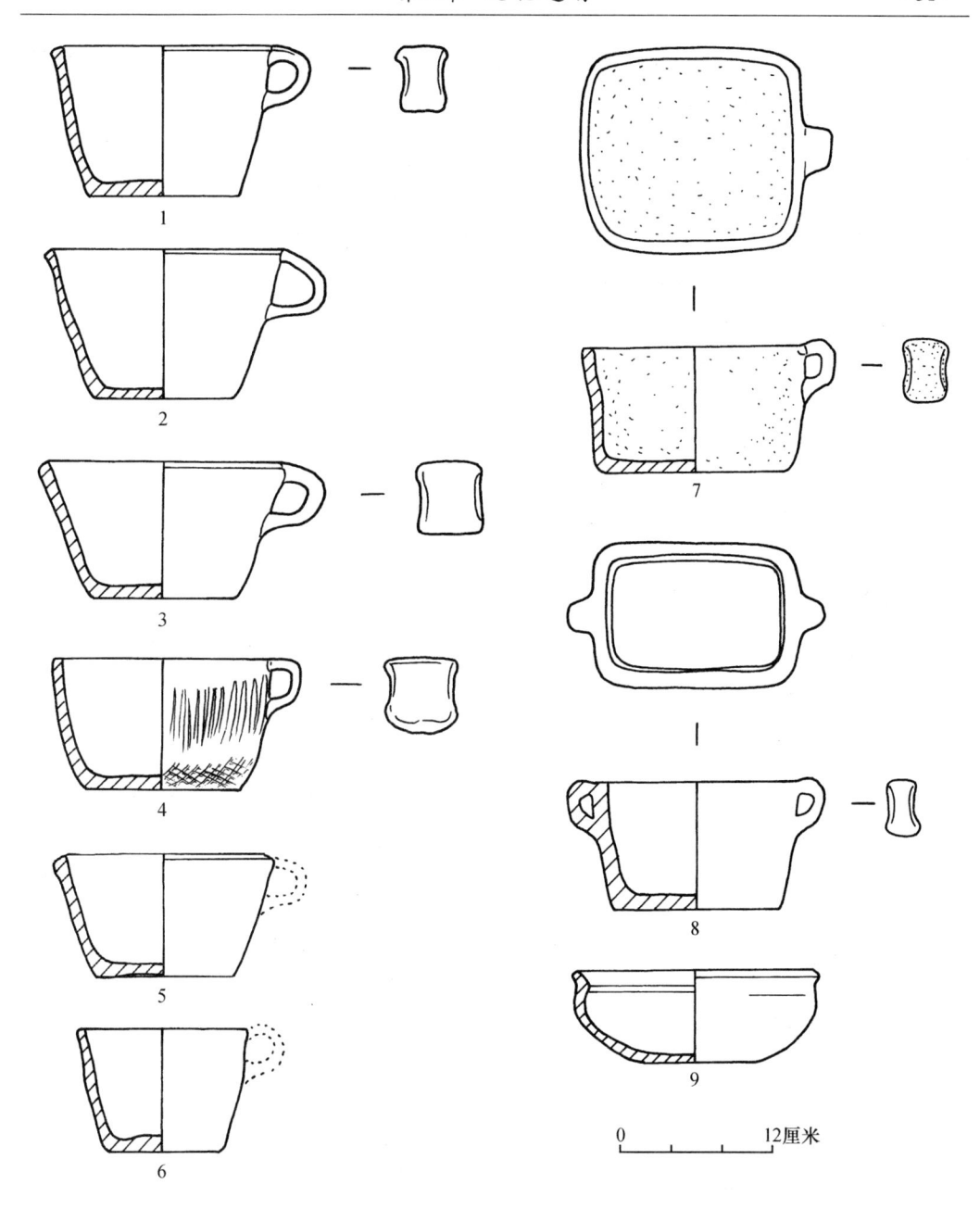

图三三 第 8 层出土的陶敞口钵

1~6. B 型 I 式敞口钵（T134⑧:38、T144⑧:6、T151⑧:3、T142⑧:28、T134⑧:32、T144⑧:3）
7. B 型 II 式敞口钵（T121⑧:32） 8. B 型 III 式敞口钵（T133⑧:7） 9. C 型敞口钵（T164⑧:1）

碗 13 件。夹炭黑陶。器型大小不一，胎壁厚薄不均。根据口部的不同分为二型。

A 型 9 件。侈口。按照腹部特征分三式。

Ⅰ式：7件。斜直腹。T142⑧：21，平唇。其上压印斜线纹。高7.3、口径19厘米（图三四，1；图版四五，2）。T123⑧：3，高6.4、口径17.2厘米（图三四，2；图版四五，3）。T123⑧：19，胎厚，唇宽。高5.5、口径14.5厘米（图三四，3；图版四五，4）。T133⑧：44，器型矮浅，圆唇。高4、口径16厘米（图三四，4；图版四五，5）。T133⑧：27，高5.5、口径13厘米（图三四，5；图版四五，6）。T133⑧：42，高6、口径10.6厘米（图三四，6；图版四五，7）。T131⑧：7，器型矮浅。底部有绳纹。高3.6、口径11厘米（图三四，7；图版四五，8）。

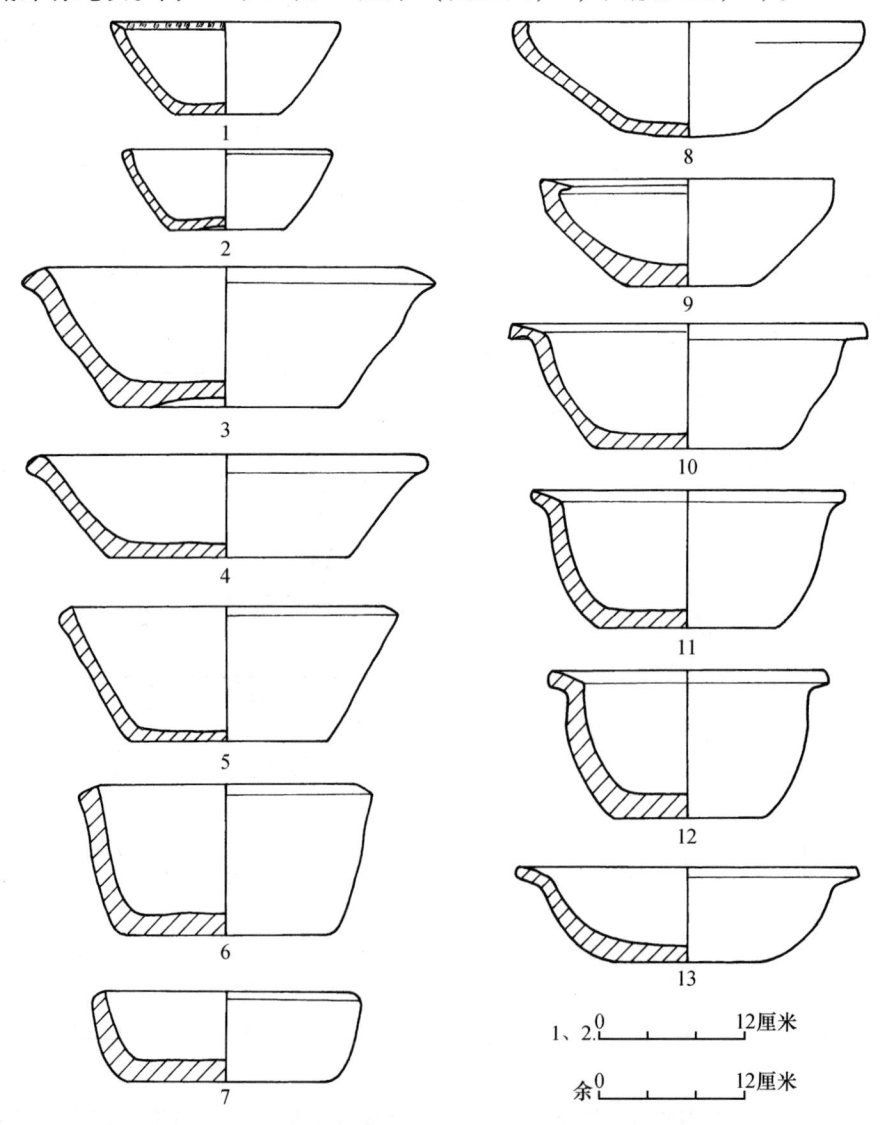

图三四　第8层出土的陶碗

1~7. A型Ⅰ式碗（T142⑧：21、T123⑧：3、T123⑧：19、T133⑧：44、T133⑧：27、T133⑧：42、T131⑧：7）　8. A型Ⅱ式碗（T123⑧：23）　9. A型Ⅲ式碗（T124⑧：28）　10~12. B型Ⅰ式碗（T134⑧：10、T133⑧：18、T133⑧：19）　13. B型Ⅱ式碗（T134⑧：27）

Ⅱ式：1件。腹斜收较甚。T123⑧：23，口沿上翘，小平底。高4.6、口径14.2厘米（图三四；8；图版四六，1）。

Ⅲ式：1件。斜弧腹。T124⑧：28，敞口，平唇，内壁折沿，小平底。底部有绳纹。高4.3、口径11.8厘米（图三四，9；图版四六，2）。

B型　4件。敞口。夹炭黑陶。按照腹部深浅分二式。

Ⅰ式：3件。深腹。侈口，折沿，弧腹平底。T134⑧：10，高5、口径14.5厘米（图三四，10；图版四六，3）。T133⑧：18，高5.5、口径12.5厘米（图三四，11；图版四六，4）。T133⑧：19，高5.5、口径11.5厘米（图三四，12；图版四六，5）。

Ⅱ式：1件。浅腹。T134⑧：27，敞口，侈沿，平底。口沿处钻有一小孔。高3.8、口径13.8厘米（图三四，13；图版四六，6）。

豆　3件。夹炭黑陶。数量少，制作精细。豆盘较深，圈足较矮。按口部及豆盘的不同形状分二型。

A型　1件。直口，豆盘形似鹰状。T143⑧：2，敞壁，盘底较宽，矮圈足。鹰首昂立，尾部伸展，两侧翅膀半展。鹰眼圆睁，勾嘴连着鼻孔。颈部、翅膀和尾部划出细长的羽毛纹，半展的翅膀显示力量与曲线的美感，整个造型生动逼真。通高18.5、豆盘高13、口径21.2厘米（图三五，1；图版四七，1）。

B型　2件。敛口，盆形豆盘。深腹矮圈足。按口部的不同分二式。

Ⅰ式：1件。弧敛口。T153⑧：23，斜直腹，喇叭形圈足。高11.5、口径18.8厘米（图三五，2；图版四七，2）。

Ⅱ式：1件。折敛口。T154⑧：12，腹壁略内弧，矮粗圈足。高14、口径22厘米（图三五，3；图版四七，3）。

盂形器　2件。折敛口，按腹壁分二型。

A型　1件。斜直腹。口宽沿窄。T124⑧：32，夹炭黑陶。平底。口沿下腹壁有一周凹槽，其上刻划三组花纹带，外圈一周斜短线，中间弦纹，内圈双线正反三角形纹加戳点纹。高11.6、口径11.4厘米（图三五，4；图版四八，1）。

B型　1件。折腹。T153⑧：15，夹炭黑陶。敛口，腹较浅，平底。口沿上有二周蛤齿纹，中间为四周弦纹。高6.5、口径15厘米（图三五，5；图版四八，2）。

器盖　1件。夹炭黑陶，按形状的不同分三型。

A型　6件。平顶，形似倒覆的盆或钵形。按照顶部纽的各自区别分三式。

Ⅰ式：3件。顶部为半环形纽。T163⑧：1，覆盆形盖，盖体较深，腰部微鼓，盖沿外撇。高14.6、盖径23厘米（图三六，1；图版四八，3）。T134⑧：24，覆钵形，盖壁斜直，盖沿外撇。高10.5、盖径20厘米（图三六，2；图版四八，4）。

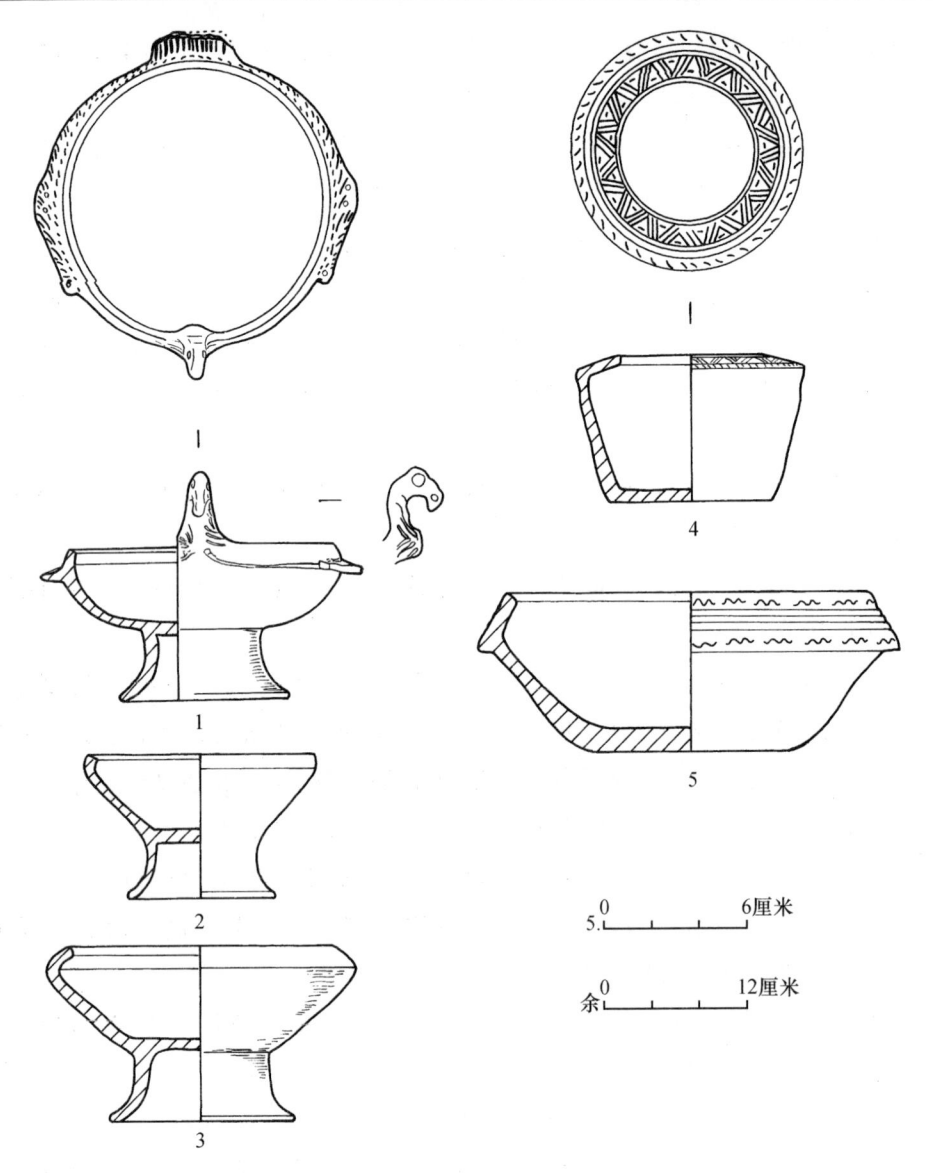

图三五　第8层出土的陶豆、陶盂形器
1. A型豆（T143⑧:2）　2. B型Ⅰ式豆（T153⑧:23）　3. B型Ⅱ式豆（T154⑧:12）
4. A型盂形器（T124⑧:32）　5. B型盂形器（T153⑧:15）

T113⑧:4，覆钵形，盖体较矮。顶下有斜绳纹。高7.5、盖径18.7厘米（图三六，3；图版四八，5）。

Ⅱ式：2件。盖纽与盖顶均较小，盖壁斜撇，似斗笠。T113⑧:13，顶部条状小纽。高4.8、盖径14.5厘米（图三六，4；图版四九，1）。T124⑧:20，盖体厚，长方形盖纽。盖壁竖绳纹。高4.7、盖径14.3厘米（图三六，5；图版四九，2）。

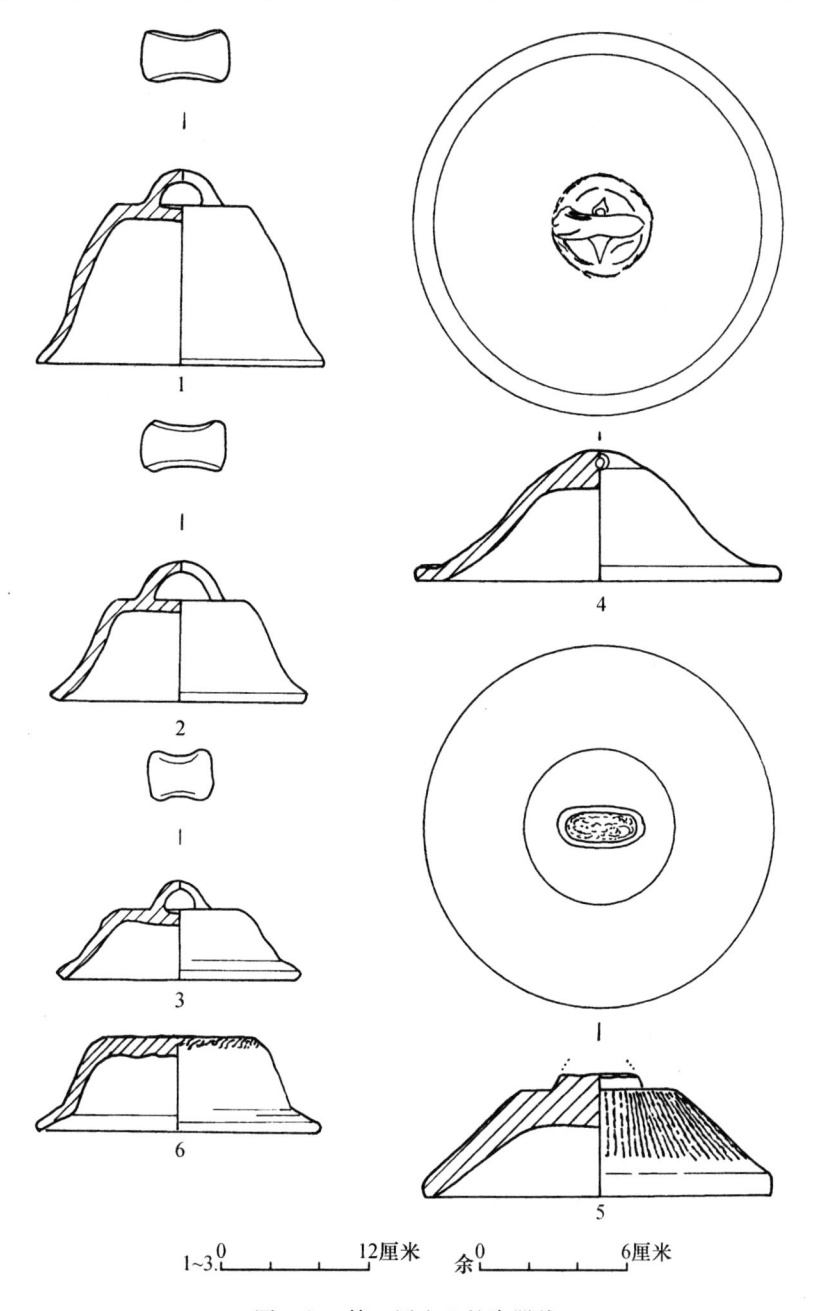

图三六 第8层出土的陶器盖

1~3. A型Ⅰ式器盖（T163⑧:1、T134⑧:24、T113⑧:4） 4、5. A型Ⅱ式器盖（T113⑧:13、T124⑧:20）
6. A型Ⅲ式器盖（T161⑧:11）

Ⅲ式：1件。无纽。T161⑧:11，平顶，覆碗形。顶部绳纹。高3.8、盖径11.4厘米（图三六，6；图版四九，3）。

B型 3件。圆顶。顶部按有纽和无纽分二式。

Ⅰ式：2件。圆顶，顶部有纽，形似铃铛。T113⑧：11，顶部按梯形纽，壁斜撇。盖上部划斜线纹，纽上划有竖弦纹。高12.2、盖径22厘米（图三七，1；图版四九，4）。T144⑧：1，盖壁斜直，纽较高。高12、盖径18.6厘米（图三七，2；图版四九，5）。

Ⅱ式：1件。圆顶，无纽。T131⑧：8，顶部布交叉的绳纹。高7.2、盖径18.5厘米（图三七，3；图版四九，6）。

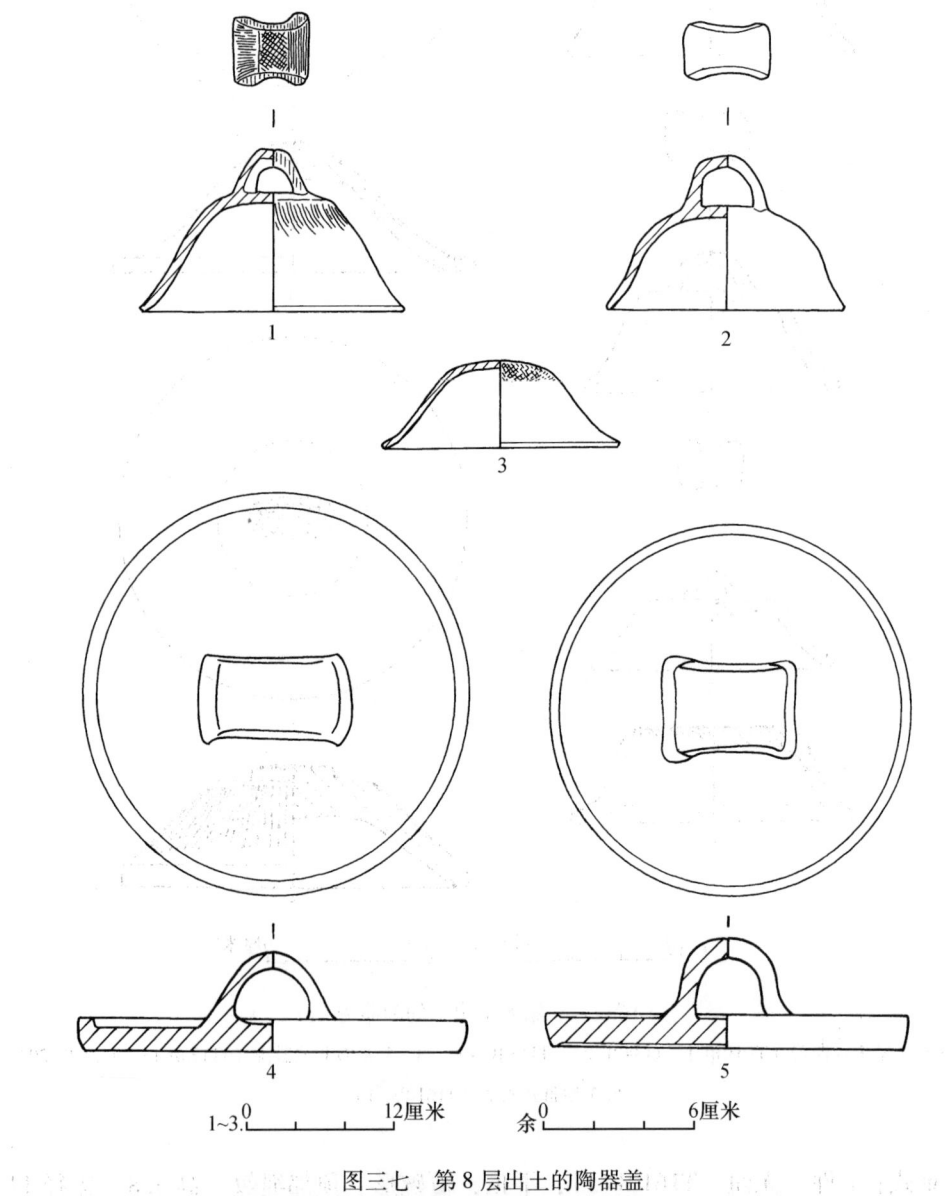

图三七　第8层出土的陶器盖
1、2.B型Ⅰ式器盖（T113⑧：11、T144⑧：1）　3.B型Ⅱ式器盖（T131⑧：8）　4、5.C型器盖（T153⑧：3、T162⑧：13）

C型　2件。扁平状，盖沿略有凸起，盖顶有半环形纽，形似照面的铜镜。T153⑧：3，盖边略内斜，底边弧形。高3.8、盖径15.5厘米（图三七，4；图版四九，7）。T162⑧：13，盖边直，底与面一样，稍有凸脊。高4.3、盖径14厘米（图三七，5；图版四九，8）。

器座　4件。以夹炭黑陶为主。敞口，器身近筒形，器身和底座多有纹饰，根据器身有无凸脊分为二型。

A型　3件。无凸脊。夹炭黑陶。敞口，上口大，下端收缩，宽底座。按照器身形状及装饰分三式。

Ⅰ式：1件。筒形器身，筒身上按对称鸡冠状小鋬耳。T143⑧：21，敞口，侈沿，平底。鋬耳下先是一周斜短线，其下布满弦纹，座面上以四条弦纹为组的"八"字纹、弦纹和斜短线纹。高16、口径18厘米（图三八，1；图版五〇，1）。

Ⅱ式：1件。亚腰形器身，无耳。T133⑧：8，敞口，侈沿，平底。沿面较宽，斜面座。其上有间断的蛤齿纹和弦纹的组合纹饰。高13.8、口径20厘米（图三八，2；图版五〇，2）。

Ⅲ式：1件。筒形器身，无耳。T142⑧：13，敞口，底座边缘向上斜折，小平底。筒身下半截与座面划有不规整的弦纹，座面的最外侧是一周斜短线纹。底座的斜折面也划有短斜弦纹。高10、口径16厘米（图三八，3；图版五〇，3）。

B型　1件。有凸脊。夹砂黑陶。T134⑧：14，敞口，侈沿，筒身直壁下收，饼形座。筒身腰部有一条凸脊，凸脊上有对称小鋬耳。无纹饰。高17、口径17.5厘米（图三八，4；图版五〇，4）。

釜支架　13件（复原1件，其余按顶部计），因个体厚实，烧成的火候半生不熟，胎体较酥，难以拼对复原，但均为同一类型。方柱体，顶端小，底部大，顶部有方形支物面伸向一侧，依支物面的不同分三式。

Ⅰ式：9件。方形支面，面上无凹槽。标本T134⑧：5，夹砂灰陶。高15.5、支面长6、宽5.5厘米（图三八，5；图版五一，1）。

Ⅱ式：2件。长方形支面，面上有两条凹槽。标本T121⑧：33，夹砂灰陶。支面长7.3、宽5.8厘米（图三八，6；图版五一，2）。

Ⅲ式：2件。折舌支面。标本T113⑧：12，夹炭陶。平顶，侧面有一目。支面宽4.8厘米（图三八，7；图版五一，3）。

纺轮　27件。夹炭、夹砂兼有之。圆形，中央钻一小孔，制作不很规整。纹饰以素面为主，个别有划纹和圆圈戳印纹。按形状分二型。

A型　24件。圆饼形，两面扁平。按照有无纹饰分二式。

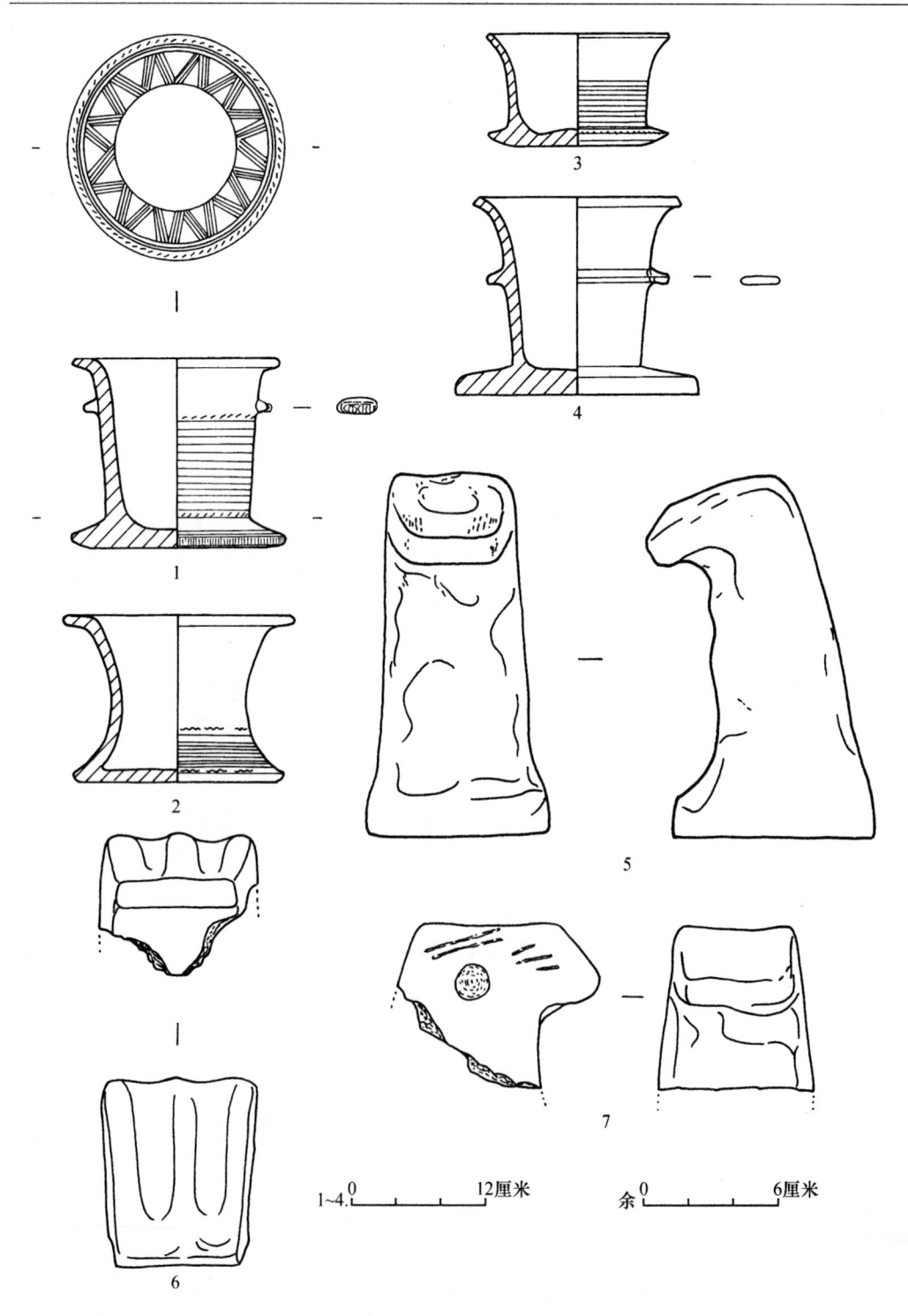

图三八　第8层出土的陶器座、陶釜支架
1. A型Ⅰ式器座（T143⑧:21）　2. A型Ⅱ式器座（T133⑧:8）　3. A型Ⅲ式器座（T142⑧:13）
4. B型器座（T134⑧:14）　5. Ⅰ式釜支架（T134⑧:5）　6. Ⅱ式釜支架（T121⑧:33）
7. Ⅲ式釜支架（T113⑧:12）

Ⅰ式：22件。无纹饰。T111⑧：2，器型较大，边沿略斜，上窄下宽。直径9.2、厚2厘米（图三九，1；图版五一，4）。T134⑧：2，一侧平面略有弧形，器型较厚。直径7、厚2.5厘米（图三九，2；图版五一，5）。T111⑧：24，直径6.5、厚1厘米（图三九，3；图版五一，6）。T123⑧：13，直径6、厚1厘米（图三九，4；图版五二，1）。T123⑧：10，中孔椭圆形。直径6.7、厚0.8厘米（图三九，5；图版五二，2）。T131⑧：18，夹砂灰陶。直径7.8、厚1厘米（图三九，6；图版五二，3）。T133⑧：20，直径7、厚1.4厘米（图三九，7；图版五二，4）。T110⑧：4，直径6.4、厚1厘米（图三九，8；图版五二，5）。T120⑧：5，直径6、厚1厘米（图三九，9；图版五二，6）。T120⑧：6，中间厚，往边缘逐渐变薄。直径7.4、边厚0.8厘米（图三九，10；图版五二，7）。T153⑧：14，用陶片制成，平面有些弧形，周边和弧形的内侧都经过磨制。中间的圆孔位置不正，两面钻孔。直径5、厚0.6厘米（图三九，11；图版五二，8）。T141⑧：5，直径6.5、厚1厘米（图三九，12；图版五三，1）。T143⑧：10，直径7、厚1厘米（图三九，13；图版五三，2）。T131⑧：22，夹砂灰陶。直径6.7、厚0.8厘米（图三九，14；图版五三，3）。T133⑧：9，夹砂灰陶。直径4.5、厚1厘米（图三九，15；图版五三，4）。T112⑧：5，夹炭灰陶。直径6.5、厚1.5厘米（图四〇，1；图版五三，5）。T114⑧：6，夹炭黑陶。直径6.5、厚1.3厘米（图四〇，2；图版五三，6）。T114⑧：11，夹砂灰陶。直径4、厚1厘米（图四〇，3；图版五三，7）。T153⑧：5，夹炭黑陶。直径4、厚0.6厘米（图四〇，4；图版五三，8）。T134⑧：37，夹炭灰陶。器厚，边缘鼓。直径4、厚1.9厘米（图四〇，5；图版五四，1）。T133⑧：3，夹砂灰陶。直径3、厚1.3厘米（图四〇，6；图版五四，2）。T124⑧：11，夹砂黑陶。直径3、厚0.8厘米（图四〇，7；图版五四，3）。

Ⅱ式：2件。有戳印圆圈纹或是镂孔纹。扁平形。T141⑧：23，正反两面边缘都戳印圆圈。直径7、厚1厘米（图四〇，8；图版五四，4）。T162⑧：7，边缘镂孔。直径9、厚0.8厘米（图〇，9；图版五四，5）。

B型 3件。滑轮形，侧面有凹槽。按上下是否等宽分二式。

Ⅰ式：2件。上下同宽。T131⑧：17，夹砂黑陶。直径5.5、厚1.8厘米（图四一，1；图版五四，6）。T114⑧：1，直径3.8、厚2.2厘米（图四一，2；图版五四，7）。

Ⅱ式：1件。上宽下窄，T162⑧：17，中间束腰。上部用弦纹分成四等分，中间填网纹。宽径7、厚4厘米（图四一，3；图版五四，8）。

（2）小陶器

共11件。夹炭黑陶。是用泥团一次捏制成型，器表的里外可见捏制的手指印。制作随意、粗糙且不规整。其形状是仿制大的实用器，品种有釜、钵、豆等。

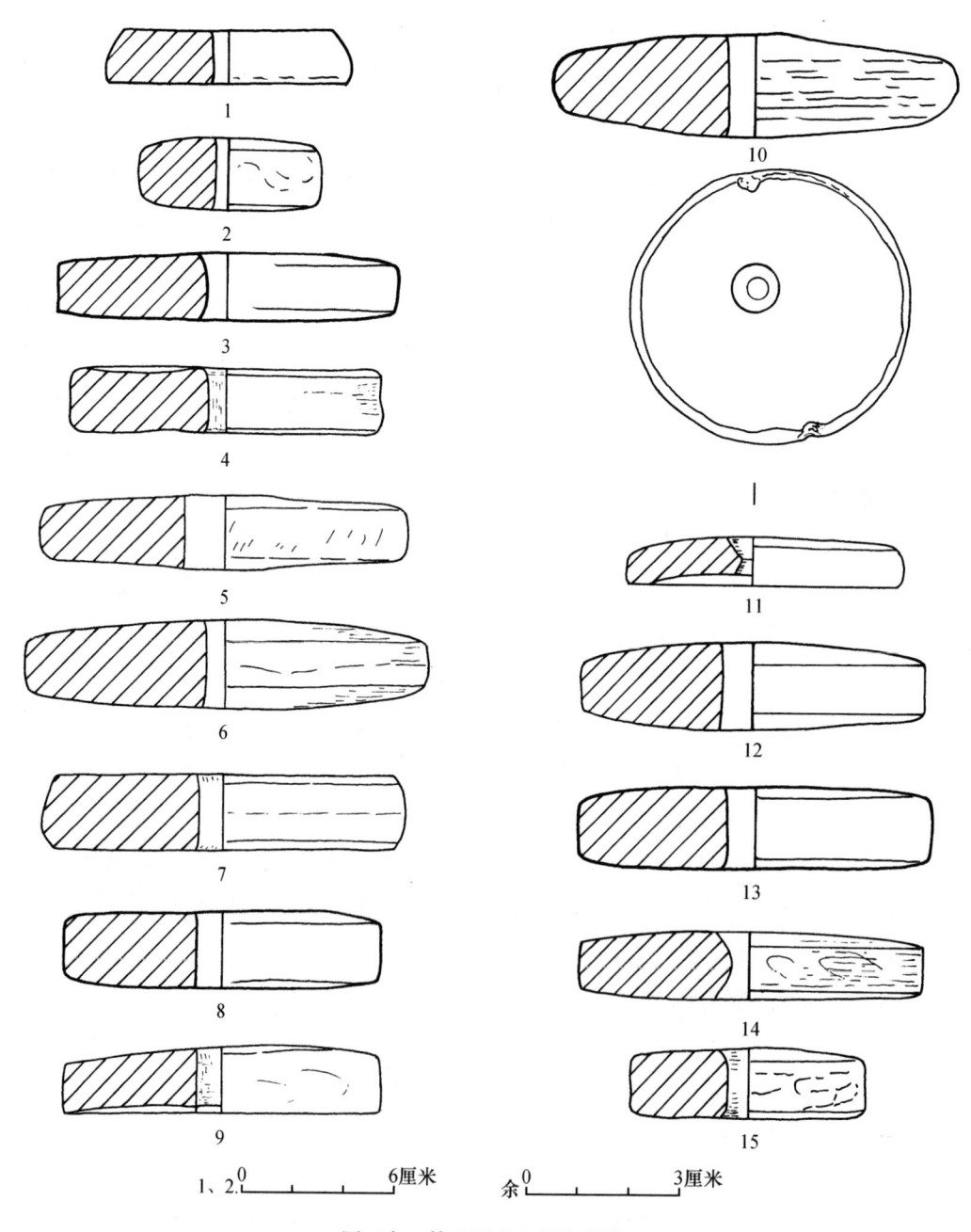

图三九 第8层出土的陶纺轮

1~15. A型Ⅰ式纺轮（T111⑧:2、T134⑧:2、T111⑧:24、T123⑧:13、T123⑧:10、T131⑧:18、T133⑧:20、T110⑧:4、T120⑧:5、T120⑧:6、T153⑧:14、T141⑧:5、T143⑧:10、T131⑧:22、T133⑧:9）

釜 2件。T114⑧:24，侈口，粗颈，圜底。颈腹之间有凸脊。高6、口径7.8厘米（图四一，4；图版五五，1）。T133⑧:43，侈口，深腹，圜底较锐。高3.5、口径3.5厘米（图四一，5；图版五五，2）。

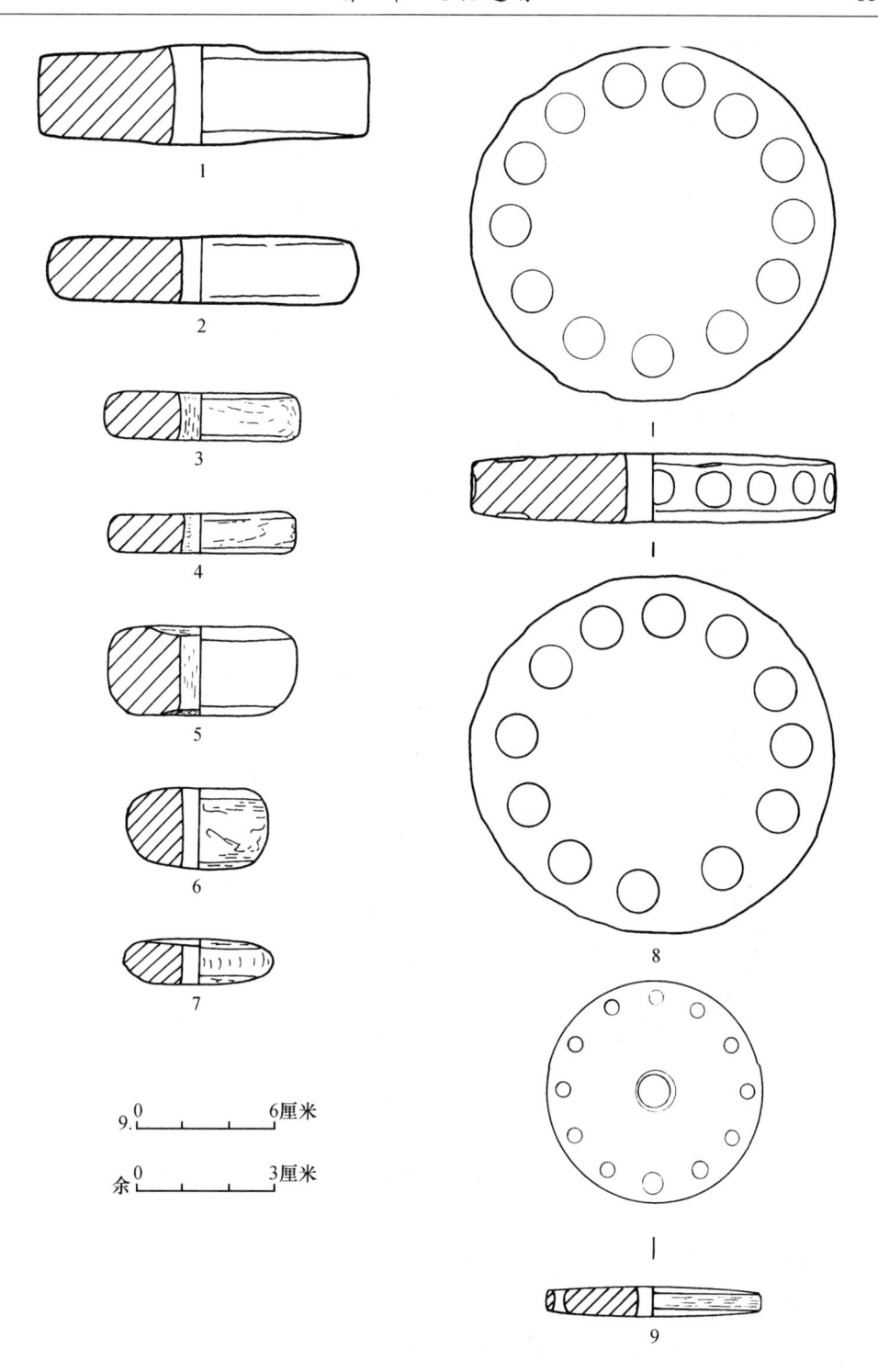

图四〇　第 8 层出土的陶纺轮
1～7. A 型 I 式纺轮（T112⑧:5、T114⑧:23、T114⑧:11、T153⑧:5、T134⑧:37、T133⑧:3、T124⑧:11）
8、9. A 型 II 式纺轮（T141⑧:23、T162⑧:7）

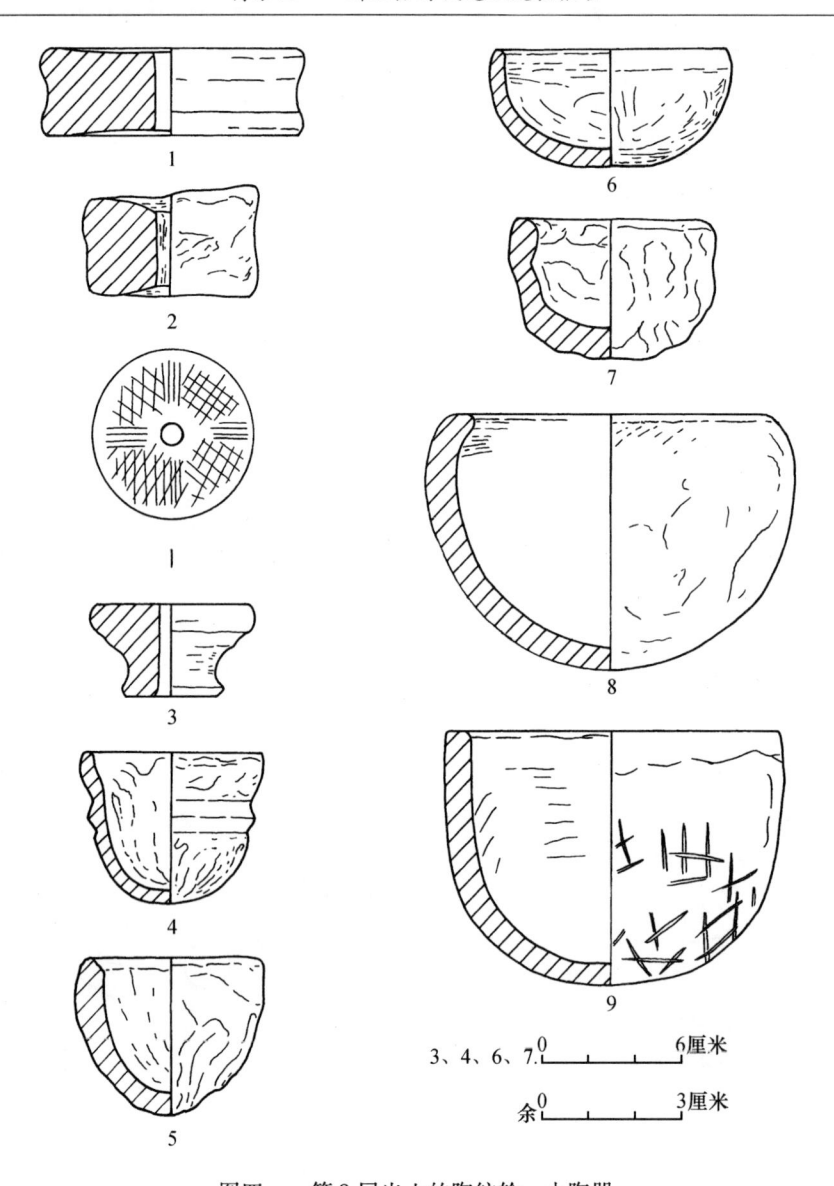

图四一 第8层出土的陶纺轮、小陶器

1、2. B型Ⅰ式纺轮（T131⑧:17、T114⑧:1） 3. B型Ⅱ式纺轮（T162⑧:17） 4、5. 釜（T114⑧:24、T133⑧:43） 6~9. 钵（T133⑧:41、T152⑧:4、T124⑧:17、T111⑧:21）

钵 6件。T133⑧:41，直口，弧腹，下腹斜收近圜底。底厚。高5、口径10厘米（图四一，6；图版五五，3）。T152⑧:4，口微敛，壁较直。器呈椭圆形，器表和底凹凸不平，胎厚重。高5.5、口径7~8厘米（图四一，7；图版五五，4）。T124⑧:17，敛口，弧腹，圜底，底部较锐。高5.3、口径6.5厘米（图四一，8；图版五五，5）。T111⑧:21，直口，直腹，圜底较平。高5.1、口径6.8厘米（图四一，9；图版五六，1）。T152⑧:17，侈口，斜直腹，平底。高3.5、口径6厘米

(图四二，1；图版五六，2）。T132⑧：9，侈口，斜直腹，平底。高3、口径4厘米（图四二，2；图版五六，3）。

圈足盘　1件。T142⑧：2，敞口，侈沿，斜弧腹，圈足。高3.8、口径6.1厘米（图四二，3；图版五六，4）。

豆　2件。T124⑧：6，敞口，直圈足。高2.5、口径3.6厘米（图四二，4；图版五六，5）。T124⑧：4，侈口，深腹，圈足。高3.6、口径4.5厘米（图四二，5；图版五六，6）。

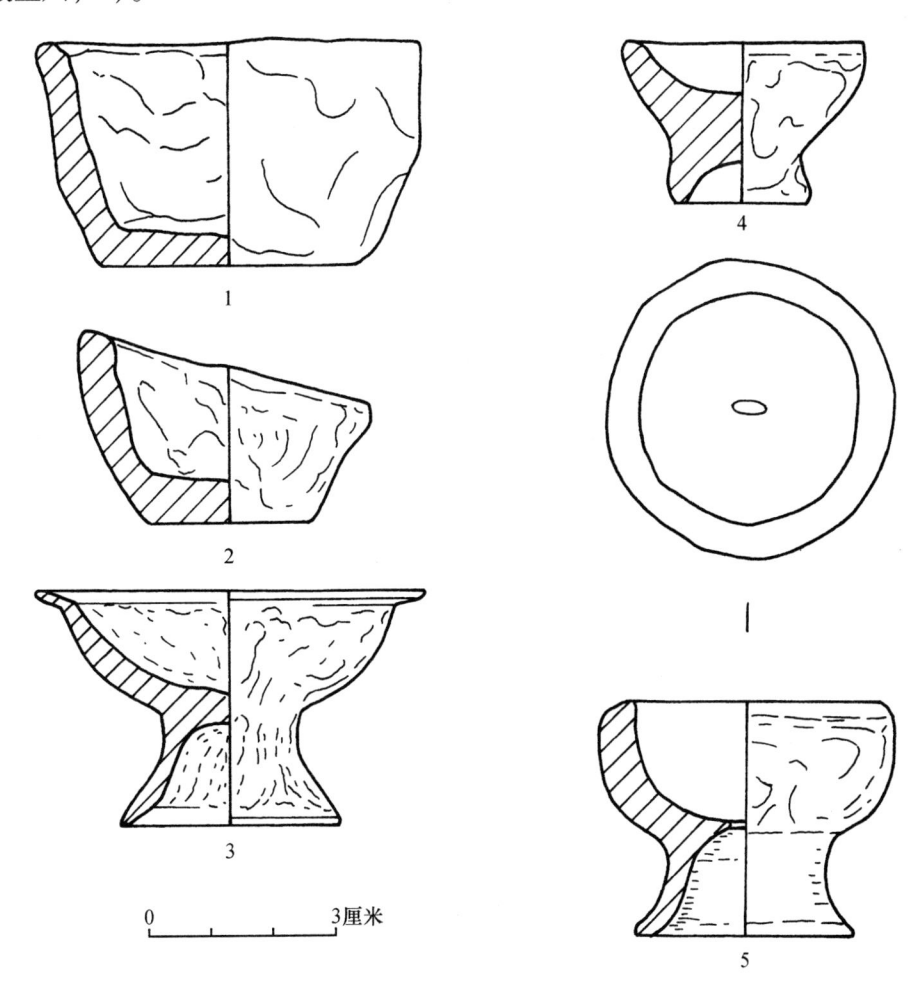

图四二　第8层出土的小陶器
1、2. 钵（T152⑧：17、T132⑧：9）　3. 圈足盘（T142⑧：2）
4、5. 豆（T124⑧：6、T124⑧：4）

（二）石器（玉石器）

共计100件。分生产工具和装饰品两类。以斧、锛、凿为代表的生产工具，制作较粗糙，磨制技术只应用在器物的局部，即大多在器物的刃部经过精心的磨制，其余部位只是简单的修琢，有的局部保留了原形石料的形状或打制成型的痕迹。只有少量凿类的小件经通体磨光。装饰类器物的璜、玦、管等，磨制精细，手感圆滑。个别器物有钻孔，特别是管壁光滑、圆润，显示了高超的磨制技艺和艺术品的美感。现按器型分述如下。

斧　36件。以黑色的燧石为主，质地坚硬。器形以梯形和近似长方形的居多，全器的中或中下部起刃处折线明显，不完全对称的两面刃磨制锋利。绝大多数器物残留了使用痕迹，顶部可见锤击面或是崩断面，刃部残崩的现象也较为普遍。由于器身短小，虽是双面刃的斧，缺乏绑柄砍伐的功能，从其使用痕迹分析，与锛的功用极为近似，作为剖裂木材的楔子较为合适。根据器型的形状大小、厚薄、刃部的高低分为四型。

A型　7件。长条形，刃宽等同于顶宽，两面刃基本对称。横断面长方形和椭圆形兼有，最厚处在起刃位，往顶部稍有减薄。T131⑧：4，长11、厚3.2、刃宽5.2厘米（图四三，1；图版五七，1）。T152⑧：10，燧石。长8、厚2.2、刃宽3.5厘米（图四三，2；图版五七，2）。T162⑧：6，长7.8、厚2.3、刃宽4.4厘米（图四三，3；图版五七，3）。T162⑧：10，燧石。长8.5、厚2.3、刃宽4.2厘米（图四三，4；图版五七，4）。T143⑧：8，燧石。起刃在中上部，刃折线以上横断面呈半圆形，刃部残。残长8.6、厚2.6、刃宽4.2厘米（图四三，5；图版五七，5）。T110⑧：2，燧石，起刃较高，刃部锋利。长7、厚2、刃宽4.5厘米（图四三，6；图版五七，6）。T142⑧：8，顶部残断，刃部锋利。残长5.8、厚2.5、刃宽4.5厘米（图四三，7；图版五七，7）。

B型　20件。梯形，刃宽，顶窄，两面刃不甚对称。横断面以椭圆形为多数，个别为长方形。起刃较低，残崩较多。约有一半器形较小，扁薄，通体磨制。T111⑧：15，是这个型制的最大器。通体磨制，顶与刃部均残。残长10.3、厚2.6、刃宽7.5厘米（图四四，1；图版五七，8）。T110⑧：1，燧石。长8、厚2.3、刃残宽6厘米（图四四，2；图版五七，9）。T154⑧：4，燧石。长8.5、厚2.5、刃宽5厘米（图四四，3；图版五八，1）。T154⑧：14，燧石。长8.4、厚2、刃残宽5.5厘米（图四四，4；图版五八，2）。T114⑧：33，燧石。整体粗糙，顶和刃部均残。长8.5、厚2.5、刃残宽5.5厘米（图四四，5；图版五八，3）。T111⑧：19，

第三章 文化遗存

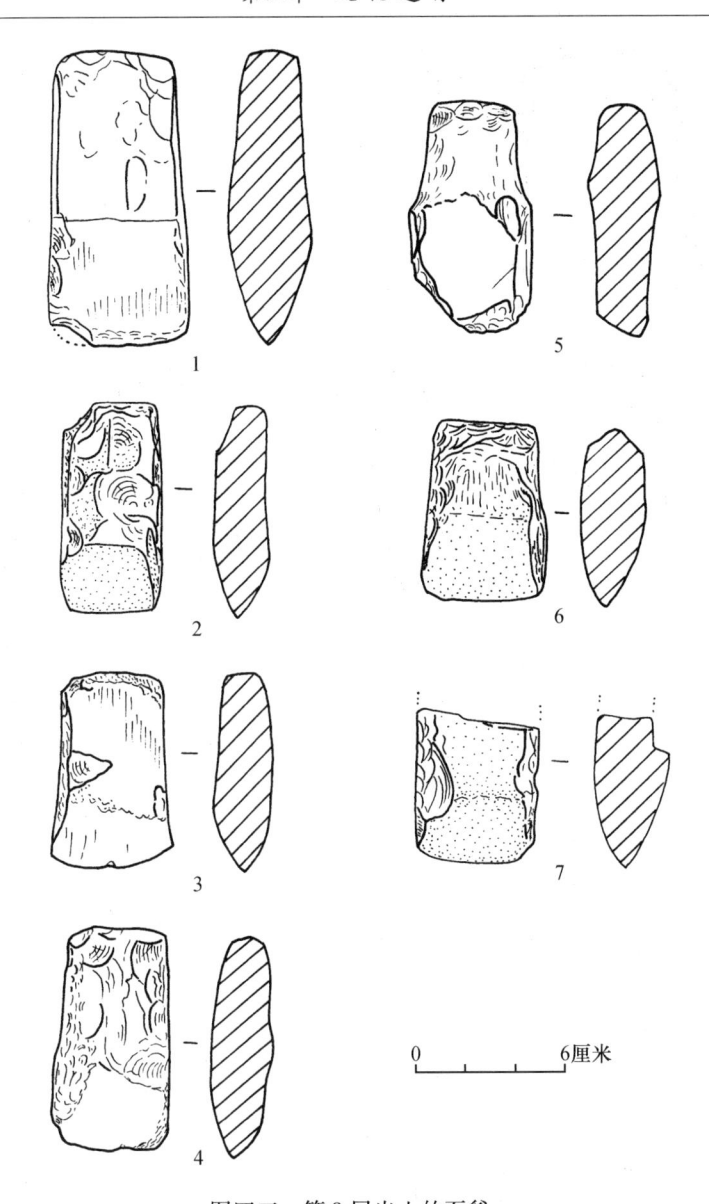

图四三 第 8 层出土的石斧
1～7. A 型石斧（T131⑧：4、T152⑧：10、T162⑧：6、T162⑧：10、T143⑧：8、T110⑧：2、T142⑧：8）

正背面磨制光滑，刃残。长 8.8、厚 2.5、刃残宽 5.5 厘米（图四四，6；图版五八，4）。T162⑧：1，燧石。通体磨光，顶和刃部均残。长 7.5、厚 2.6、刃宽 5 厘米（图四四，7；图版五八，5）。T131⑧：5，正背面磨光。长 7.2、厚 2、刃宽 4.8 厘米（图四四，8；图版五八，6）。T142⑧：1，燧石。整体磨光、扁宽，刃残。残长 8、厚 1.6、刃残宽 6 厘米（图四四，9；图版五八，7）。T113⑧：3，燧石。顶和刃部略残。残长 6.8、厚 2、刃宽 4.3 厘米（图四四，10；图版五八，8）。T153⑧：8，燧石。长 6.2、厚 1.4、刃宽 5.4 厘米（图四五，1；图版五八，9）。T153⑧：17，

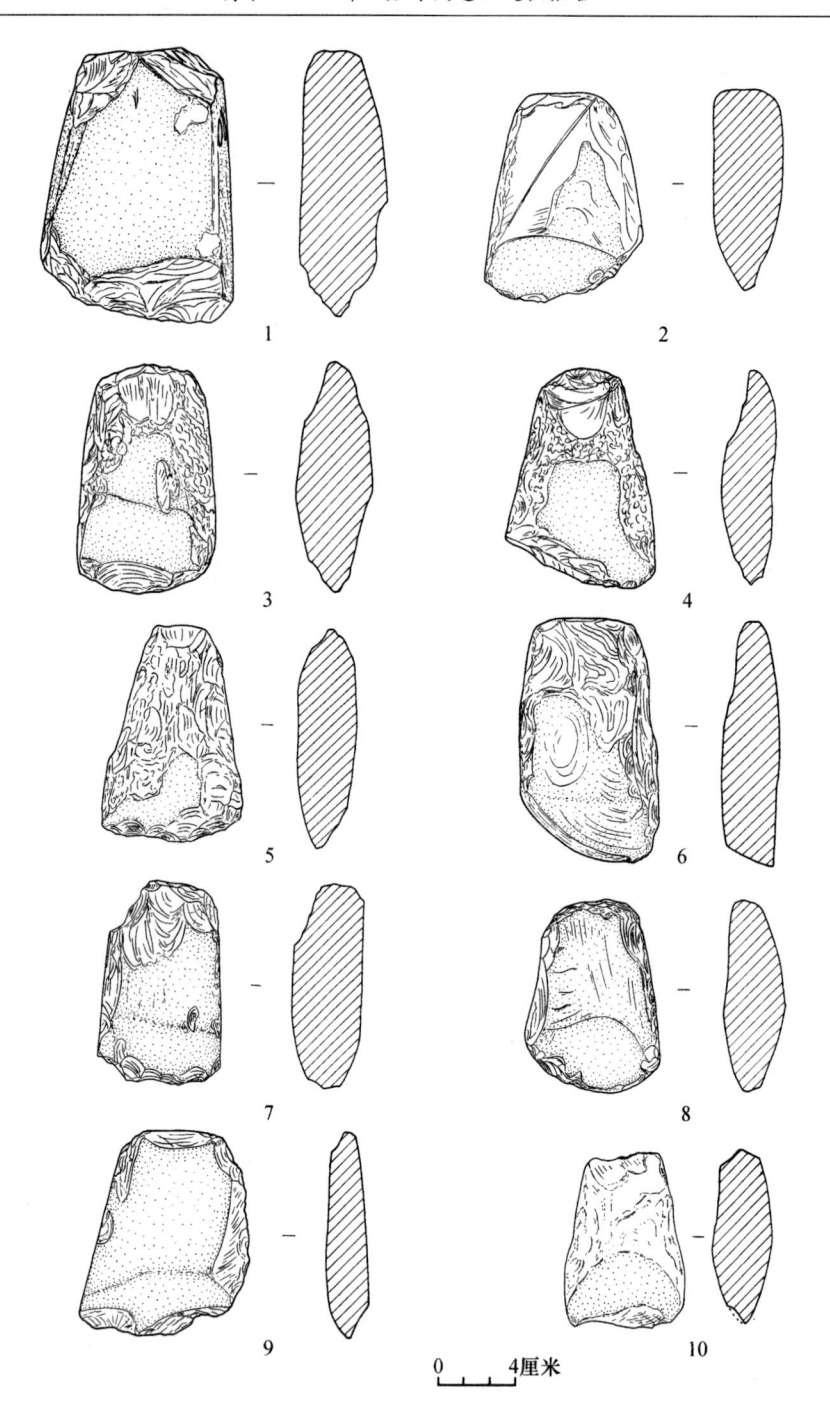

图四四 第 8 层出土的石斧

1~10. B 型石斧（T111⑧:15、T110⑧:1、T154⑧:4、T154⑧:14、T114⑧:33、T111⑧:19、T162⑧:1、T131⑧:5、T142⑧:1、T113⑧:3）

燧石。长6、厚1.9、刃宽4.3厘米（图四五，2；图版五九，1）。T144⑧：8，燧石。整器磨光，顶和刃部均残。残长6、厚2、刃宽4.8厘米（图四五，3；图版五九，2）。T154⑧：5，器形扁宽。长5.5、厚1.8、平刃，宽6厘米（图四五，4；图版五九，3）。T151⑧：7，燧石。通体磨光。长6、厚1.5、刃宽4.5厘米（图四五，5；图版五九，4）。T121⑧：19，燧石。通体磨光，起刃较高。长5.4、厚1.5、平刃宽5厘米（图四五，6；图版五九，5）。T142⑧：11，燧石。残损较甚。残长5.5、厚2.4、刃残宽4.5厘米（图四六，1；图版五九，6）。T114⑧：18，燧石。长6、厚1.8、刃宽4厘米（图四六，2；图版五九，7）。T123⑧：14，燧石。长6.4、厚1.5、平刃宽3.3厘米（图四六，3；图版五九，8）。T121⑧：5，燧石。器薄，刃部较锋利。长5.5、厚1、刃宽4.7厘米（图四六，4；图版五九，9）。

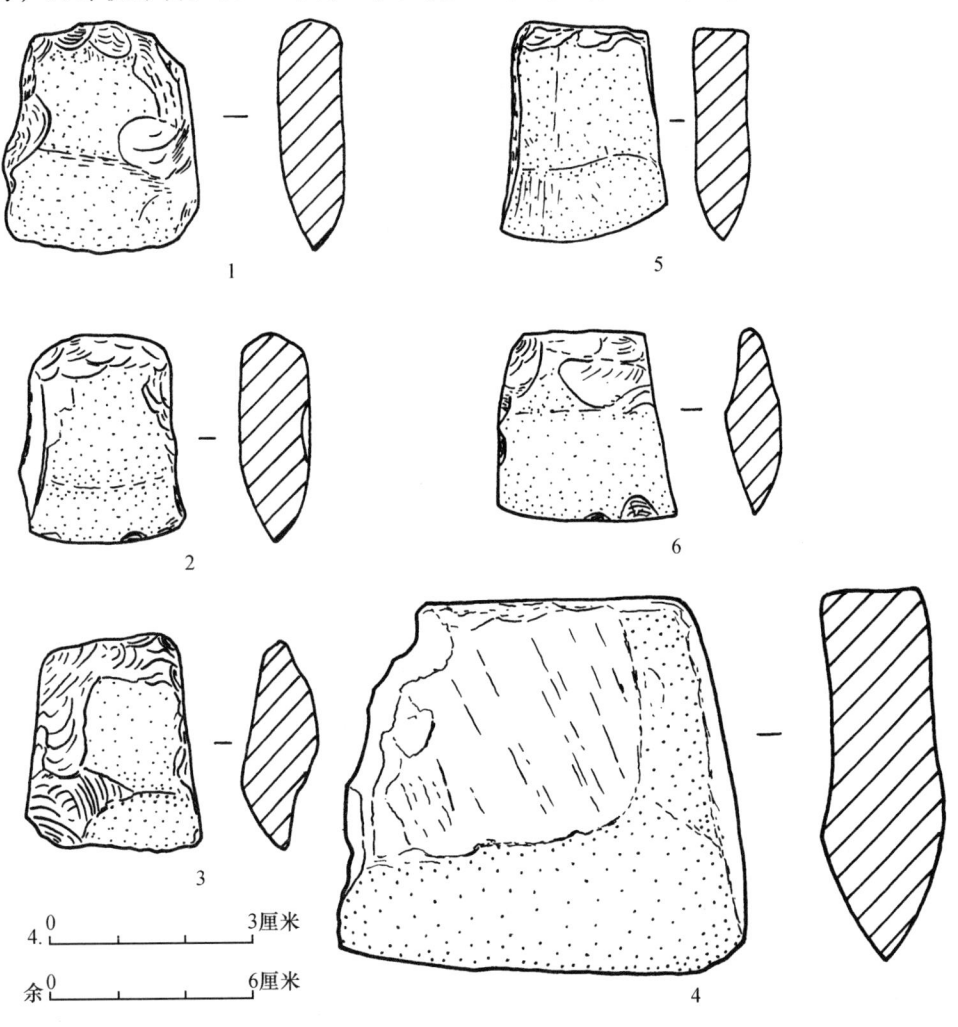

图四五　第8层出土的石斧
1~6. B型石斧（T153⑧：8、T153⑧：17、T114⑧：8、T154⑧：5、T151⑧：7、T121⑧：19）

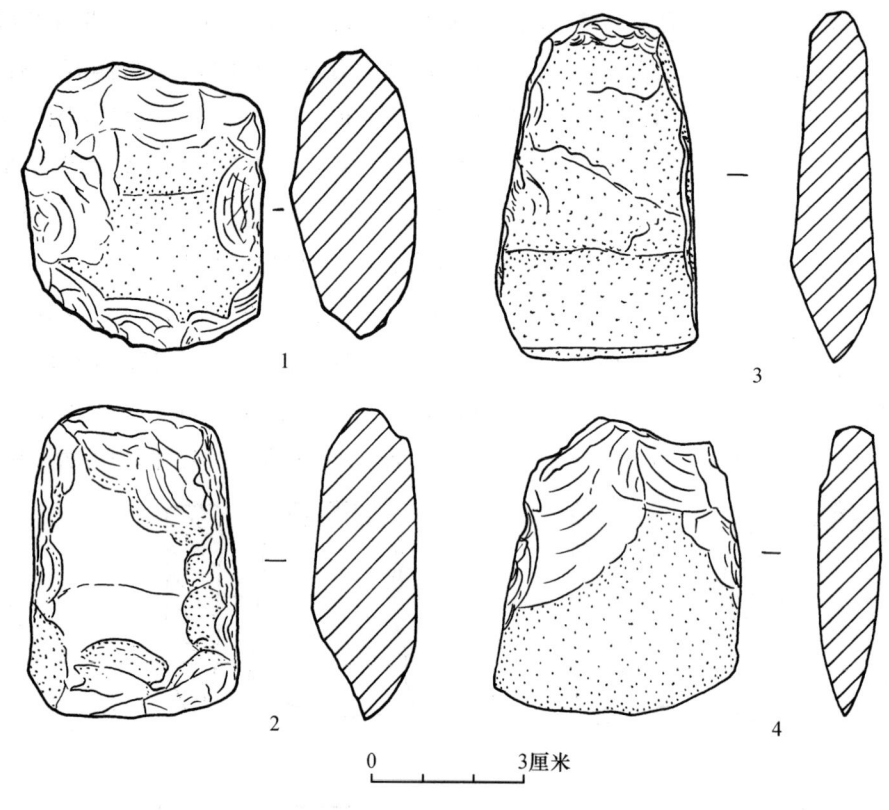

图四六 第8层出土的石斧
1~4. B 型石斧（T142⑧：11、T114⑧：18、T123⑧：14、T121⑧：5）

C型 6件。器型短粗，横断面接近方形。两面刃对称，顶部锤击痕迹明显。T123⑧：18，燧石。方形，起刃在中上部，折线明显。顶部锤击成球面状。长7.8、厚3.6、刃宽3.6厘米（图四七，1；图版六〇，1）。T143⑧：11，平面呈梯形。长7.5、厚3.3、刃宽4.2厘米（图四七，2；图版六〇，2）。T161⑧：6，燧石。残长6、厚2.5、刃宽3.6厘米（图四七，3；图版六〇，3）。T162⑧：2，燧石。横断面长方形。顶残。残长7、厚3.7、刃宽4.7厘米（图四七，4；图版六〇，4）。T113⑧：8，燧石。顶残。残长6.5、厚2.5、刃宽2.7厘米（图四七，5；图版六〇，5）。T124⑧：12，页岩。顶刃崩残。残长8.6、厚3.5、刃宽3.5厘米（图四七，6；图版六〇，6）。

D型 3件。青灰色石质，平面呈梯形，近顶部有钻孔。器形很薄，刃部很低，无起刃折线。T144⑧：10，通体磨制。刃部残缺。长8.8、厚0.6、刃宽7.7厘米（图四八，1；图版六〇，7）。T133⑧：6，残器。孔下方器身被截断，断口两侧有光滑的斜面，中间为较平的糙面，从这件器物中我们清楚地看到石器加工的截断法和钻孔技术。残长4、厚1、顶宽7.1厘米（图四八，2；图版六〇，8）。T133⑧：22，

第三章 文化遗存

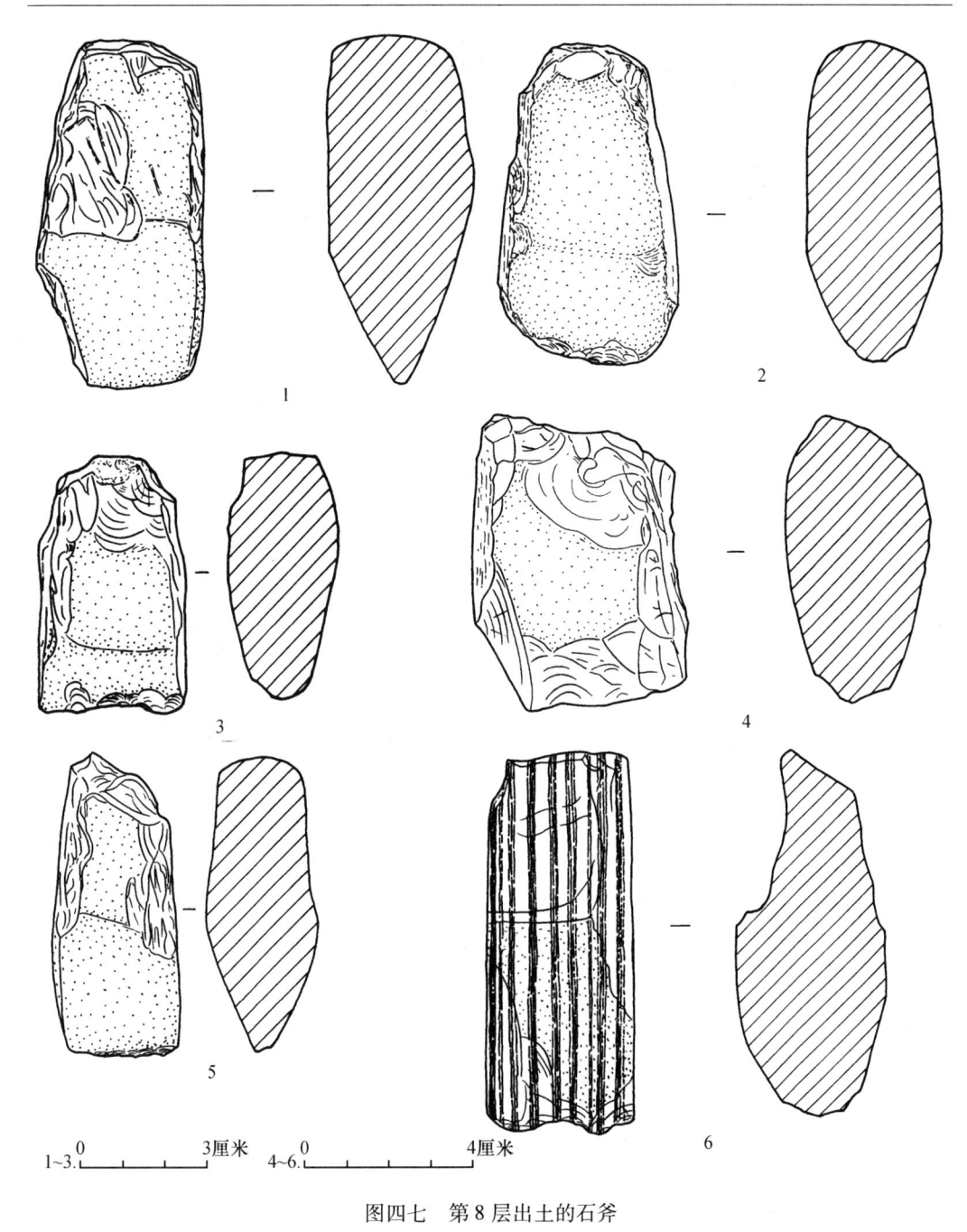

图四七 第 8 层出土的石斧
1~6. C 型石斧（T123⑧:18、T143⑧:11、T161⑧:6、T162⑧:2、T113⑧:8、T124⑧:12）

残器。在孔径处残断，留下了清楚钻孔技术的剖面。残长 3.5、厚 1.2、顶宽 5.6 厘米（图四八，3；图版六〇，9）。

锛　12 件。器形大小与斧相差无几，不同的是正背面高低刃较为明显，正面起刃部位在中上部，背面则在中下部，个别为弧背形。按形状分二型。

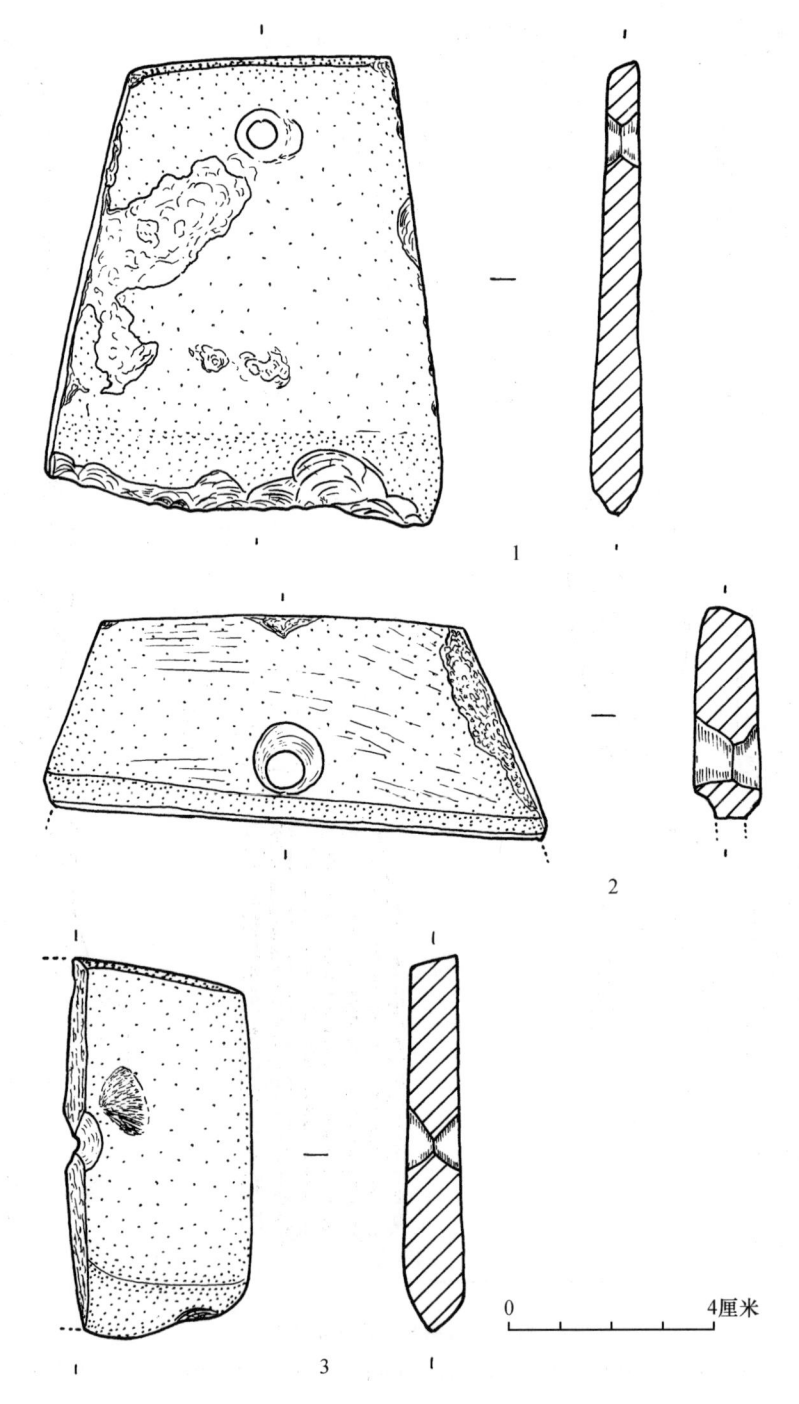

图四八　第 8 层出土的石斧
1~3. D 型石斧（T144⑧：10、T133⑧：6、T133⑧：22）

A 型　6 件。长条形。刃部与顶部基本等宽，横断面长方形，磨制尚可。按刃部分二式。

Ⅰ式：4件。两面刃。正面纵向为弧形或斜折形，最厚处在起刃的位置。背面平至起刃处。T153⑧：10，燧石。顶部略残，刃部少崩。长10、厚3、刃宽4.7厘米（图四九，1；图版六一，1）。T124⑧：2，通体磨光，顶部锤击成球面。长7.4、厚2.3、刃宽5厘米（图四九，2；图版六一，2）。T162⑧：12，通体磨光，顶部略崩。刃部锋利。长6.8、厚2.3、刃宽4.3厘米（图四九，3；图版六一，3）。T123⑧：2，正面折线凸出，刃面斜平，刃口锋利。长6.8、厚2.5、刃宽4.6厘米（图四九，4；图版六一，4）。

Ⅱ式：2件。单面刃。正面起刃折线凸出，折线以上斜面减薄。顶有锤痕，弧背。T142⑧：4。长8、厚2.5、刃宽4厘米（图四九，5；图版六一，5）。T131⑧：6，正面残。长8、厚2.5、刃宽5厘米（图四九，6；图版六一，6）。

B型　6件。梯形，器扁薄。高低刃明显，磨制不精。T123⑧：22，正面纵向弧形，背平，起刃线明显。长8、厚1.5、刃宽5.7厘米（图五〇，1；图版六一，7）。T124⑧：14，残件，燧石。残长6、厚1.6、刃宽6.1厘米（图五〇，2；图版六一，8）。T144⑧：9，残件。残长6、厚2、刃宽5.5厘米（图五〇，3；图版六一，9）。T142⑧：10，器形较小，通体磨制。长5、厚1.3、刃宽3.7厘米（图五〇，4；图版六二，1）。T152⑧：7，燧石。正面纵向弧形，折线明显，背平。长4.5、厚1.3、刃宽3.4厘米（图五〇，5；图版六二，2）。T114⑧：7，顶残，刃部锋利。残长8、刃宽6.5厘米（图五〇，6；图版六二，3）。

另外，打制石器　3件。未经磨制，但具备了斧或锛的基本雏形，有明显的刃部，其中，T153⑧：16和T153⑧：19是在同一块石料上截断成两件，器形扁薄。前者长7.5、厚1.8、刃宽6厘米。后者长7.1、厚1.9、刃宽5厘米（图五一，1、2；图版六二，4、图版六二，5）。T123⑧：6，两面刃对称。长8.3、厚3、刃宽5.7厘米（图五一，3；图版六二，6）。

凿　14件。器形修长，两面刃，横断面大多为方形和纵向长方形，少量横向长方形，顶部除残损外都可见锤打的痕迹。按横断面的不同分二型。

A型　9件。横断面为方形或是纵向长方形。通体磨制，个别极其精致。按平面形状分二式。

Ⅰ式：3件。平面长条形。器厚大于刃宽，最厚在起刃处。T142⑧：23，燧石。高低刃，两面刃脊凸出，刃脊以上略有收敛。长9.5、厚3、刃宽2.5厘米（图五二，1；图版六二，7）。T124⑧：26，燧石。两面刃略有高低，刃残，顶部锤打成球面。残长8.5、厚3、刃宽2.5厘米（图五二，2；图版六二，8）。T161⑧：3，燧石。器形较小，两面刃对称，刃部锋利，磨制精致。长6.5、厚2.1、刃宽1.1厘米（图五二，3；图版六二，9）。

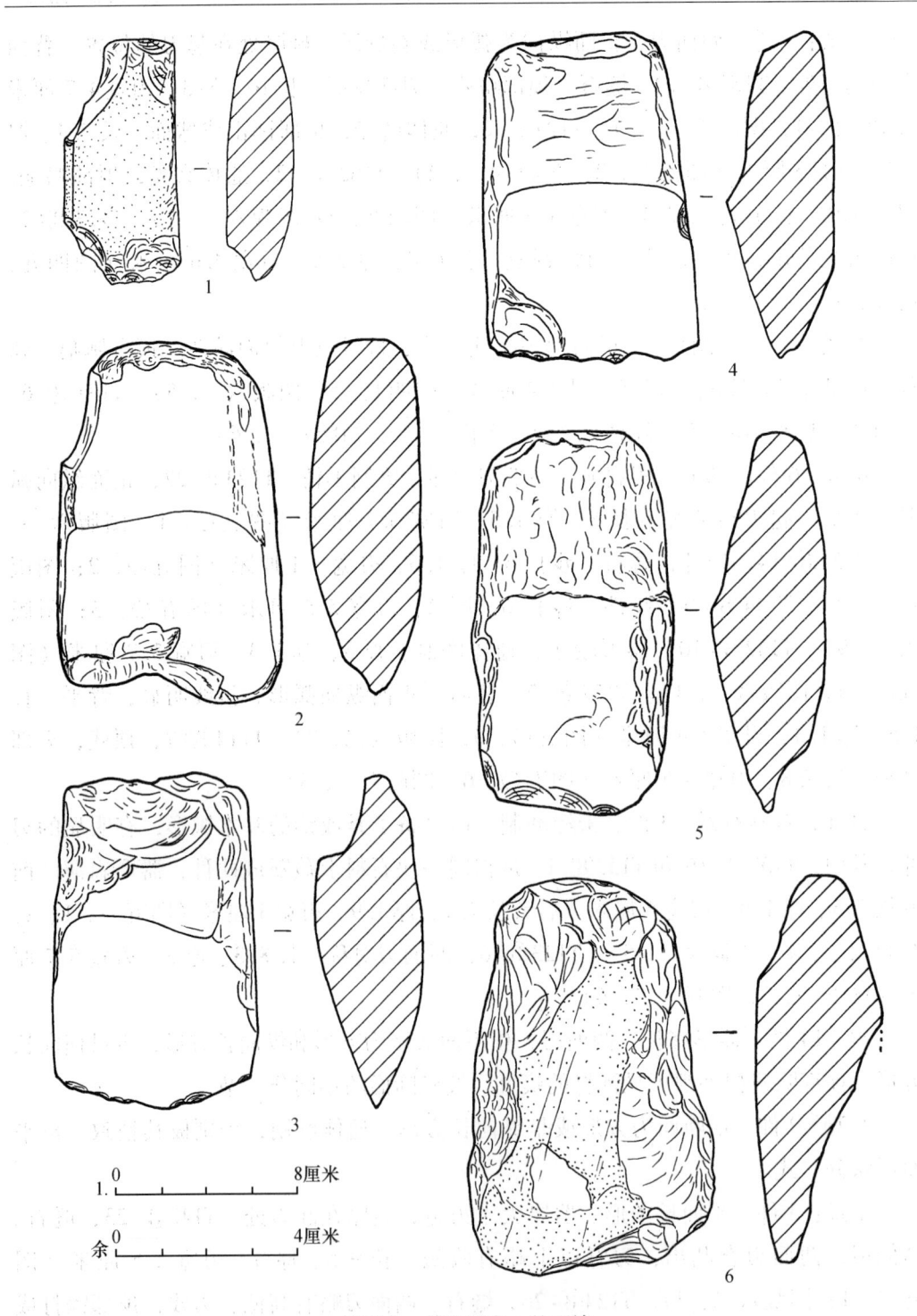

图四九 第8层出土的石锛

1~4. A型Ⅰ式石锛（T153⑧:10、T124⑧:2、T162⑧:12、T123⑧:2）
5、6. A型Ⅱ式石锛（T142⑧:4、T131⑧:6）

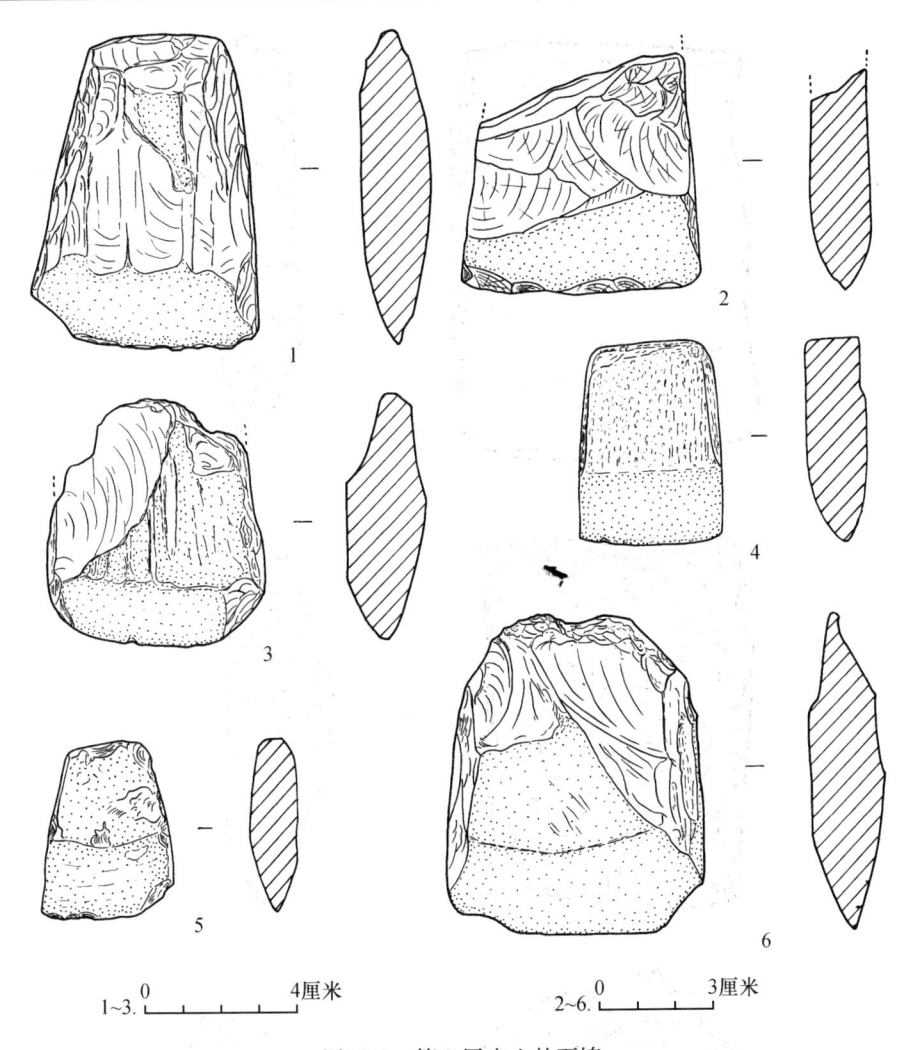

图五〇　第 8 层出土的石锛
1~6. B 型石锛（T123⑧：22、T124⑧：14、T144⑧：9、T142⑧：10、T152⑧：7、T114⑧：7）

Ⅱ式：6件。平面略呈梯形。器形修长，横断面接近方形。T112⑧：20，刃口较钝，顶部锤打成球面，背面起刃处残。长7.5、厚约1.5、刃宽3.4厘米（图五二，4；图版六三，1）。T121⑧：26，燧石。刃折线明显，刃部残，球面顶。残长6.2、厚2.3、刃宽2厘米（图五二，5；图版六三，2）。T110⑧：7，燧石。残件，残长6、厚2.5、宽3.2厘米（图五二，6；图版六三，3）。T114⑧：16，器形较小，磨制精致，正面刃脊凸出，刃部锋利。长5.6、厚1.5、刃宽1.7厘米（图五二，7；图版六三，4）。T162⑧：5，残件，上半段残缺，两面刃对称，刃部锋利。残长4、厚2.1、刃宽2.6厘米（图五二，8；图版六三，5）。T111⑧：33，残件，磨制精致，高低两面刃，刃口锋利。残长5.5、厚2.6、残宽2.3厘米（图五二，9；图版六三，6）。

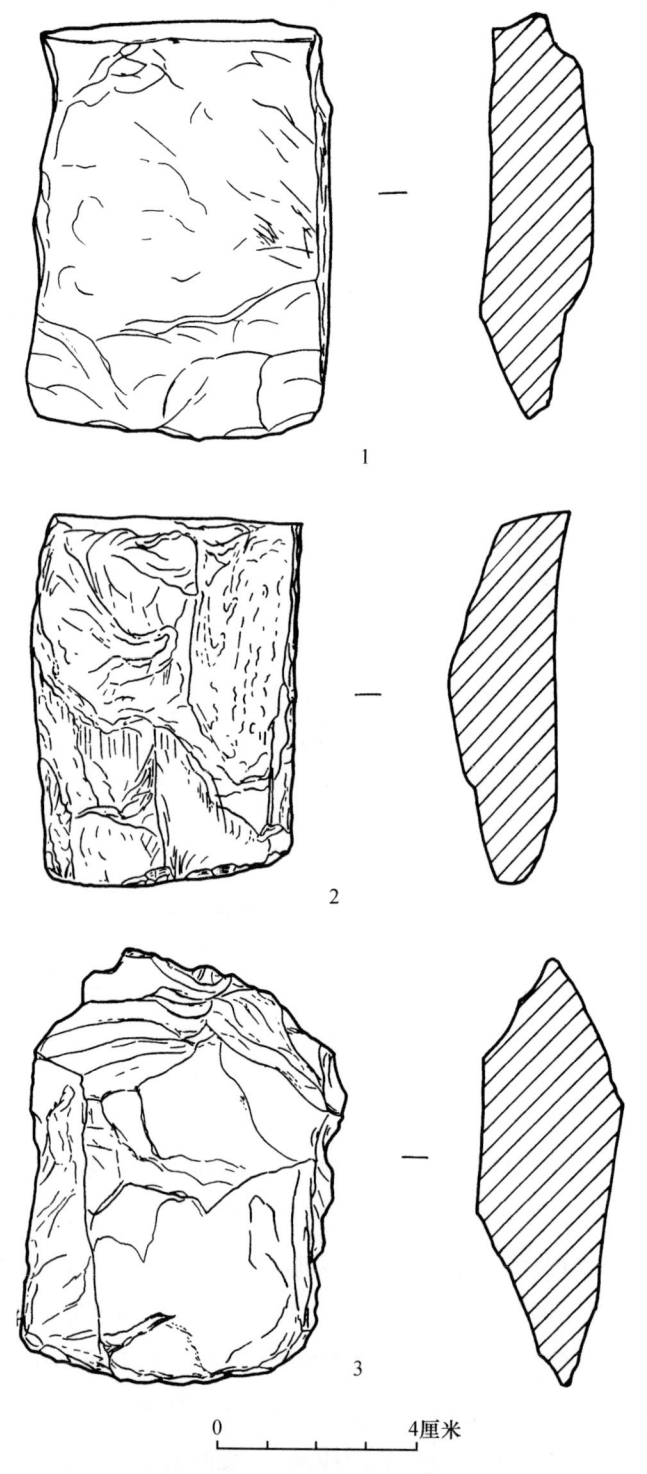

图五一 第8层出土的打制石片
1~3. 打制石片（T153⑧:16、T153⑧:19、T123⑧:6）

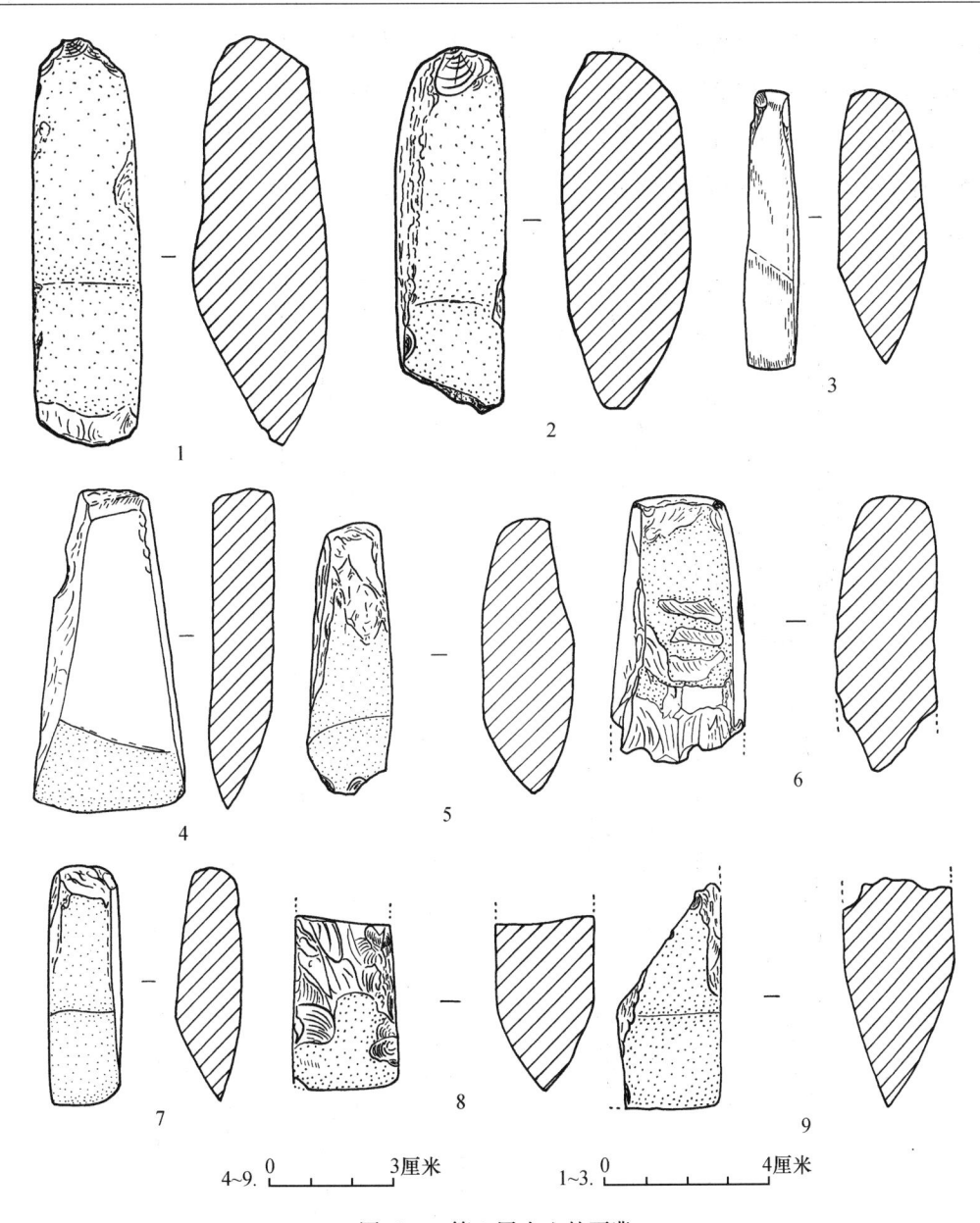

图五二　第 8 层出土的石凿

1~3. A 型 I 式石凿（T142⑧:33、T124⑧:26、T161⑧:3）　4~9. A 型 II 式石凿（T112⑧:20、T121⑧:26、T110⑧:7、T114⑧:16、T162⑧:5、T111⑧:33）

B 型　5 件。横断面呈横向长方形。厚度小于宽度，按照平面形状分二式。

I 式：3 件。长条形。形体不很规整，只在刃部磨制较好，其他部位以基本平整为主。T113⑧:12，燧石。正背面弧形，最厚处在中下部。顶端较薄，并有锤打痕迹。长 8.6、厚 2.5、刃宽 3.5 厘米（图五三，1；图版六三，7）。T153⑧:7，燧石。器形扁薄，刃位很低，刃口圆钝，顶部锤痕明显。长 10.3、厚 1.5、刃宽 3.5

厘米（图五三，2；图版六三，8）。T124⑧：3，高低两面刃，刃部锋利，最厚在高位起刃处。长6.8、厚2、刃宽2.2厘米（图五三，3；图版六三，9）。

Ⅱ式：2件。平面呈梯形。下宽上窄，器形扁薄，刃部锋利。T121⑧：20，长7.5、厚2、刃宽2.5厘米（图五三，4；图版六四，1）。T153⑧：12，长8.8、1.5、刃宽4厘米（图五三，5；图版六四，2）。

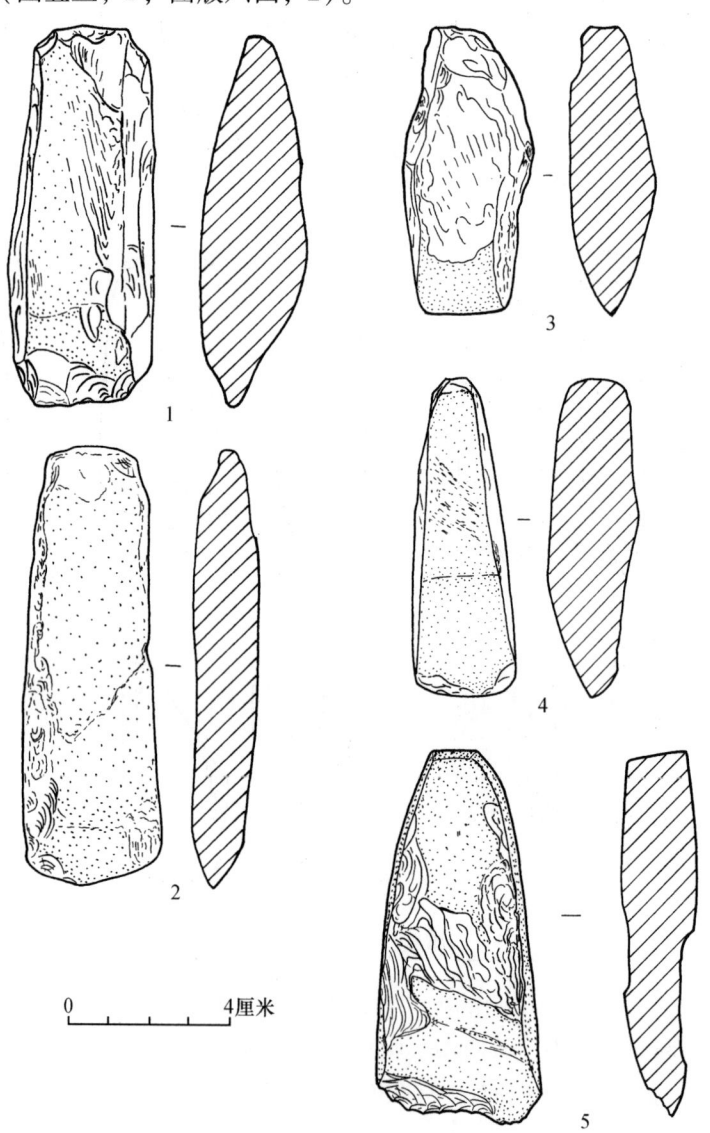

图五三　第8层出土的石凿
1~3. B型Ⅰ式石凿（T113⑧：12、T153⑧：7、T124⑧：3）
4、5. B型Ⅱ式石凿（T121⑧：20、T153⑧：12）

石球　4件。近似圆形，表面经修琢和粗磨，仍有较粗糙的麻点。T154⑧：7，褐色石质。形状不甚规整。直径3.5厘米（图五四，1；图版六四，3）。T133⑧：30，直径4.2厘米（图五四，2；图版六四，4）。T142⑧：31，表面略光滑。直径4厘米（图五四，3；图版六四，5）。T143⑧：9，青灰色石质。圆形，残留一半。直径4.8厘米（图五四，4；图版六四，6）。

石锤　1件。T124⑧：34，椭圆形的卵石，周体光滑，手感沉重。一端锤击成毛糙的平面。长5、宽2.5、厚3.7厘米（图五四，5；图版六五，1）。

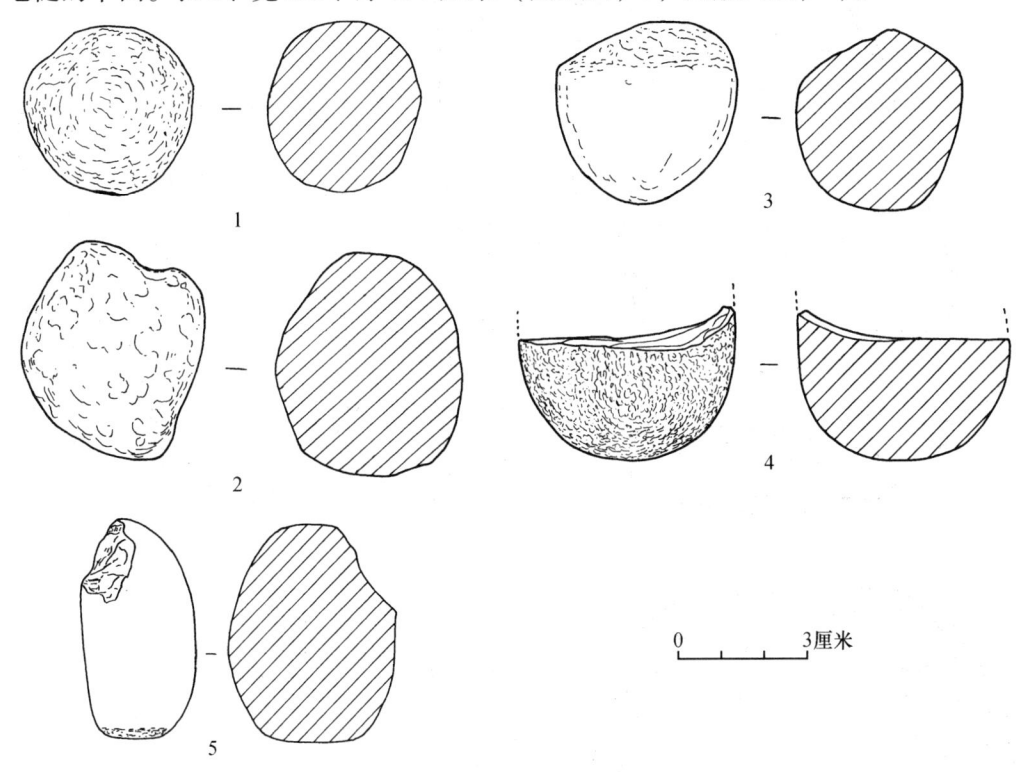

图五四　第8层出土的石球、石锤
1～4.石球（T154⑧：7、T133⑧：30、T142⑧：31、T143⑧：9）　5.石锤（T124⑧：34）

砺石　21件。没有一定形状，就地取材大小不一，厚薄不同，大的为50厘米×30厘米×20厘米长条形块石，一般发现的长在20～25厘米，宽10～15厘米，厚2～5厘米。大多数是经过磨薄后断碎的另一半。砺石具备了两个基本特征：一是砂石，二是有被磨面。从被磨面分析，主要是加工石器和骨器的磨具。砂石分粗细两种。有的一块砺石上有多个磨面，表现为凹面或是凹槽，是加工工具不同留下的痕迹。现择要介绍。标本T130⑧：5，黄色粗砂石。长方形，正反面磨出凹陷的弧面，反面和两侧磨出多条凹槽。长19、宽13、厚3～1.2厘米（图五五，1；图版六五，2）。标本 T124⑧: 35，黄色细砂石。平面圭形，其上磨出宽凹槽。长 14、宽 9、厚 1.8 厘米（图五五，2；图版六五，3）。标本 T134⑧: 18，灰色细砂石。近长方形，正反两面内凹，边缘另有三条凹槽。长 7、宽 7.8、厚 3～0.6 厘米（图五五，3；图版六五，4）。标本 T152⑧: 24，长条形灰黄色砂石。宽面上磨出了一个大圆弧的凹面，侧面磨出两条细长凹槽，其中一条槽深又直。长 60、宽 8 厘米（图版六五，5）。

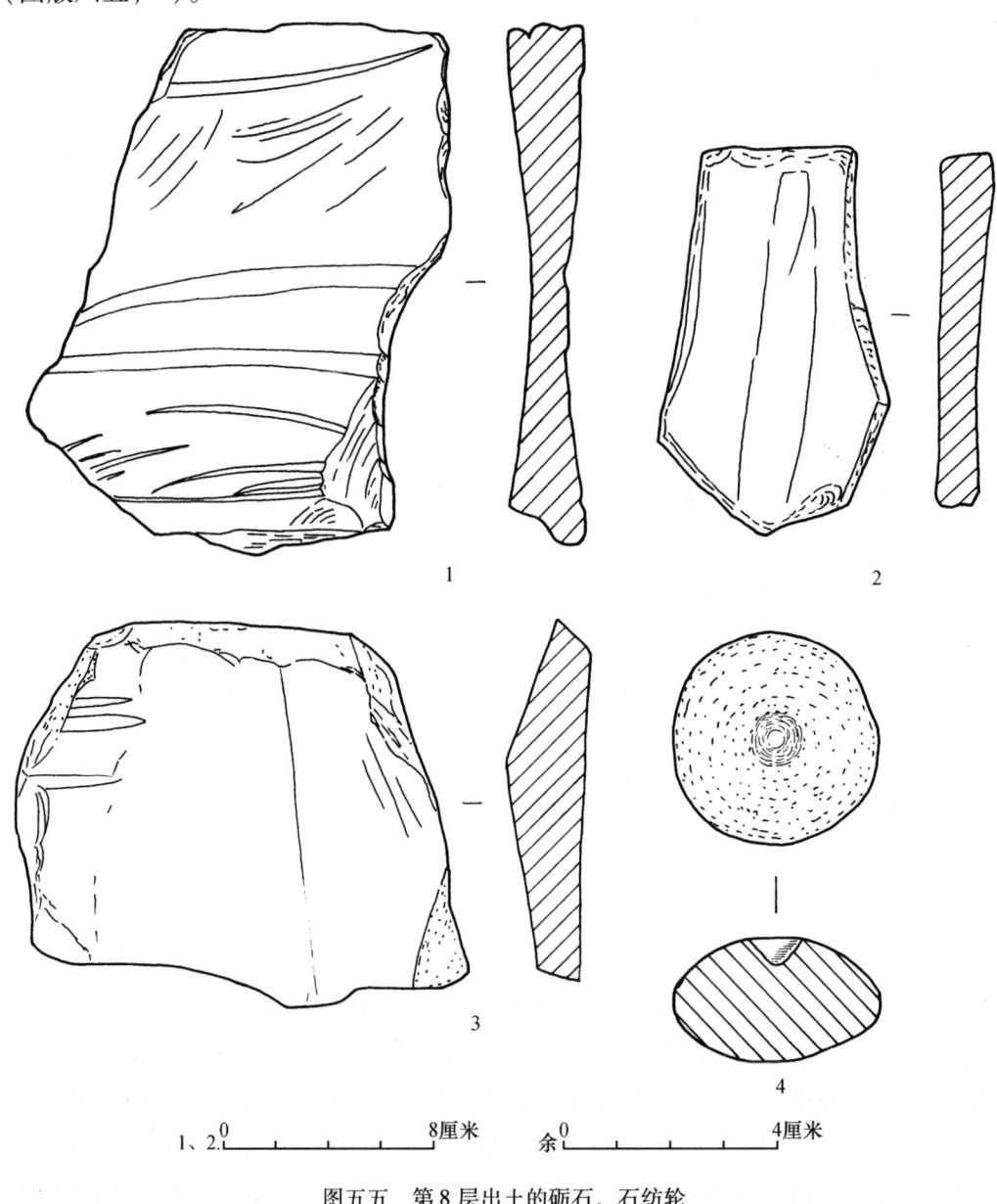

图五五　第 8 层出土的砺石、石纺轮

1～3. 砺石（T130⑧: 5、T124⑧: 35、T134⑧: 18）　4. 纺轮（T133⑧: 21）

纺轮　1件。T133⑧:21，算珠形，中间厚，边缘减薄成弧面。中心钻孔，未穿透。直径4、厚2厘米（图五五，4；图版六五，6）。

玉玦　3件。萤石制作。整体光滑，略带透明。大小不一，形状各异。T121⑧:14，外圆规整，穿与肉径相等，肉上磨出一周凹槽，未分离。直径3.5、厚0.9厘米（图五六，1；图版六六，1）。T111⑧:27，肉大于穿径，穿孔略偏，肉边切出一条凹槽。直径2.4、厚1厘米（图五六，2；图版六六，2）。T110⑧:3，椭圆形，穿孔偏向一侧，肉大于穿径，无分离。直径2.9~2.6厘米，厚1厘米（图五六，3；图版六六，3）。

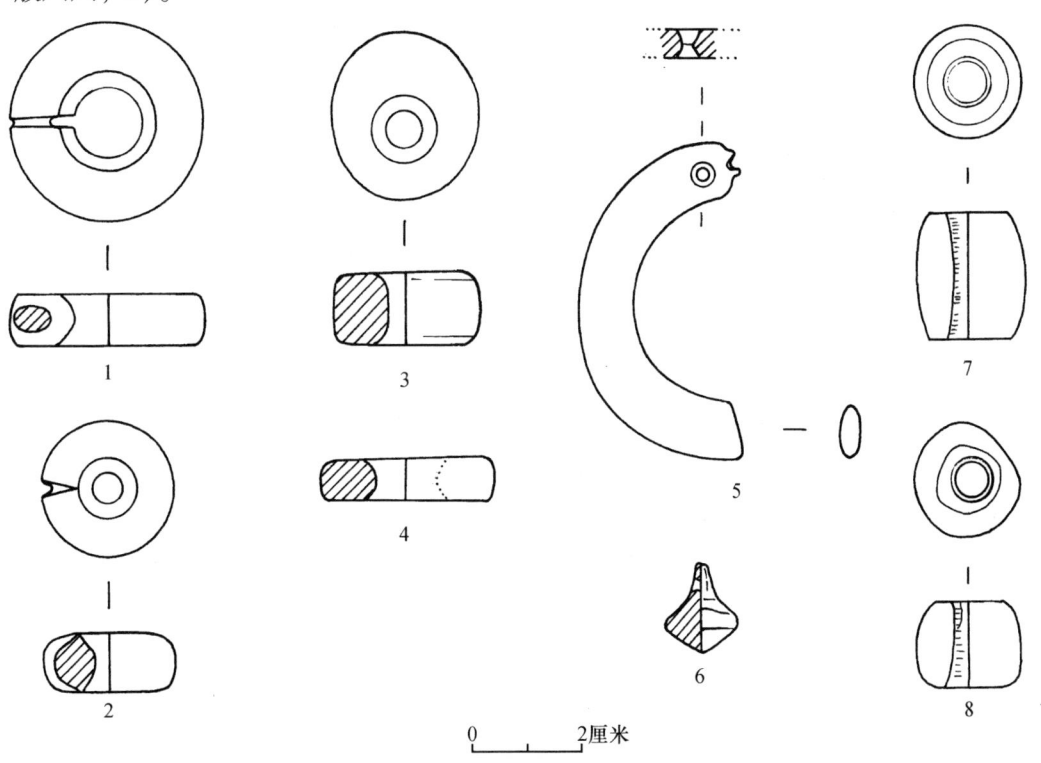

图五六　第8层出土的玉石饰品
1~3. 玉玦（T121⑧:14、T111⑧:27、T110⑧:3）　4. 玉环（T111⑧:20）　5. 玉璜（T111⑧:26）
6. 玉垂（T111⑧:28）　7、8. 石管（T111⑧:1、T143⑧:1）

玉环　1件。T111⑧:20，圆形，中央穿孔，肉与孔径相等。全器光滑半透，略呈绿色。直径3、厚0.7厘米（图五六，4；图版六六，4）。

玉璜　1件。T111⑧:26，半圆形，较薄，横断面近椭圆形。一端直径5.5、厚0.5厘米（图五六，5；图版六七，1）。

玉垂　1件。T111⑧:28，伞状，柄端一钻孔。长1.5、宽1.3厘米（图五六，6；图版六七，2）。

石管　2件。T111⑧:1，腰鼓形，对钻孔，外表光滑。长2.1、直径1.8厘米（图五六，7；图版六七，3）。T143⑧:1，平面呈圆弧三角形，孔壁有钻孔留下的痕迹。长1.5、直径2厘米（图五六，8；图版六七，4）。

（三）骨、角器

共计137件。大多取材于大型哺乳类动物的肢骨、胛骨和肋骨，以及角、牙，也有取材于禽类的肢骨等为原料，做成不同类型的生产工具、生活用品和装饰品。加工精致，实用性强，是石器不能替代的骨质用具。骨器制作要经过截料、磨制或雕钻几个工艺程序，由于各类器型使用功能不同，因此，加工过程有简易之分。生产工具以使用方便，捆扎牢固，刃部锋利为要则；生活用品以实用与美观相结合，往往有较多的装饰图案。器型有耜、镞、凿、锥、笄、匕、蝶形器、靴形器等。根据不同器型分述如下。

耜　9件。主要的农业生产工具，取材于哺乳类动物的肩胛骨加工而成。由于长期在泥土中摩擦使用，外表光滑和刃部的磨损残缺，使刃部呈现了不同的形状。骨耜单体出土，分析应该与耜柄捆绑在一起使用，可能是耜柄的腐烂或是脱落，使得耜与柄分离。但根据骨耜的制作形制和捆扎痕迹，基本可知耜与柄的安装方法：在横向銎孔中安插木棒，与纵向木柄十字相交，然后用藤绳交叉捆邦，延伸的柄端紧贴竖向的镂孔边，藤绳穿过镂孔绕紧耜与柄端，上下两道的捆扎，便成了一把牢固的耜耕农具。根据骨耜的初制形状和捆扎方式分为二型。

A型　8件。顶部半圆形的臼穴大多削平，并与脊椎缘面平整相连，臼顶下方凿横向长方形或是椭圆形的銎孔，脊椎缘的中部边侧凿出两个竖向长方形的镂孔。根据銎口的变化分为四式。

Ⅰ式：3件。銎孔上部较直。臼穴三面削直，顶平面呈方形或长方形。脊椎缘双肩凸出。T124⑧:10，臼顶与銎口直。刃部单齿圆弧形。长19、宽9厘米（图五七，1；图版六八，1）。T153⑧:2，銎口缘面窄，脊椎缘面有浅槽，与銎口缘面等宽。刃部经磨损和残断。长17.5、宽8.4厘米（图五七，2；图版六八，2）。T161⑧:1，脊椎缘两侧厚，中间薄。刃部单齿曲折。长20、宽10.4厘米（图五七，3；图版六八，3）。

Ⅱ式：2件。銎口凹进。臼顶与双肩基本等宽。T111⑧：7，顶平面呈长方形，器型薄小。刃部磨损成双齿形，其中之一残断。长18.5、宽8.7厘米（图五七，4；图版六八，4）。T114⑧：9，銎口略凹，肩平，边侧厚，中间薄，通体褐黄色。刃部双齿形，其中一齿残断。长21、残宽8厘米（图五七，5；图版六八，5）。

Ⅲ式：2件。銎口内弧。顶宽，无肩。T121⑧：24，双齿刃。长18.8、宽11厘米（图五七，6；图版六八，6）。T141⑧：9，残长13.5、残宽6厘米（图五七，7；图版六八，7）。

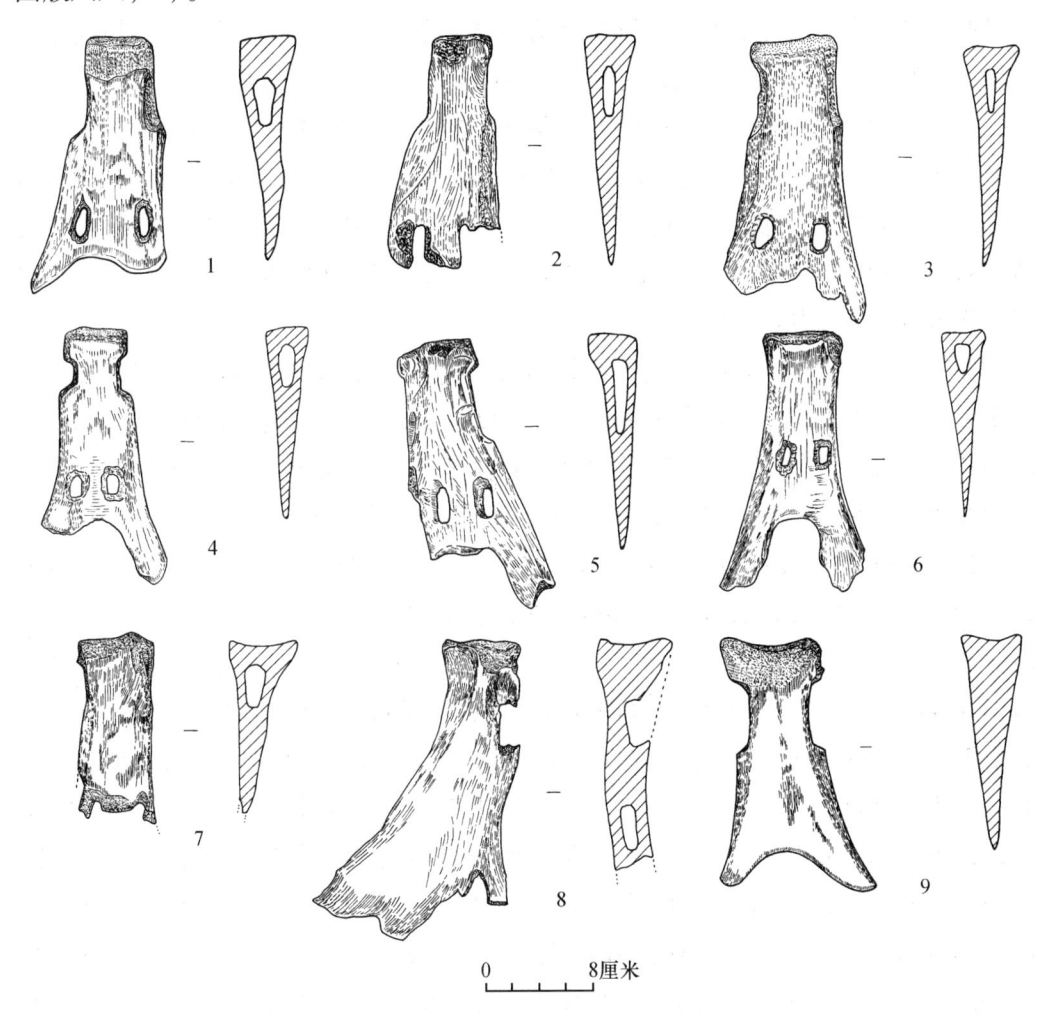

图五七　第8层出土的骨耜
1~3. A型Ⅰ式骨耜（T124⑧：10、T153⑧：2、T161⑧：1）　4、5. A型Ⅱ式骨耜（T111⑧：7、T114⑧：9）
6、7. A型Ⅲ式骨耜（T121⑧：24、T141⑧：9）　8. A型Ⅳ式骨耜（T111⑧：6）　9. B型骨耜（T111⑧：22）

Ⅳ式：1件。只在臼顶下和脊椎缘的中部都凿了横向形的銎孔。T111⑧：6，保留肩胛骨的原始形状。长22、残宽14厘米（图五七，8；图版六八，8）。

B型　1件。半圆形臼顶，其下束凹，无銎孔和镂孔。T111⑧：22，双齿刃。长18、宽11.5厘米（图五七，9；图版六八，9）。

镞　85件。主要的狩猎射杀工具，大多取材于动物的肢骨、鹿角和禽骨，经裁料后磨制而成，尤其是锋部尖锐光滑。按形状分四型。

A型　21件。柳叶形。锋与铤明显，为斜铤镞。基本特征为锋铤交接处是器型的最厚或是最宽处，铤部由此向铤的尾端斜向减薄。锋尖锐利光滑，铤部粗糙或有刻槽，以便于绳子的绑扎。按锋铤的长度不同分三式。

Ⅰ式：5件。锋铤长度基本相等，器型比较短小。T130⑧：1，长6.1、宽0.9厘米（图五八，1；图版六九，1）。T133⑧：14，长6、宽1厘米（图五八，2；图版六九，2）。T152⑧：6，长4.6、宽0.5厘米（图五八，3；图版六九，3）。T152⑧：14，残长4.3、宽0.5厘米（图五八，4；图版六九，4）。T133⑧：5，长4.3、宽0.5厘米（图五八，5；图版六九，5）。

Ⅱ式：4件。短锋长铤，锋长约占器长的三分之一或略多。T124⑧：9，长6.2、宽0.9厘米（图五八，6；图版六九，6）。T112⑧：7，长6.6、宽0.8厘米（图五八，7；图版六九，7）。T142⑧：15，长6.6、宽1厘米（图五八，8；图版六九，8）。T112⑧：8，长8.7、宽1.3厘米（图五八，9；图版六九，9）。

Ⅲ式：12件。长锋短铤，锋长于铤2倍左右。T134⑧：20，长13、宽1厘米（图五八，10；图版六九，10）。T143⑧：6，长13.9、宽1厘米（图五八，11；图版六九，11）。T141⑧：4，长11.5、宽1.1厘米（图五八，12；图版六九，12）。T133⑧：11，长11、宽0.9厘米（图五八，13；图版六九，13）。T162⑧：9，长10、宽1.2厘米（图五八，14；图版六九，14）。T153⑧：4，长10.4、宽0.7厘米（图五八，15；图版六九，15）。T163⑧：3，长9.2、宽1厘米（图五八，16；图版六九，16）。T111⑧：13，长8.5、宽1厘米（图五八，17；图版六九，17）。T143⑧：16，长8.2、宽0.8厘米（图五八，18；图版六九，18）。T111⑧：18，长7.7、宽1.3厘米（图五八，19；图版六九，19）。T121⑧：23，长6.2、宽0.6厘米（图五八，20；图版六九，20）。T124⑧：5，长5.5、宽0.8厘米（图五八，21；图版六九，21）。

B型　39件。扁平柳叶形，磨制较精。按照锋的特征分三式。

Ⅰ式：22件。锋尖，尾钝或是方形，无锋铤之分，少数在尾部有细细的刻槽。T162⑧：16，长13.2、宽0.8厘米（图五九，1；图版六九，22）。T113⑧：6，长11.2、宽1厘米（图五九，2；图版六九，23）。T142⑧：25，长9.2、宽0.8厘米

第三章 文化遗存

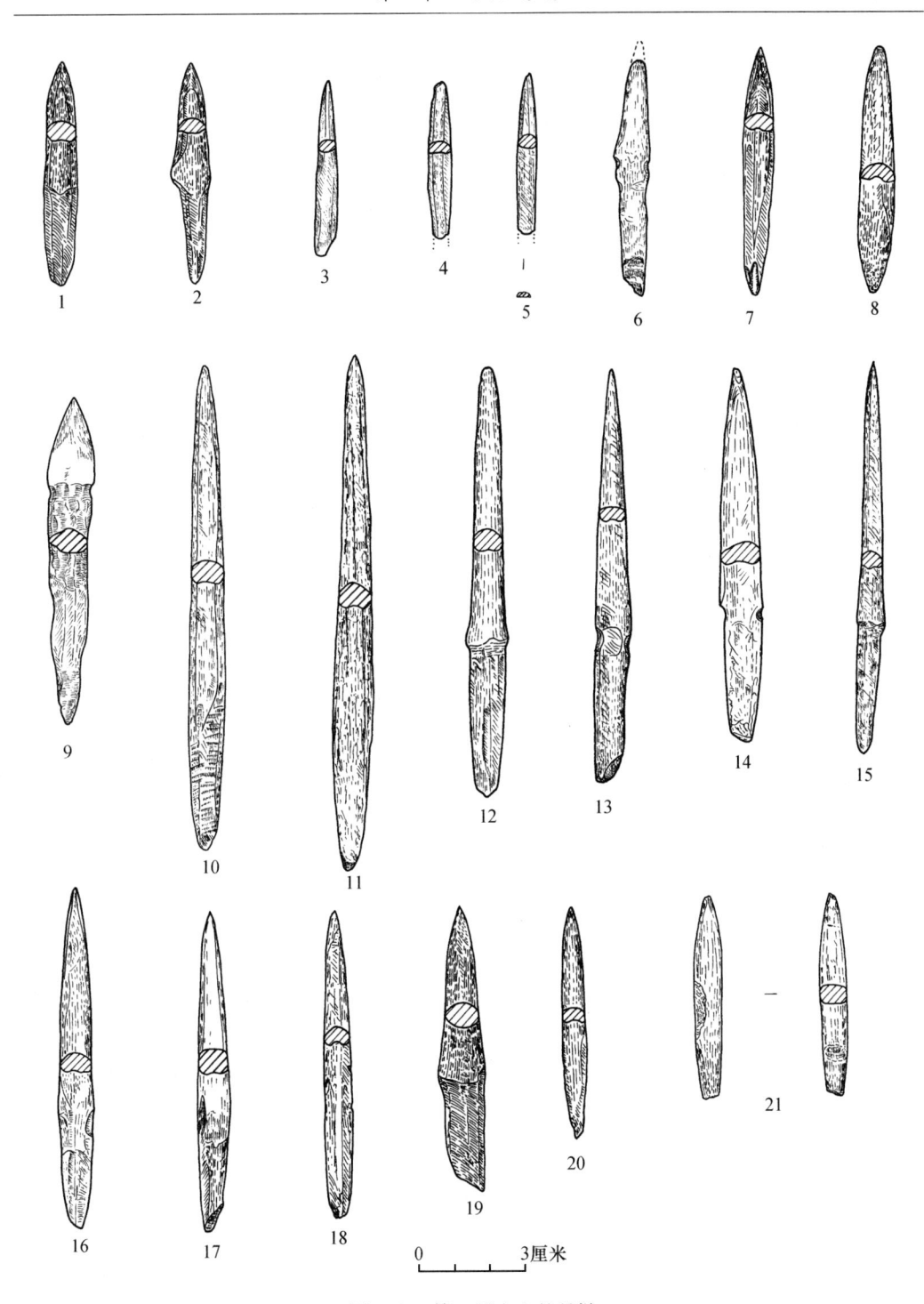

图五八 第 8 层出土的骨镞

1~5. A 型 I 式骨镞（T130⑧:1、T133⑧:14、T152⑧:6、T152⑧:14、T133⑧:5） 6~9. A 型 Ⅱ 式骨镞（T124⑧:9、T112⑧:7、T142⑧:15、T112⑧:8） 10~21. A 型 Ⅲ 式骨镞（T134⑧:20、T143⑧:6、T141⑧:4、T133⑧:11、T162⑧:9、T153⑧:4、T163⑧:3、T111⑧:13、T143⑧:16、T111⑧:18、T121⑧:23、T124⑧:5）

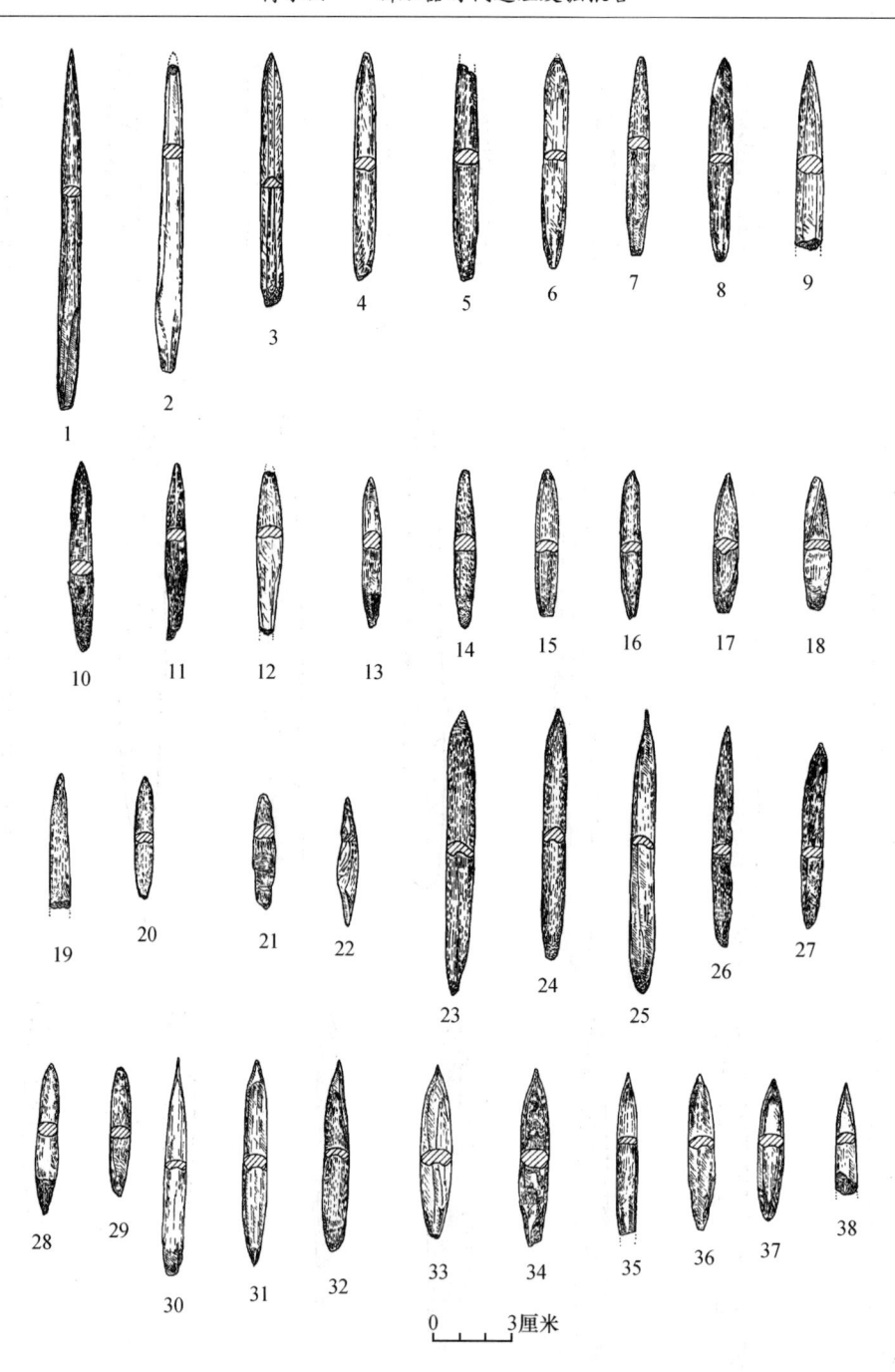

图五九　第8层出土的骨镞

1~13. B型Ⅰ式骨镞（T162⑧:16、T113⑧:6、T142⑧:25、T131⑧:25、T123⑧:16、T152⑧:15、T132⑧:6、T122⑧:6、T152⑧:1、T111⑧:3、T143⑧:7、T124⑧:23、T123⑧:12）　14~22. B型Ⅰ式骨镞（T152⑧:11、T111⑧:8、T132⑧:10、T114⑧:10、T114⑧:5、T143⑧:4、T124⑧:22、T161⑧:2、T114⑧:19）　23~29. B型Ⅱ式骨镞（T152⑧:3、T111⑧:10、T123⑧:5、T113⑧:7、T152⑧:9、T151⑧:4、T124⑧:8）　30~38. B型Ⅲ式骨镞（T130⑧:2、T142⑧:29、T114⑧:14、T124⑧:15、T132⑧:8、T152⑧:2、T111⑧:34、T111⑧:23、T152⑧:8）

（图五九，3；图版六九，24）。T131⑧：25，长8.3、宽0.8厘米（图五九，4；图版六九，25）。T123⑧：16，长8、宽0.9厘米（图五九，5；图版六九，26）。T152⑧：15，长7.6、宽0.9厘米（图五九，6；图版六九，27）。T132⑧：6，长7.2、宽0.8厘米（图五九，7；图版六九，28）。T122⑧：6，长7.5、宽0.8厘米（图五九，8；图版七〇，1）。T152⑧：1，长7、宽1.1厘米（图五九，9；图版七〇，2）。T111⑧：3，长7、宽0.9厘米（图五九，10；图版七〇，3）。T143⑧：7，长6.4、宽0.8厘米（图五九，11；图版七〇，4）。T124⑧：23，长6、宽0.9厘米（图五九，12；图版七〇，5）。T123⑧：12，长5.6、宽0.8厘米（图五九，13；图版七〇，6）。T152⑧：11，长5.7、宽0.8厘米（图五九，14；图版七〇，7）。T111⑧：8，长5.3、宽0.8厘米（图五九，15；图版七〇，8）。T132⑧：10，长5.5、宽0.8厘米（图五九，16；图版七〇，9）。T114⑧：10，长5.1、宽0.9厘米（图五九，17；图版七〇，10）。T114⑧：5，长4.9、宽1厘米（图五九，18；图版七〇，11）。T143⑧：4，长5、宽0.8厘米（图五九，19；图版七〇，12）。T124⑧：22，长4.5、宽0.7厘米（图五九，20；图版七〇，13）。T161⑧：2，长4.2、宽0.9厘米（图五九，21；图版七〇，14）。T114⑧：19，长4.6、宽0.8厘米（图五九，22；图版七〇，15）。

Ⅱ式：7件。锋铤略尖，呈梭形，个别横断面呈三角形。T152⑧：3，长10.5、宽1厘米（图五九，23；图版七〇，16）。T111⑧：10，长9.2、宽0.8厘米（图五九，24；图版七〇，17）。T123⑧：5，长10.5、宽0.9厘米（图五九，25；图版七〇，18）。T113⑧：7，长8.1、宽0.7厘米（图五九，26；图版七〇，19）。T152⑧：9，长6.7、宽0.8厘米（图五九，27；图版七〇，20）。T151⑧：4，长5.6、宽0.9厘米（图五九，28；图版七〇，21）。T124⑧：8，长4.7、宽0.8厘米（图五九，29；图版七〇，22）。

Ⅲ式：9件。锋尖细如针状，尾部方或钝尖状兼有，少数尾端仍刻细槽。T130⑧：2，长8、宽0.8厘米（图五九，30；图版七〇，23）。T142⑧：29，长7.5、宽1厘米（图五九，31；图版七〇，24）。T114⑧：14，长7.1、宽1厘米（图五九，32；图版七〇，25）。T124⑧：15，长6.3、宽1.3厘米（图五九，33；图版七〇，26）。T132⑧：8，长6.4、宽1.2厘米（图五九，34；图版七〇，27）。T152⑧：2，长5.9、宽0.8厘米（图五九，35；图版七〇，28）。T111⑧：34，长5.6、宽0.9厘米（图五九，36；图版七一，1）。T111⑧：23，长5.1、宽1厘米（图五九，37；图版七一，2）。T152⑧：8，长4.1、宽0.8厘米（图五九，38；图版七一，3）。

C型　25件。锥形镞，横断面多是圆形或是椭圆形。器表不光滑，磨痕显见。按照锋部的形状不同分三式。

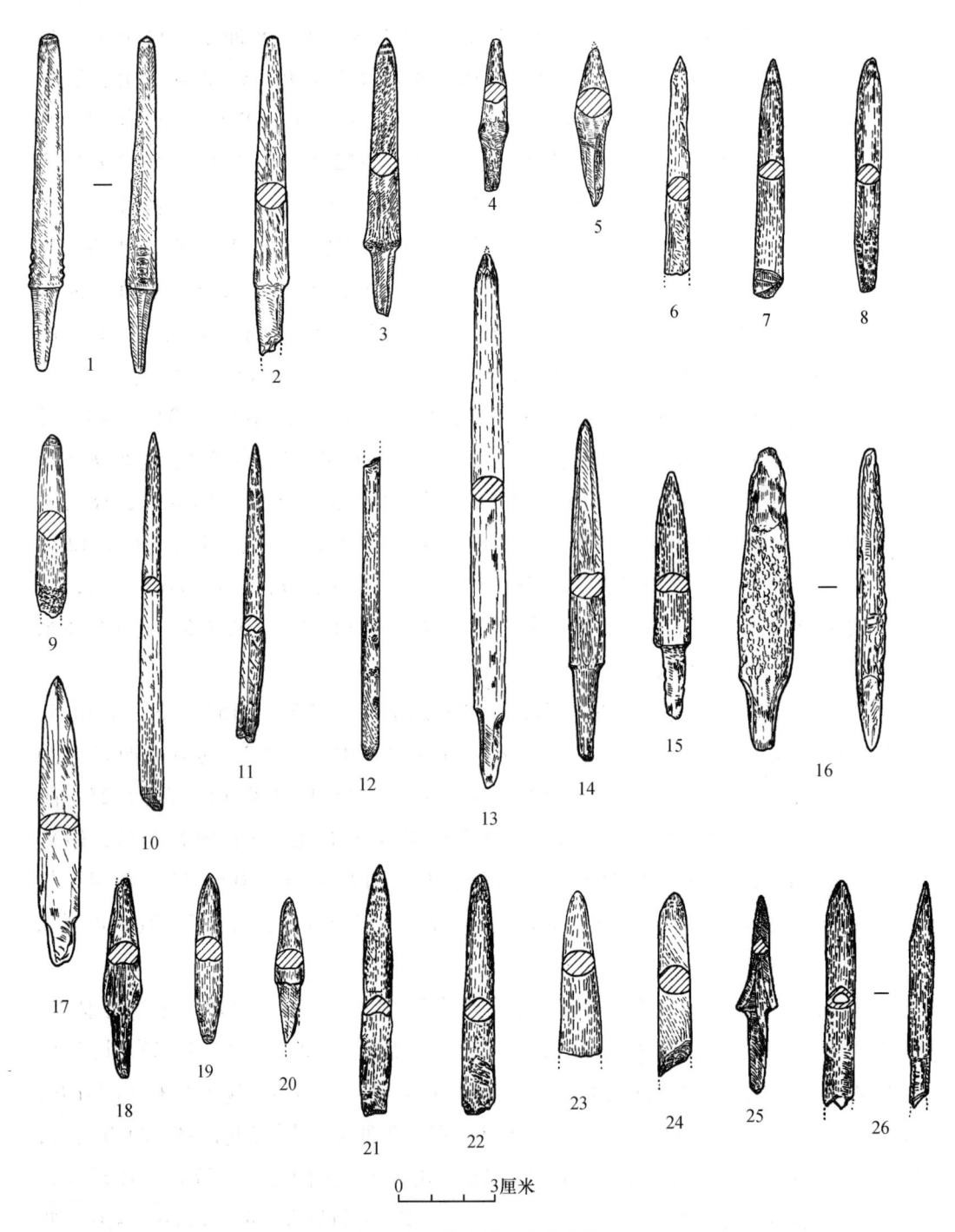

图六〇　第8层出土的骨镞

1~12. C型Ⅰ式骨镞（T131⑧:13、T134⑧:85、T132⑧:1、T133⑧:4、T121⑧:9、T153⑧:9、T132⑧:5、T123⑧:15、T111⑧:9、T133⑧:40、T142⑧:14、T143⑧:3）　13~24. C型Ⅱ式骨镞（T123⑧:12、T144⑧:18、T133⑧:23、T120⑧:2、T123⑧:9、T153⑧:6、T133⑧:39、T112⑧:11、T121⑧:21、T162⑧:14、T133⑧:16、T133⑧:15）　25. C型Ⅲ式骨镞（T120⑧:1）　26. D型骨镞（T142⑧:26）

Ⅰ式：12件。圆锥形长锋。细圆形短铤，锋尾端凸出。个别扁铤。T131⑧：13，锋的尾部两侧刻有四条凹槽。长10、宽1.1厘米（图六〇，1；图版七一，4）。T134⑧：35，长9.5、宽1厘米（图六〇，2；图版七一，5）。T132⑧：1，长8.2、宽1.1厘米（图六〇，3；图版七一，6）。T133⑧：4，长4.5、宽1.1厘米（图六〇，4；图版七一，7）。T121⑧：9，长4.8、宽1.1厘米（图六〇，5；图版七一，8）。T153⑧：9，残长6.5、宽0.8厘米（图六〇，6；图版七一，9）。T132⑧：5，锋乌黑光亮，扁铤。残长7、宽0.9厘米（图六〇，7；图版七一，10）。T123⑧：15，扁铤。长7、宽0.8厘米（图六〇，8；图版七一，11）。T111⑧：9，铤残。残长5.4、宽1厘米（图六〇，9；图版七一，12）。T133⑧：40，锋细长，扁铤宽于锋。长11.3、宽0.7厘米（图六〇，10；图版七一，13）。T142⑧：14，斜锋，扁铤。长8.9、宽0.7厘米（图六〇，11；图版七一，14）。T143⑧：3，锋尖残断，双面斜扁铤，锋铤交接处刻凹槽。残长9、宽0.5厘米（图六〇，12；图版七一，15）。

Ⅱ式：12件。锋的横断面呈椭圆形或是扁形，长锋短铤。表面粗糙，多为鹿角磨成。T123⑧：12，锋特长，铤特短。长15.9、宽1厘米（图六〇，13；图版七一，16）。T144⑧：18，长10.1、宽1.1厘米（图六〇，14；图版七一，17）。T133⑧：23，铤两侧有刻槽。长7.4、宽1厘米（图六〇，15；图版七一，18）。T120⑧：2，长9.2、宽1.5厘米（图六〇，16；图版七一，19）。T123⑧：9，锋尖起棱。长8.6、宽1.2厘米（图六〇，17；图版七一，20）。T153⑧：6，长6、宽1.2厘米（图六〇，18；图版七一，21）。T133⑧：39，长5、宽0.9厘米（图六〇，19；图版七一，22）。T112⑧：11，长4.3、宽0.8厘米（图六〇，20；图版七一，23）。T121⑧：21，横断面呈三角形。长7.5、宽0.9厘米（图六〇，21；图版七一，24）。T162⑧：14，残长7、宽1厘米（图六〇，22；图版七一，25）。T133⑧：16，残长4.9、宽1.3厘米（图六〇，23；图版七一，26）。T133⑧：15，残长5.4、宽1.1厘米（图六〇，24；图版七一，27）。

Ⅲ式：1件。锋的横断面接近三棱形。T120⑧：1，锋尖至锋尾呈纵向三角形，锋后部中脊凸起，锋长于铤，铤细圆。锋铤锉痕明显。长6、宽1.2厘米（图六〇，25；图版七一，28）。

D型　1件。管形镞。T142⑧：26，用禽骨制成。锋偏于一侧，横断面为环形。锋铤宽度一致，交接处有一道较深的刻槽加以区分，铤部背面削平，并与正面一样有细刻槽。长7、宽0.8厘米（图六〇，26；图版七一，29）。

凿　12件。大多利用动物的肢骨、尺骨或角制成，没有一定的型制，根据取材大小而就。一般只在使用的关键部位精磨成刃部。根据肢骨、尺骨和角制作的不同形状分为三型。

A型　7件。动物的肢骨制成。根据刃部的变化分为三式。

Ⅰ式：3件。平刃。扁平长条形，横断面呈凹槽，平顶，顶部锤击面清晰。刃部较宽。T133⑧:17，顶部宽厚，至刃口略有收窄和减薄，刃口较钝。长12.3、刃宽2.4厘米（图六一，1；图版七二，1）。T134⑧:33，刃宽顶窄，略呈梯形。长6.7、刃宽3.2厘米（图六一，2；图版七二，2）。T112⑧:22，顶宽刃窄，刃部加工成一个缺口。长11、刃宽1.4厘米（图六一，3；图版七二，3）。

Ⅱ式：1件。尖刃。器形细长，顶部厚实大于刃宽。T162⑧:8，长8.5、刃宽0.6厘米（图六一，4；图版七二，4）。

Ⅲ式：3件。圆刃。除了刃部磨制较为利薄以外，其余别无加工之处。不规整的长条形，横断面呈弧形。T120⑧:4，较锋利。长11、刃宽1.1厘米（图六一，5；图版七二，5）。T121⑧:15，上宽下窄，在器长三分之一起刃。长7.5、刃宽1.1厘米（图六一，6；图版七二，6）。T133⑧:10，长6.9、刃宽0.5厘米（图六一，7；图版七二，7）。

B型　3件。利用动物尺骨的自然形状加工而成。顶端多为圆形，有锤痕，按尺骨的下端修磨成的不同的尖状分三式。

Ⅰ式：1件。下端的外侧面削窄成尖。T111⑧:35，长19.5厘米（图六一，8；图版七二，8）。

Ⅱ式：1件。两侧面斜磨收尖。T112⑧:23，长9.8厘米（图六一，9；图版七二，9）。

Ⅲ式：1件。两侧面凹进，中间呈凸榫状，前端突出处磨成两面刃。T113⑧:14，长8、刃宽1厘米（图六一，10；图版七二，10）。

C型　2件。用鹿角的角尖单面磨制而成。T122⑧:10，角叉的连接件。长18.5厘米（图六一，11；图版七二，11）。T122⑧:11，细长弯曲，角尖斜面磨制光滑。长20厘米（图六一，12；图版七二，12）。

锥　9件。取材于动物的角或肢骨制成。在角锥的后端明显可见从裁留的痕迹。锥尖磨尖。按材质不同分二型。

A型　7件。均为角锥。横断面圆形，有些通体光滑，是使用过程中留下的痕迹。T123⑧:4，弧形，前部磨制光滑，后部有刀削的痕迹。长8.7厘米（图六二，1；图版七三，1）。T133⑧:2，弯弧形，前部圆形，后部椭圆形。长15.8厘米（图六二，2；图版七三，2）。T132⑧:7，残长5.9厘米（图六二，3；图版七三，3）。T114⑧:15，锥尖扁。残长14厘米（图六二，4；图版七三，4）。T123⑧:7，整体保留鹿角表面的凹凸状，尖部刻几道横向凹槽。长8.1厘米（图六二，5；图版七三，

第三章 文化遗存

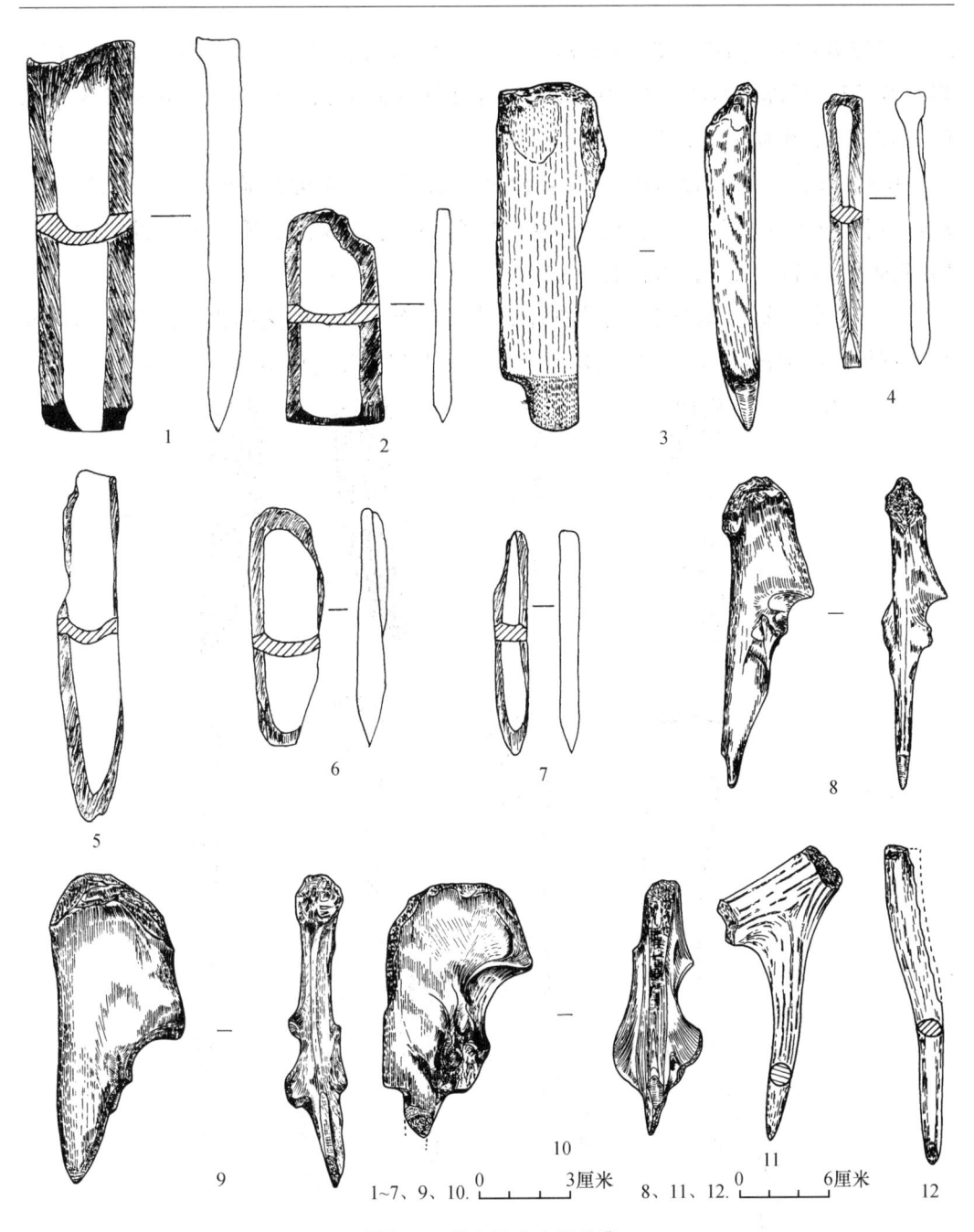

图六一 第8层出土的骨凿

1~3. A型Ⅰ式骨凿（T133⑧:17、134⑧:33、T112⑧:22） 4. A型Ⅱ式骨凿（T162⑧:8） 5~7. A型Ⅲ式骨凿（T120⑧:4、T121⑧:15、T133⑧:10） 8. B型Ⅰ式骨凿（T111⑧:35） 9. B型Ⅱ式骨凿（T112⑧:23） 10. B型Ⅲ式骨凿（T113⑧:14） 11、12. C型骨凿（T122⑧:10、T122⑧:11）

5）。T123⑧：17，前端有较多刻槽。长 7.2 厘米（图六二，6；图版七三，6）。T124⑧：37，后部有不规整刀削的痕迹，并在横断面上钻一个小孔。残长 7.8 厘米（图六二，7；图版七三，7）。

B 型　2 件。为肢骨形锥。T124⑧：19，长条形，尖刃，横断面呈三角形。长 7.9、宽 1 厘米（图版七三，8）。T143⑧：5，禽骨制成，细长光滑。锥尖扁。长 14.3 厘米（图六二，8；图版七三，9）。

笄　5 件。多为动物较厚的肢骨片磨成。器形规整，雕刻精细。前部呈圆锥或是扁锥体，后部横断面为扁形或是半圆形。其上刻有几何形图案。按形状分二型。

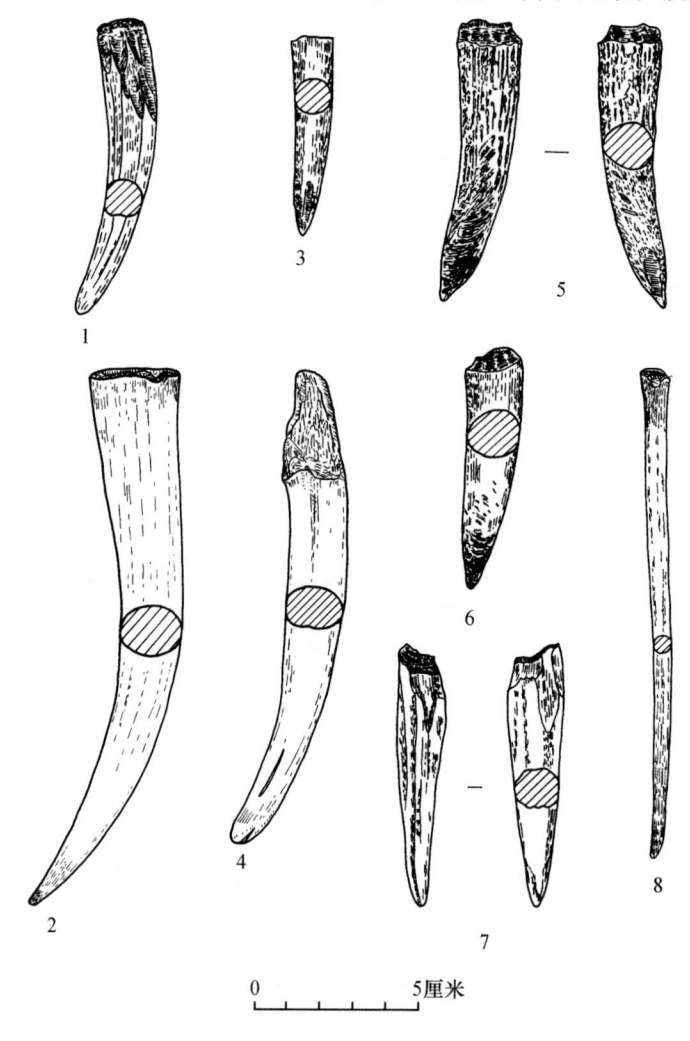

图六二　第 8 层出土的骨锥
1~7. A 型骨锥（T123⑧：4、133⑧：2、T132⑧：7、T114⑧：15、T123⑧：7、T123⑧：17、T124⑧：37）
8. B 型骨锥（T143⑧：5）

A 型　3 件。细长形。按横断面分二式。

Ⅰ式：1 件。横断面呈高球面状。T162⑧：4，器长中后部有一节鼓出，成为全器的最宽处，由此及尾，两侧内弧和正面凹弧，背部侧斜，尾端上翘。后部刻有斜向编织纹和弦纹。长 12.1、宽 1.1 厘米（图六三，1；图版七三，10）。

Ⅱ式：2 件。横断面扁形或是半圆形。T152⑧：13，前部扁锥形，后半残断。其上刻斜线编织纹。残长 6.8、宽 1.1 厘米（图六三，2；图版七三，11）。T112⑧：10，前半残断，后部横断面呈半圆形。其上刻两组三重线对置三角形纹，中间用双弦纹加短线间隔，尾部斜向编织纹和两条勾尾纹。残长 5.2、宽 1.2 厘米（图六三，3；图版七三，12）。

B 型　1 件。前半细圆。T120⑧：3，中部以后逐渐过渡至扁宽。中后部刻弦纹与斜线间隔组合纹饰。长 12.3、尾宽 1.5 厘米（图六三，4；图版七四，1）。

C 型　1 件。前半细扁。T111⑧：12，中部变宽出双肩，斜宽至尾。长 10.6、尾宽 2 厘米（图六三，5；图版七四，2）。

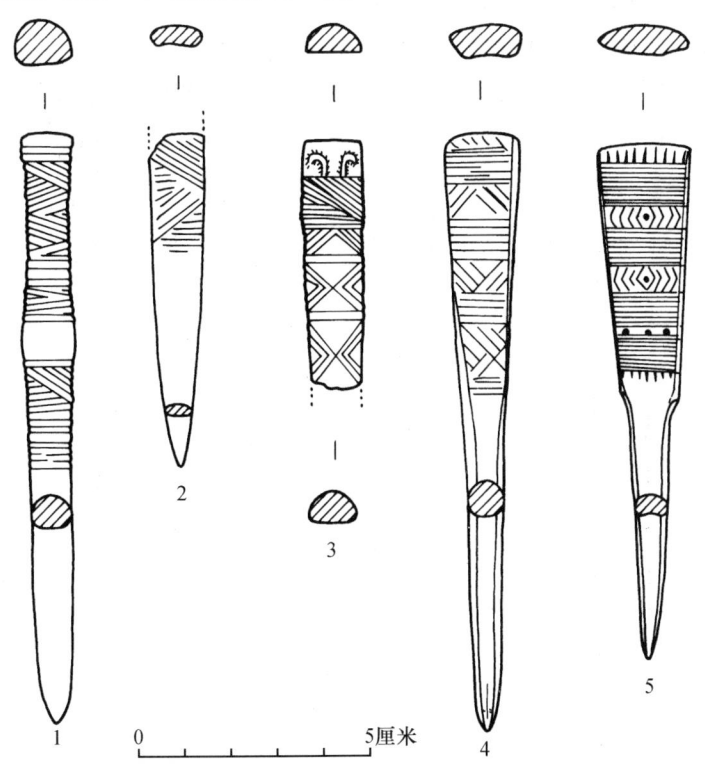

图六三　第 8 层出土的骨笄

1. A 型Ⅰ式骨笄（T162⑧：4）　2、3. A 型Ⅱ式骨笄（T152⑧：13、T112⑧：10）　4. B 型骨笄（T120⑧：3）
5. C 型骨笄（T111⑧：12）

匕　6件。取材于动物肋骨，将肋骨纵向对剖后磨制而成。根据器物的形状分为二型。

A型　5件。圆舌形，尾端平刹。后部有的钻一小孔，按照舌部的特点分三式。

Ⅰ式：1件。舌宽大于器身。T133⑧：47，通体细长，其后纵向呈弧形收敛变窄。尾端上边略翘，呈把手状。圆舌和下边锋利。长25.3、宽2.5厘米（图六四，1；图版七四，3）。

Ⅱ式：3件。舌宽等于或小于器身。器身长短不一，有的后部钻一小孔。T142⑧：22，全器等宽，细长，略显弯曲，近尾部有一个小孔。舌尖较利。长27.8、宽2.1厘米（图六四，2；图版七四，4）。T143⑧：20，舌较小，其后由窄变宽，尾部钻有个小孔。全器略有弯弧、光滑。长14、尾宽2.9厘米（图六四，3；图版七四，5）。T144⑧：13，器短较平，尾端截断明显。长8.8、宽2.6厘米（图六四，4；图版七四，6）。

Ⅲ式：1件。前舌较薄，向后变宽变厚。T134⑧：34，鹿角制成，横断面呈圆弧形，外表光滑。残长13、最宽2.7厘米（图六四，5；图版七四，7）。

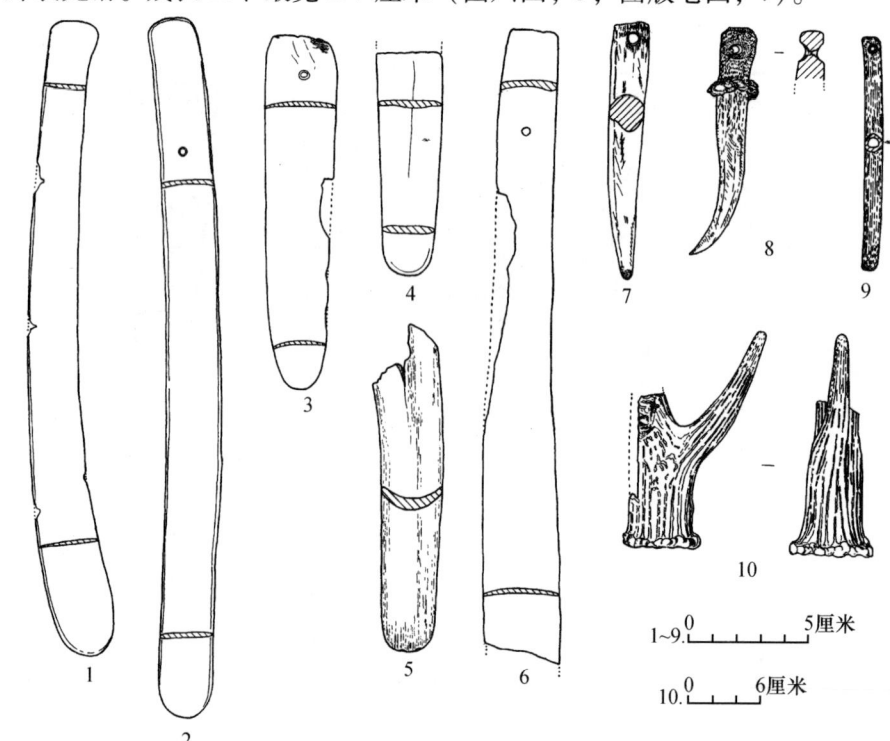

图六四　第8层出土的骨匕、坠饰、骨哨、角锤

1. A型Ⅰ式骨匕（T133⑧：47）　2~4. A型Ⅱ式骨匕（T142⑧：22、T143⑧：20、T144⑧：13）　5. A型Ⅲ式骨匕（T134⑧：34）　6. B型骨匕（T153⑧：11）　7. Ⅰ式坠饰（T132⑧：17）　8. Ⅱ式坠饰（T112⑧：25）　9. 骨哨（T113⑧：15）　10. 角锤（T121⑧：35）

B型　1件。器身较宽，两侧锋利，尾部呈执手状。T153⑧：11，前部残。较窄而厚，钻一个小孔。残长25.4、宽3.1厘米（图六四，6；图版七四，8）。

坠饰　2件。按角尖的样式分二式。

Ⅰ式：1件。角尖较直。T132⑧：17，截鹿角尖一段，挖空截面顶端内腔，侧钻一个小孔。长10.5、径1.5厘米（图六四，7；图版七四，9）。

Ⅱ式：1件。角尖呈弯弧状。T112⑧：25，鹿角制成，保留自然的角环，鹿角根部横断面加工成椭圆形，近顶端正反两条凹槽，槽内钻一个小孔。长9厘米（图六四，8；图版七四，10）。

哨　1件。T113⑧：15，禽骨一段，中空，近端的横侧面钻一个小孔。长9.2、直径0.7厘米（图六四，9；图版七四，11）。

角锤　1件。利用梅花鹿角的自然形状做成。T121⑧：35，将眉枝作为握手的柄，角叉与手的虎口正好吻合。利用主枝的重量，将鹿的角环作为锤击面，并有光滑的锤痕。长18、角环直径6.5厘米（图六四，10；图版七四，12）。

柄形器　3件。均用鹿角制成，按器形分二型。

A型　2件。长条形。取长鹿角一条，去掉分叉，略经修磨，在其上刻有纹饰。T124⑧：13，残件。在一段上周体刻有斜向编织纹。残长22.3厘米（图六五，1；图版七五，1）。T132⑧：18，一根细长呈弯曲的鹿角，去掉了两个分叉，整体光滑。近角环处刻有六道凹槽，并在凹槽的上方穿过角环钻了一个斜向的孔。可能为系绳子所用。残长40厘米（图六五，2；图版七五，2）。

B型　1件。倒凹形。取鹿角一段，挖空角心，呈管状，两端保留圆形，将中间取掉大半个球面。T141⑧：5，其中一端的圆孔残。长10.5、凹口宽5.6厘米（图六五，3；图版七五，3）。

蝶形器　2件。残件。均为象牙质地。T151⑧：2，仅为椭圆形的左侧一翼，正面弧形，背面平。翼的一侧连接处正背面有两条圆底凹槽，较为光滑。翼上有一个

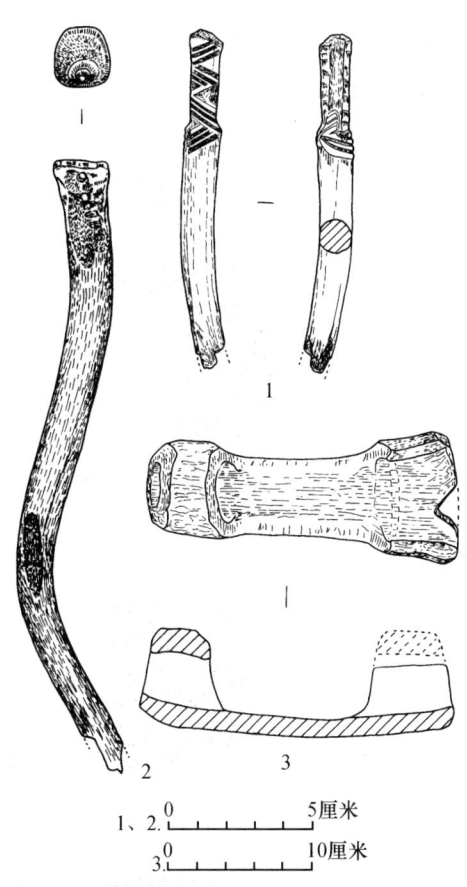

图六五　第8层出土的柄形器
1、2. A型柄形器（T124⑧：13、T132⑧：18）
3. B型柄形器（T141⑧：5）

· 94 ·　　　　　　　　　傅家山——新石器时代遗址发掘报告

椭圆形孔。残长6.3、宽6.5、厚0.8厘米（图六六，1；图版七五，4）。T130⑧:7，翼上的一部分，其上刻一只回首的鹰纹，鹰首边侧有一个近似三角形的孔。残长4、宽3厘米（图六六，2；图版七五，5）。

鹰首　1件。T121⑧:13，象牙双面圆雕，勾咀，宽鼻，圆眼，细颈。以同心圆纹为眼部装饰，纵横刻线作颈部羽毛装饰。长3.7、宽2.8厘米（图六六，3；图版七五，6）。

靴形器　1件。T142⑧:12，取材鹿角交枝分叉一段，剖去外侧面的一半，约呈85°角。两侧修直，内侧转折的直向杈柄被削去弧面呈扁平状，上端较薄，钻有一孔。横向杈制成尖圆形的足状。长6.1、宽4、厚2厘米（图六六，4；图版七五，7）。

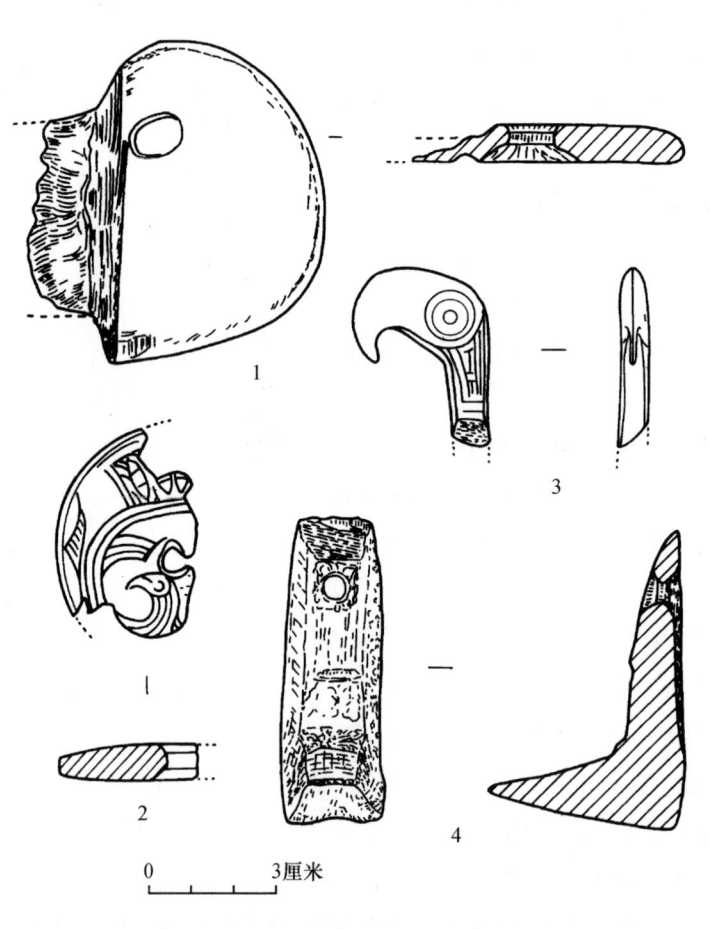

图六六　第8层出土的蝶形器、鹰首、靴形器
1、2. 蝶形器（T151⑧:2、T130⑧:7）　3. 鹰首（T121⑧:13）　4. 靴化器（T142⑧:12）

（四）木器

共计13件。分轴杆、矛、锛柄、蝶（鸟）形器等。

轴杆 7件。根据器形分二型。

A型 5件。圆木棒，中间粗，往两端逐渐减细，呈尖状。按两端不同分二式。

Ⅰ式：3件。一端圆尖，另一端扁尖。T141⑧:26，扁尖略有弯曲，圆尖削痕明显。长25.2、直径1.4厘米（图六七，1；图版七六，1）。T142⑧:16，尖端较锐。长24.7、直径1.2厘米（图六七，2；图版七六，2）。T123⑧:11，中间至一端略呈扁圆，圆尖端残。残长23、直径1.4厘米（图六七，3；图版七六，3）。

Ⅱ式：2件。两端圆尖，另一端呈榫状。T152⑧:12，中段等粗，两端锐细，其中一端抠出圆状小榫。长20、直径1.2厘米（图六七，4；图版七六，4）。T121⑧:7，中段扁圆。长19.6、直径1.3厘米（图六七，5；图版七六，5）。

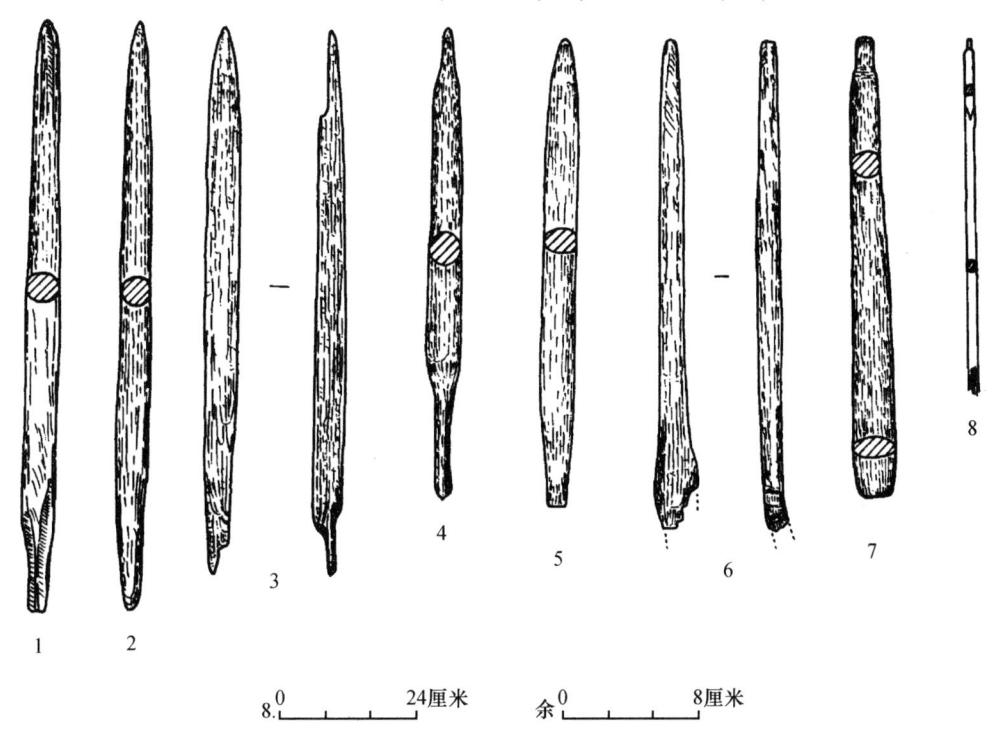

图六七 第8层出土的木轴杆

1~3. A型Ⅰ式木轴杆（T141⑧:26、T142⑧:16、T123⑧:11） 4、5. A型Ⅱ式木轴杆（T152⑧:12、T121⑧:7）
6、7. B型Ⅰ式木轴杆（T112⑧:9、T121⑧:3） 8. B型Ⅱ式木轴杆（T111⑧:14）

B型　3件。圆木棒加工成圆扁木或是圆方木，细端有小榫。分扁圆与细长二式。

Ⅰ式：2件。扁圆木棒。细端圆形，宽端扁圆。T112⑧：9，宽端残。残长21、直径2厘米（图六七，6；图版七六，6）。T121⑧：3，细圆的顶端有个圆形小榫。长20、直径1.7厘米（图六七，7；图版七六，7）。

Ⅱ式：1件。细长圆木棒。T111⑧：14，在全长的五分之一处加工成方形，方形的顶端有一小榫。圆端残。残长62、圆径2.5厘米（图六七，8；图版七六，8）。

矛　2件。横断面椭圆形，锋部收窄扁尖。T143⑧：13，残长14、直径1.7厘米（图六八，1；图版七七，1）。T142⑧：24，残长18、宽2厘米（图六八，2；图版七七，2）。

锛柄　1件。T111⑧：39，取分杈的木枝一段，呈"V"形状，粗杈顶端榫状，上皮削平，用于捆绑斧或锛的石质工具，细杈较长，用作手柄。手柄残，绑体断面椭圆。长16、宽4厘米（图六八，3；图版七七，3）。

镞　1件。T132⑧：4，长锋短铤，横断面锋呈三棱形，铤圆形，锋尖后有束节。长10.7、径0.7厘米（图六八，4；图版七七，4）。

蝶（鸟）形器　1件。T111⑧：38，形似张翼的蝶，上宽呈椭圆形，与下翼相连处内弧收窄。上翼四周四个小孔，下翼边两个小孔。从下翼尾端至上翼中部有一由深及浅的凹槽。宽19、高12.5、厚0.6厘米（图六八，5；图版七七，5）。

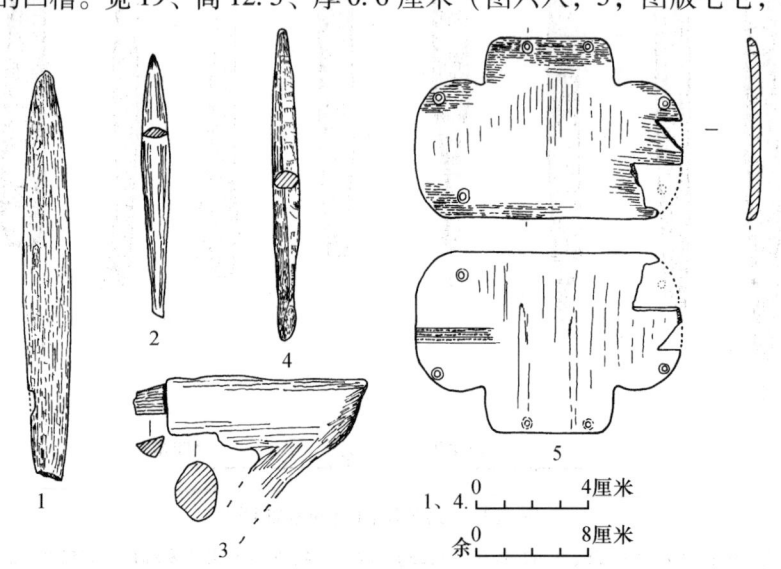

图六八　第8层出土的木矛、木镞、锛柄、木蝶形器
1、2. 木矛（T143⑧：13、T142⑧：24）　3. 锛柄（T111⑧：39）　4. 木镞（T132⑧：4）
5. 木蝶形器（T111⑧：38）

第二节 第7层

一、遗 迹

第7层的遗迹主要是木础立柱。木础立柱是不同于木构建筑基址的另类建筑形式。所谓木础立柱，即是立柱的底部垫有木板，木板平面面积远大于柱底面积，木柱的荷载重力传至木板，以防木柱受重后下沉，充当柱子的基础。这种立柱方法，必须要先挖柱洞，洞底垫上木板，在木板上立柱，用挖起的原土回填，又将多余的土铺在了洞口，以增加埋柱的深度。该层发现的4根木柱都是经过精细加工，横截面呈方形或长方形，平底，立于木础之上。

（一）木础立柱的出土状况

4根木柱分别位于T132、T121、T122，编号⑦Z1～⑦Z4。柱洞开口于第7层下，打破第8层，直至生土。木柱之间平面上形成基本等距离的长方形，方向北偏西25°。⑦Z1～⑦Z3相距5.1米，⑦Z2～⑦Z4相距4.9米，⑦Z1～⑦Z2宽3.5米，⑦Z3～⑦Z4宽3.6米。

⑦Z1　位于T132，柱洞平面呈圆形，直径1.25米。洞壁平坦较浅，深0.26米。柱子残高0.82米。截面长方形，0.25米×0.18米。柱子底部垫木板，长0.3、宽0.13、厚0.06米。另有两木板略呈倾斜状顶着柱子，木板分别长0.42、宽0.13、厚0.02米，长0.5、宽0.25米。柱洞内还打有两根木桩，可能也是加固柱子的作用（图六九，1；图版七八，1）。

⑦Z2　位于T121，柱洞平面呈圆形，直径1.05米。斜壁平底，深0.54米。柱子残高0.92米，截面长方形，0.26米×0.15米。柱子底部直至生土下0.12米，柱底垫木板，长0.36、厚0.03米（图六九，2；图版七八，2）。

⑦Z3　位于T122，柱洞平面呈圆形，直径0.64米。洞壁直壁平底。柱子残高0.95米，截面近方形，直径0.26米。柱子底部在生土面上垫木板，长0.44、厚0.02米（图六九，3；图版七九，1）。

⑦Z4　位于T122，柱洞平面呈圆形，直径1.32米。洞壁锅底状，洞深0.26米。柱子残高0.89米，截面方形，直径0.15米。柱子底部生土面上垫木板，宽0.15、厚0.03米（图六九，4；图版七九，2）。

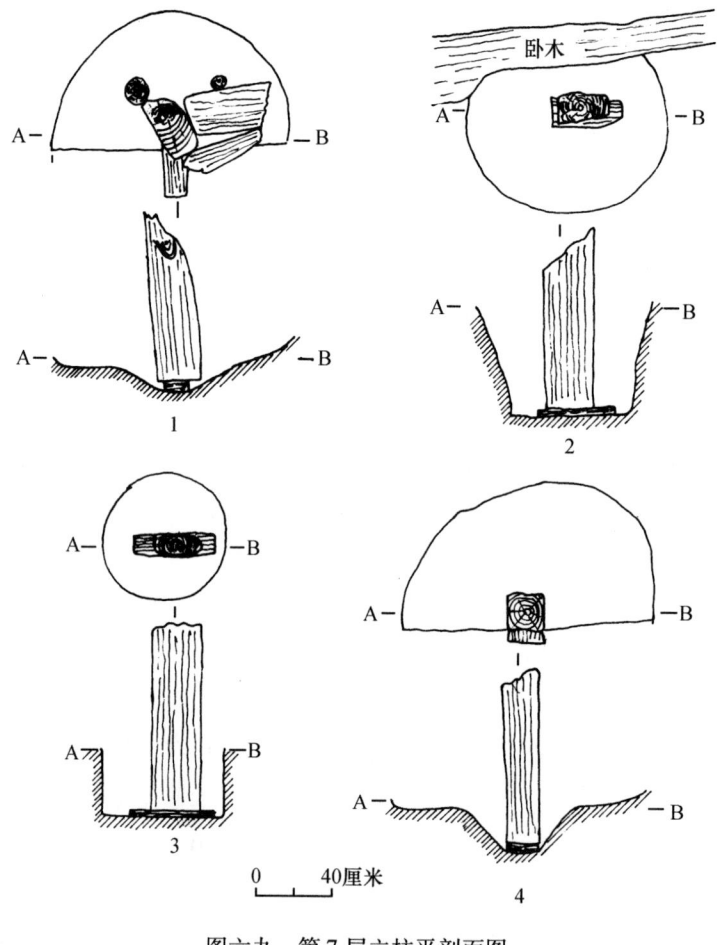

图六九　第7层立柱平剖面图
1~4. ⑦Z1~⑦Z4

（二）木础立柱的基本认识

四根木础立柱，平面上为长方形，相互联系起来看，可能为开间式单体建筑。理由是：第一，四柱处于同一层位的水平高度，长宽度基本相对应。第二，四柱为一建筑开间，每根立柱外表经过加工处理，截面呈方形或长方形，柱子粗而直，且每根柱子底部都以木板作为柱础，用来承接相同的荷载。第三，用柱础为承重建筑载体的形式被以后发展的地面建筑直接继承和发展。

二、遗 物

（一）陶器

第7层陶系与第8层相比，发生了一些变化，夹炭黑陶的数量明显减少，夹砂灰陶的数量有了较大的增加（附表一）。陶器类型出现个别新器型外，其余基本沿袭第8层，釜的数量仍占有绝对的优势，其次罐（瓮）、盆、盘、钵、器盖和纺轮依次递减。由于第7层器型与第8层较多类同，因此，每类器型的分型分式续接第8层划分。第7层完整器和复原器共计32件。

敞口釜 5件。包括四型。

A型Ⅲ式：1件。斜肩。T112⑦:3，夹炭黑陶。敞口，束颈。肩腹之间有凸脊，口颈之间有单桥状耳，器型较矮，腹径大于器高。底部划绳纹。高10.3、口径10.5厘米（图七〇，1；图版八〇，1）。

A型Ⅴ式：1件。鼓肩。T131⑦:1，夹炭黑陶。敞口，束颈，扁圆腹，器型矮胖，口腹之间有单桥状耳。底部有绳纹。高10、口径10厘米（图七〇，2；图版八〇，2）。

D型Ⅱ式：1件。颈部较长，约占器身高度的四分之一。T141⑦:1，夹砂灰陶。敞口，折肩，弧腹。腹与底满施绳纹。高17.5、口径24厘米（图七〇，3；图版八〇，3）。

E型Ⅰ式：1件。矮颈，深鼓腹。T141⑦:2，夹砂黑陶。敞口侈沿，溜肩，凸脊。底部饰绳纹。高19、口径22厘米（图七〇，4；图版八〇，4）。

F型Ⅰ式：1件。弧腹。T151⑦:10，夹炭黑陶。敞口，短颈，斜肩，凸脊。颈壁饰对称齿状小鋬耳，肩腹之间饰凸脊。脊上两周斜短线纹，腹至底部饰绳纹。高16、口径18.5厘米（图七〇，5；图版八〇，5）。

直口釜 C型Ⅰ式：1件。无肩。T130⑦:1，夹砂灰陶。直口，斜颈内收，矮腹，呈束腰形。口与颈、肩与腹之间各有凸脊。底部饰绳纹。高18.8、口径18.6厘米（图七一，1；图版八〇，6）。

敛口釜 3件。

B型Ⅰ式：1件。溜肩，颈腹交接处饰凸脊。夹炭黑陶。T123⑦:5，折敛口，短颈，小口，深腹。口和肩均用斜短线和多条弦纹组合，底部饰绳纹。高22.5、口径14.5厘米（图七一，2；图版八一，1）。

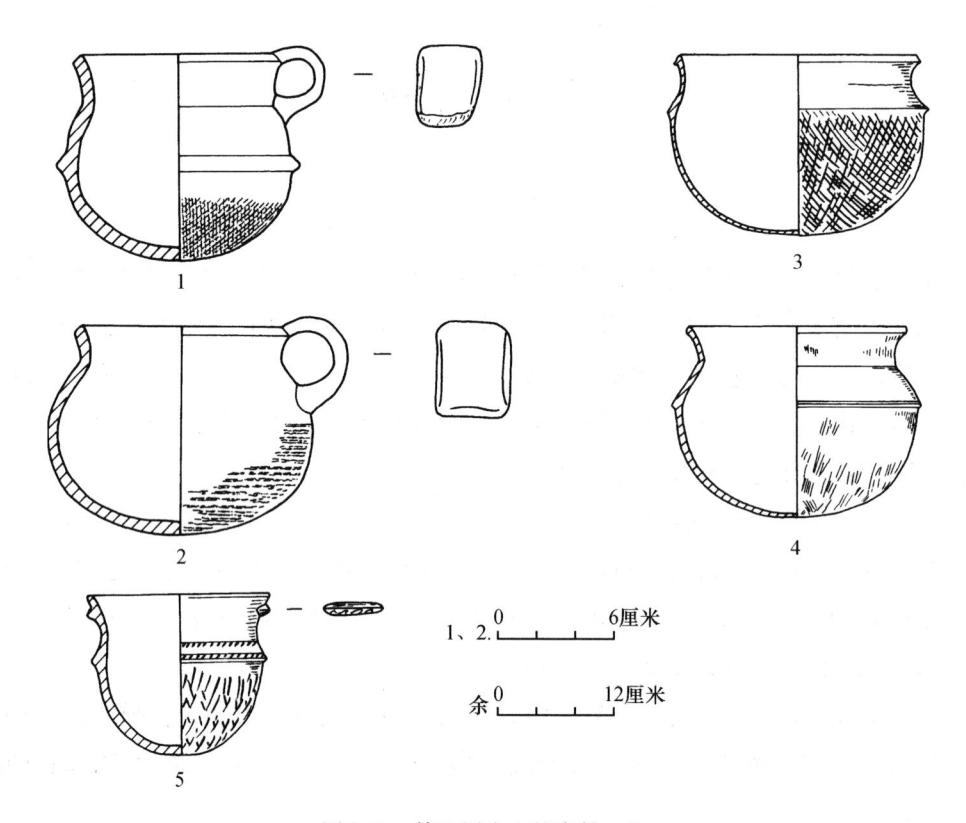

图七〇　第 7 层出土的陶敞口釜
1. A 型Ⅲ式敞口釜（T112⑦:3）　2. A 型Ⅴ式敞口釜（T131⑦:1）　3. D 型Ⅱ式敞口釜（T141⑦:1）
4. E 型Ⅰ式敞口釜（T141⑦:2）　5. F 型Ⅰ式敞口釜（T151⑦:10）

C 型Ⅱ式：1 件。口径与腹径基本一致，最大腹径在器物的中部，明显连肩凸脊。T113⑦:1，夹炭黑陶。折敛口，粗颈斜直。斜肩凸脊。口和肩饰相同的五周弦纹和一周斜短线纹，底部饰绳纹。高 19、口径 19.5 厘米（图七一，3；图版八一，2）。

C 型Ⅲ式：1 件。颈较高，口径大于腹径，最大腹径在器物的中部或中部偏下，凸脊较不明显。T141⑦:3，夹砂黑陶。折敛口，颈斜直较高，斜肩，小腹。底部饰绳纹。高 17、口径 19 厘米（图七一，4；图版八一，3）。

釜形罐　2 件，仅见于第 7 层。按最大腹径的位置分二式。

Ⅰ式：1 件。最大腹径在上腹部。T123⑦:1，夹炭黑陶。敞口，束颈，弧腹，小平底。高 9.5、口径 10 厘米（图七一，5；图版八一，4）。

Ⅱ式：1 件。最大腹径下垂在中下部。T112⑦:2，夹砂灰陶。敞口，束颈，弧腹，平底。高 8、口径 9.2 厘米（图七一，6；图版八一，5）。

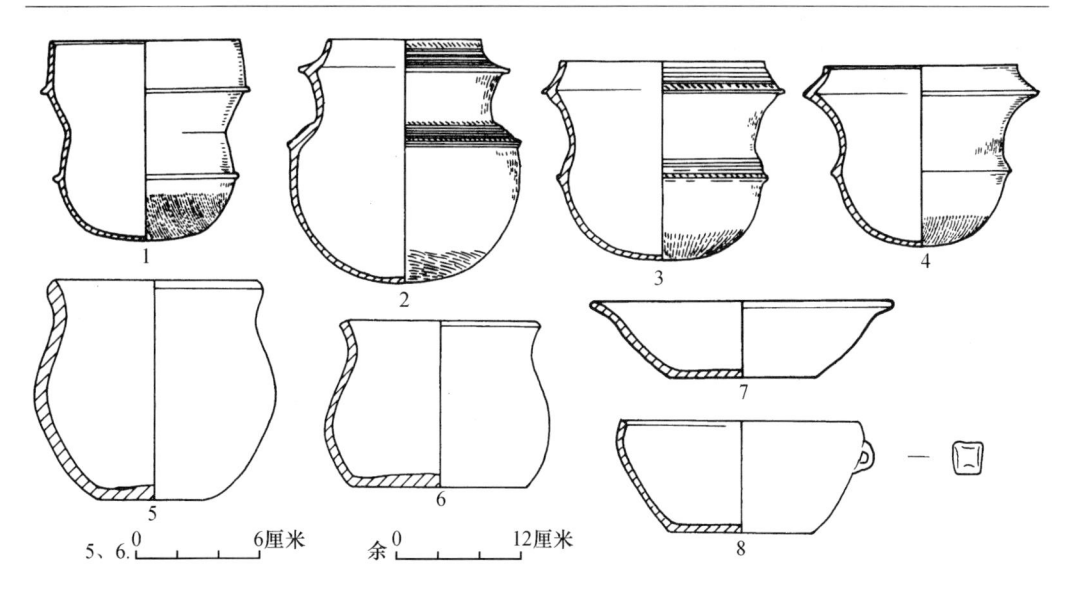

图七一 第7层出土的陶直口釜、陶敛口釜、陶釜形罐、陶敞口盆、陶敛口盆
1. C 型 I 直口釜（T130⑦:1） 2. B 型 I 式敛口釜（T123⑦:5） 3. C 型 II 式敛口釜（T113⑦:3） 4. C 型 III 式敛口釜（T141⑦:3） 5. A 型 I 式釜形罐（T123⑦:1） 6. A 型 II 式釜形罐（T112⑦:2） 7. B 型敞口盆（T124⑦:1） 8. B 型 II 式敛口盆（T132⑦:1）

盆 2件。有敞口和敛口两类。

敞口盆 B 型 1 件。侈口，沿较窄。T124⑦:1，夹炭黑陶。敞口，侈沿，腹斜收，平底。高7.5、口径29厘米（图七一，7；图版八一，6）。

敛口盆 B 型 II 式：1 件。仅见第 7 层。腹壁上有单桥状耳。T132⑦:1，夹炭黑陶。敛口，弧腹斜收，平底。高10.4、口径22.8厘米（图七一，8；图版八二，1）。

平底盘 2件。

C 型 I 式：1件。弧敛口，圆唇。T124⑦:3，夹炭黑陶。折敛口，腹壁斜收，平底。高7.6、口径24厘米（图七二，1；图版八二，2）。

C 型 IV 式：1件。弧敛口，方唇。仅见第 7 层。T153⑦:3，夹炭黑陶。浅腹，平底。口沿外侧有四个对称的微凸小錾耳。高5.2、口径18.5厘米（图七二，2；图版八二，3）。

圈足盘 A 型 I 式：1件。敞口。T161⑦:2，夹炭黑陶。折沿，外沿高于内沿，呈斜宽略内凹的沿面。深腹，腹壁斜直，小底，圈足残。残高9、口径27.3厘米（图七二，3；图版八二，4）。

钵 6件。分敛口钵和敞口钵两类。

敛口钵 5件。有二型。

A型Ⅱ式：3件。口沿较窄。腹斜直内收，敛口，平底。T123⑦：2，夹炭黑陶。高9、口径20.5厘米（图七二，4；图版八二，5）。T152⑦：6，夹炭黑陶。高7、口径17.5厘米（图七二，5；图版八二，6）。T133⑦：2，夹炭黑陶。高6、口径15厘米（图七二，6；图版八三，1）。

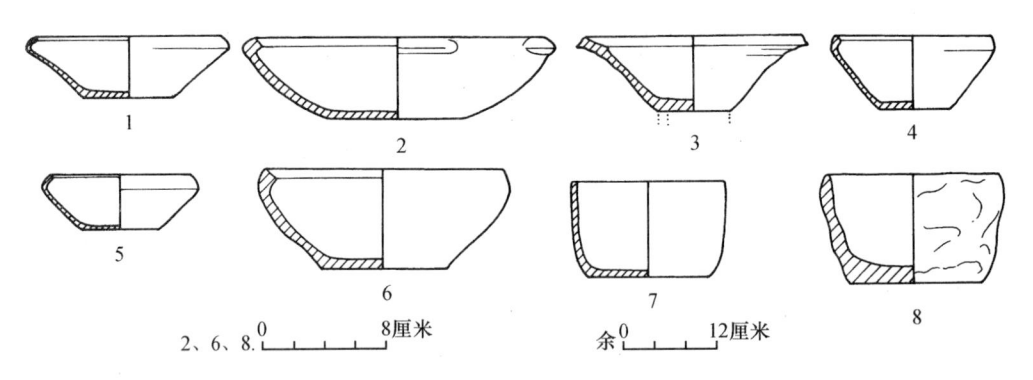

图七二　第7层出土的陶平底盘、陶圈足盘、陶敛口钵
1. C型Ⅰ式平底盘（T124⑦：3）　2. C型Ⅳ式平底盘（T153⑦：3）　3. A型Ⅰ式圈足盘（T161⑦：2）
4~6. A型Ⅱ式敛口钵（T123⑦：2、T152⑦：6、T133⑦：2）　7、8. D型Ⅰ式敛口钵（T153⑦：8、T153⑦：4）

D型Ⅰ式：2件。弧腹，腹下垂。筒形，口径略大于底径。T153⑦：8，夹炭黑陶。高11.5、口径19.5厘米（图七二，7；图版八三，2）。T153⑦：4，夹炭黑陶。高6.5、口径11厘米（图七二，8；图版八三，3）。

敞口钵　B型Ⅰ式：1件。圆口。单耳，斜直腹，平底。T153⑦：6，夹炭黑陶。敞口。口沿至腹部有一半圆形宽耳。高9.5、口径18厘米（图七三，1；图版八三，4）。

碗　A型Ⅰ式：1件。斜直腹。T133⑦：1，夹炭黑陶。敞口，平底。高5.5、口径15厘米（图七三，2；图版八三，5）。

器盖　3件。包括三型。

A型Ⅰ式：1件。顶部为半环形纽。T153⑦：5，夹炭黑陶。覆钵形，平顶，斜腹，盖沿外撇。高11、盖径21.5厘米（图七三，3；图版八三，6）。

C型Ⅰ式：1件。扁平状，盖沿略有凸起，盖顶有半环形纽。T143⑦：1，夹炭灰陶。扁平形，盖沿高于盖体，顶按半环形纽。高3.8、直径14厘米（图七三，4；图版八四，1）。

D型1件。倒梯形，盖面和盖底均有内凹，盖面上有较高的半圆形纽。仅见第7层。T153⑦：7，夹炭黑陶。高5.6、直径12厘米（图七三，5；图版八四，2）。

纺轮　5件。

A型Ⅰ式：1件。上侧面弧形。T151⑦：6，夹炭黑陶。扁平形。直径5、厚0.8厘米（图七四，1；图版八四，3）。

第三章 文化遗存

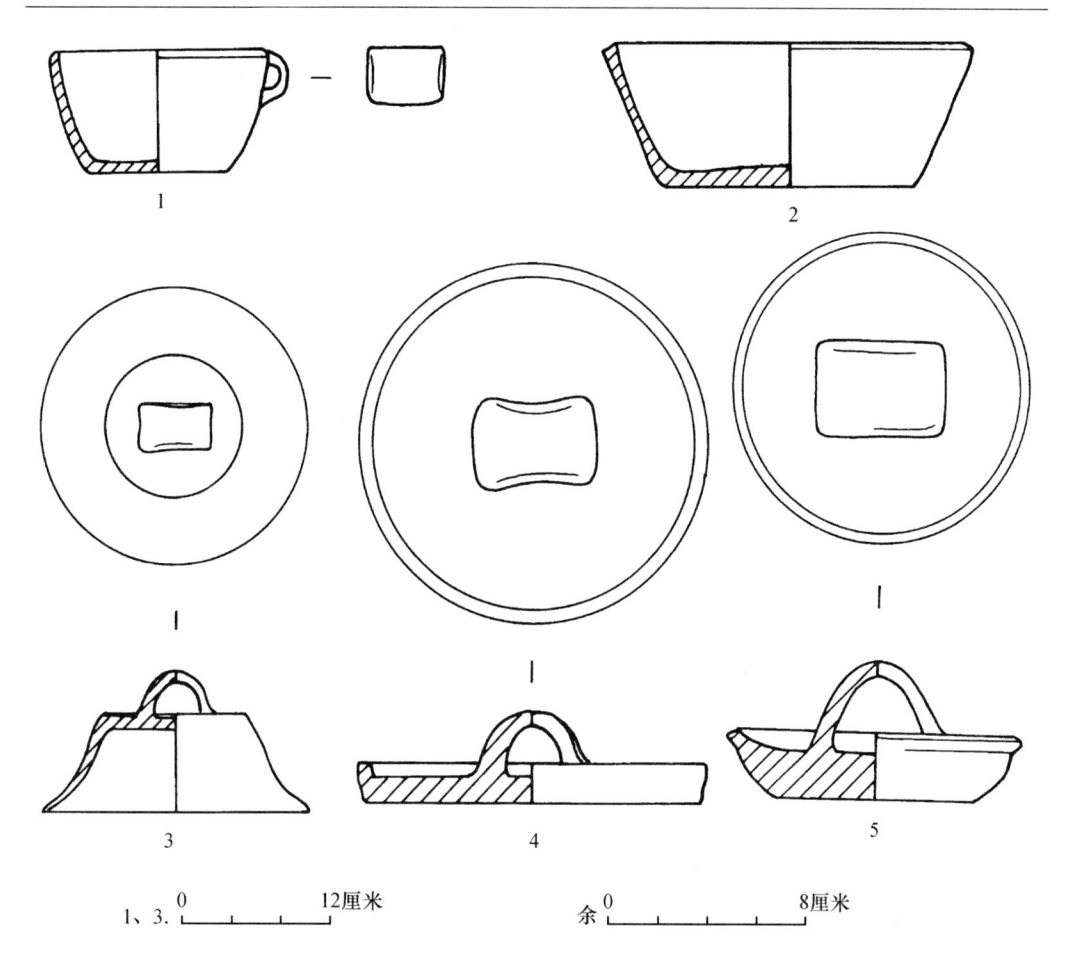

图七三 第7层出土的陶敞口钵、陶碗、陶器盖
1. B型Ⅰ式敞口钵（T153⑦:6） 2. A型Ⅰ式碗（T133⑦:1） 3. A型Ⅰ式器盖（T153⑦:5）
4. C型Ⅰ式器盖（T143⑦:1） 5. D型器盖（T153⑦:7）

A型Ⅱ式：3件。上侧面扁平。T152⑦:1，夹炭黑陶。直径6.4、厚1.1厘米（图七四，2；图版八四，4）。T152⑦:5，夹砂灰陶。直径6.5、厚1厘米（图七四，3；图版八四，5）。T151⑦:2，夹砂灰陶。直径4、厚1厘米（图七四，4；图版八四，6）。

C型 1件，仅见第7层。断面呈梯形。T161⑦:1，夹砂灰陶。下底径2.5、上底径3.4、厚1.8厘米（图七四，5；图版八四，7）。

兽形塑 1件。T123⑦:4，残件，夹砂灰陶。头部较长，上顶弧形，两侧附加两只大眼睛。残长7.5厘米（图七四，6；图版八四，8）。

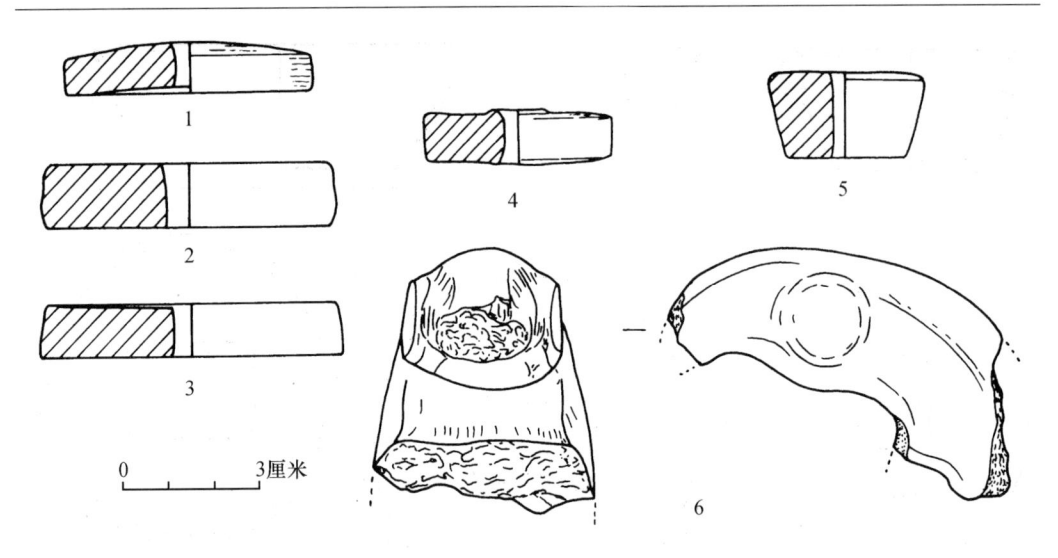

图七四　第 7 层出土的陶纺轮、陶兽形塑
1. A 型 I 式纺轮（T151⑦:6）　　2~4. A 型 II 纺轮（T152⑦:1、T152⑦:5、T151⑦:2）
5. C 型纺轮（T161⑦:1）　　6. 兽形塑（T123⑦:4）

（二）石器

石器 17 件，有斧、锛、凿、石球等生产工具。它的石质和型制与第 8 层基本相同。

石斧　7 件。有三型。

A 型　2 件。长条形，两面刃基本对称，最厚在起刃处。T162⑦:3，长 10、厚 2.1、残宽 6.5 厘米（图七五，1；图版八五，1）。T161⑦:4，长 4.4、厚 1.1、刃宽 2.6 厘米（图七五，2；图版八五，2）。

B 型　3 件。梯形，宽刃，窄顶，两面刃不甚对称。T151⑦:8，刃部残崩。残长 10、厚 2.4、宽 7.6 厘米（图七五，3；图版八五，3）。T151⑦:7，上半部残。残长 7.5、厚 2、刃宽 8.8 厘米（图七五，4；图版八五，4）。T163⑦:1，刃部略残。长 7、厚 2、刃残宽 4.5 厘米（图七五，5；图版八五，5）。

C 型　2 件。器短粗，横断面接近方形，两面刃对称，最厚处在刃上部。T131⑦:3，刃部较钝，顶部及背部较平。长 6.2、厚 2.5、刃宽 4 厘米（图七五，6；图版八五，6）。T151⑦:9，刃部残崩，一侧和顶部残。残长 7、厚 3.2、残宽 3.5 厘米（图七五，7；图版八五，7）。

石锛　6 件。有二型。

A 型 I 式：5 件。高低两面刃。长条形，刃略宽于顶部，横断面呈长方形，最厚处在起刃部。T153⑦:1，刃口残崩，顶部锤痕明显。残长 8、厚 2、刃宽 4.2 厘米（图七六，1；图版八五，8）。T152⑦：2，平背，正面弧形，刃口圆钝，顶部锤击成球面状。长 8.5、厚 3、刃宽 5 厘米（图七六，2；图版八五，9）。T153⑦：2，刃部崩残。残长 10、厚 2、刃宽 5.4 厘米（图七六，3；图版八六，1）。T162⑦：5，平刃，刃口锋利。长 5.6、厚 1.2、刃宽 3.8 厘米（图七六，4；图版八六，2）。T121⑦：13，刃残。残长 6.2、刃宽 2.8、厚 2.4 厘米（图七六，5；图版八六，3）。

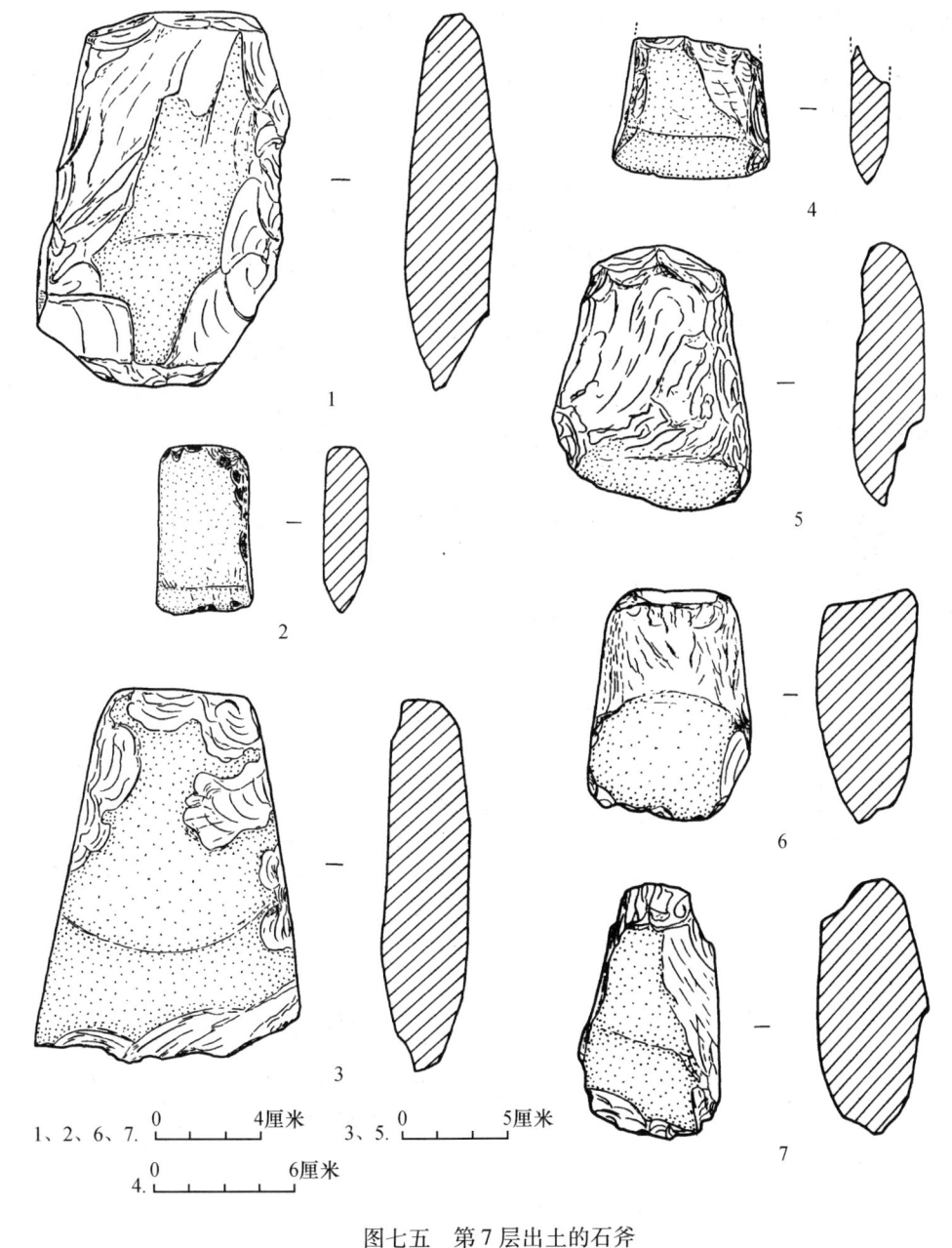

图七五　第 7 层出土的石斧

1、2. A 型石斧（T162⑦：3、T161⑦：4）　　3~5. B 型石斧（T151⑦：8、T151⑦：7、T163⑦：1）

6、7. C 型石斧（T131⑦：3、T151⑦：9）

B型　1件。梯形，器扁薄。T162⑦：1，长与宽相等，最厚在起刃处，往上变薄，磨制较精。长5、宽5、厚1厘米（图七六，6；图版八六，4）。

凿　A型Ⅰ式：1件。平刃。长条形，厚大于刃宽。T122⑦：8，长7.4、厚2、刃宽1.4厘米（图七六，7；图版八六，5）。

刻刀　1件。T152⑦：3，三角形，一边磨成两面刃，极锋利。疑为斧的崩片，可作刻刀。残长2.5、厚0.7、刃残宽1.7厘米（图七六，8；图版八六，6）。

石球　2件。圆形，不规整，表面粗糙。T151⑦：1，扁圆。直径5厘米（图七六，9；图版八六，7）。T162⑦：2，直径4厘米（图七六，10；图版八六，8）。

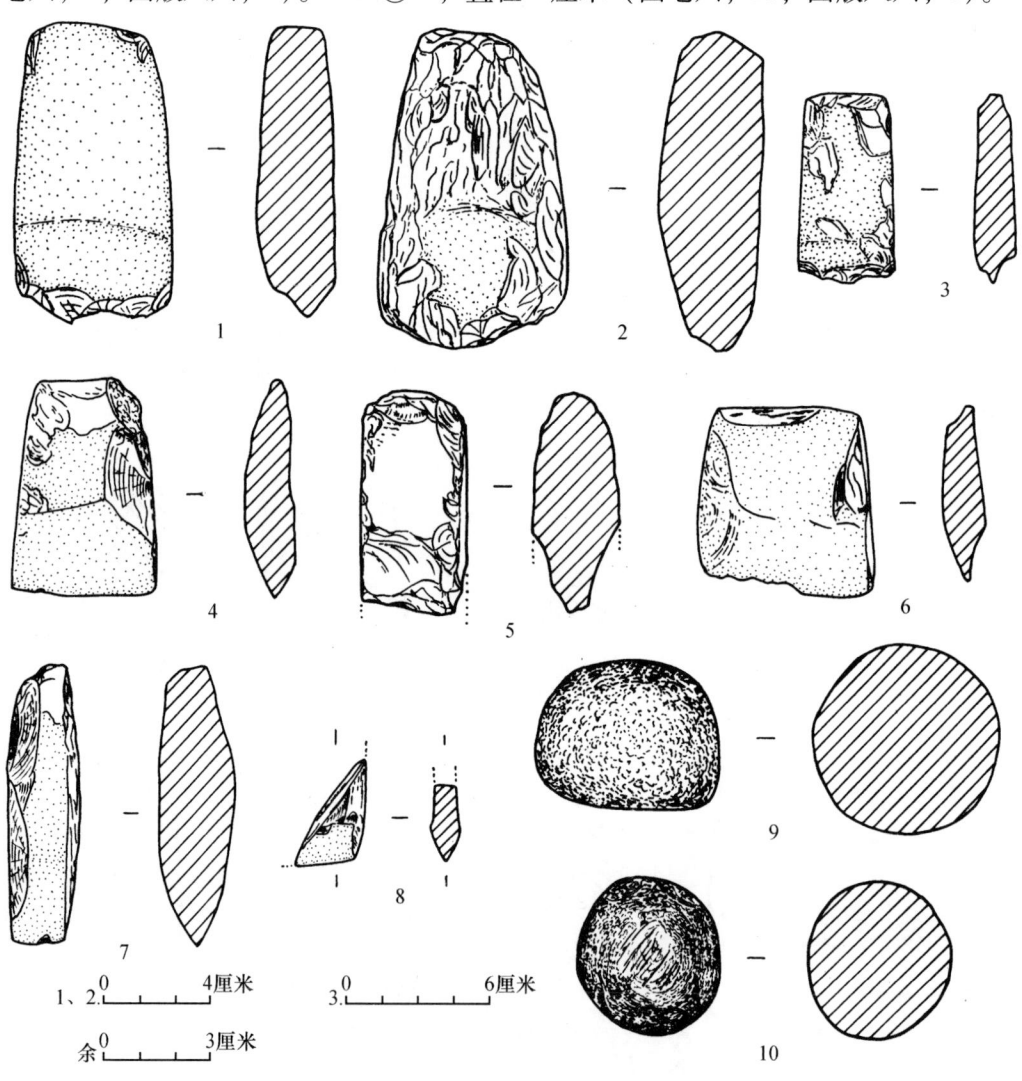

图七六　第7层出土的石锛、石凿、石片、石球
1~5. A型Ⅰ式石锛（T153⑦：1、T152⑦：2、T153⑦：2、T162⑦：5、T121⑦：13）　6. B型石锛（T162⑦：1）
7. A型Ⅰ式石凿（T122⑦：8）　8. 石刻刀（T152⑦：3）　9、10. 石球（T151⑦：1、T162⑦：2）

（三）骨器

骨器34件，分耜、镞、锥、凿等。

骨耜　3件。

A型Ⅱ式：臼顶与双肩基本等宽，臼顶下凿横向长圆形的銎孔，銎口两侧凹进，3件。T162⑦：6，从臼顶至脊椎缘面平直，与銎口缘等宽，可见铲出的浅槽。脊椎缘的中下部有竖向椭圆形的孔。平刃内凹。长15、宽7.5厘米（图七七，1；图版八七，1）。T124⑦：4，臼顶及背残，平肩，脊椎缘双孔较高，平刃。残长18、残宽10.5厘米（图七七，2；图版八七，2）。T124⑦：5，同前，残损较多，脊椎缘的双孔在中下部。残长16、残宽8厘米（图七七，3；图版八七，3）。

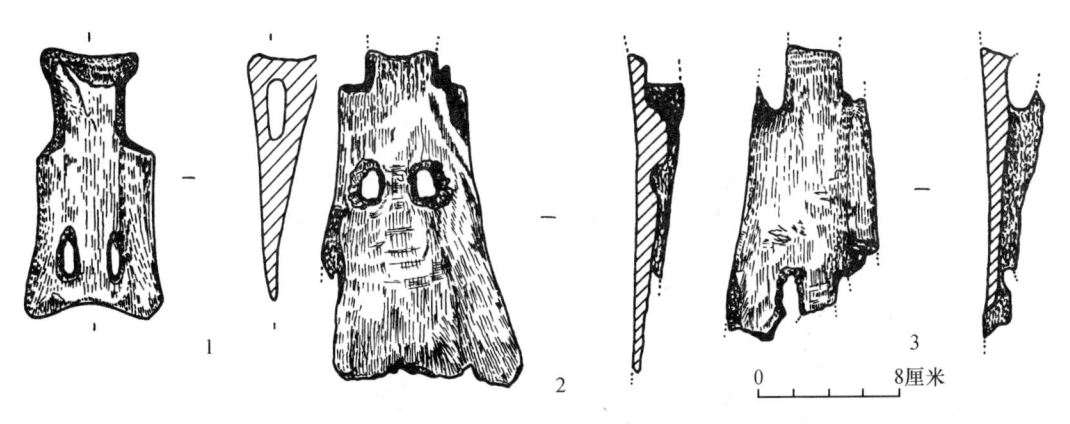

图七七　第7层出土的骨耜
1~3. A型Ⅱ式骨耜（T162⑦：6、T124⑦：4、T124⑦：5）

镞　16件。有三型。

A型　10件。柳叶形。锋与铤明显，为斜铤镞。有三式。

Ⅰ式：2件。锋、铤基本等长。分界明显，为最宽或是最厚处。T111⑦：5，锋部略有束腰。长4.6、宽1厘米（图七八，1；图版八七，4）。T151⑦：3，铤尾略残。残长4.4、宽1厘米（图七八，2；图版八七，5）。

Ⅱ式：2件。短锋长铤。铤由厚减薄面向一侧，其上有斜刻痕。T112⑦：9，长6.3、宽1厘米（图七八，3；图版八七，6）。T122⑦：10 锋尖和铤尾均残。残长5.4、宽1厘米（图七八，4；图版八七，7）。

Ⅲ式：5件。长锋短铤，锋长约是铤长的二倍。T152⑦：4，长5.6、宽0.9厘米（图七八，5；图版八七，8）。T151⑦：4，长6.1、宽0.9厘米（图版八七，9）。T113⑦：2，前锋光滑，铤有斜刻痕。长5.5、宽0.9厘米（图七八，

7；图版八七，10）。T111⑦：10，锋尖钝，两侧有斜向刻痕。长6、宽0.8厘米（图七八，8；图版八七，11）。T111⑦：6，锋等宽，头部斜偏成刃口，铤短，方形，其上有横向刻痕。长5.4、宽0.8厘米（图七八，9；图版八八，1）。

B型Ⅰ式：3件。扁平柳叶形，磨制光滑，尾部钝圆或方。T111⑦：7，长4.7、宽0.8厘米（图七八，10；图版八八，2）。T111⑦：8，尾部残。残长3.8、宽0.8厘米（图七八，11；图版八八，3）。T123⑦：3，细长形，锋残。残长8.5、宽0.9厘米（图七八，12；图版八八，4）。

C型 4件。锥形镞，横断面呈圆形或是椭圆形。器表不光滑，磨痕显见。包含二式。

Ⅰ式：2件。圆锥形长锋，短铤，横断面呈圆形。T151⑦：5，长12、宽0.9厘米（图七八，13；图版八八，5）。T122⑦：9，长8.5、宽1厘米（图七八，14；图版八八，6）。

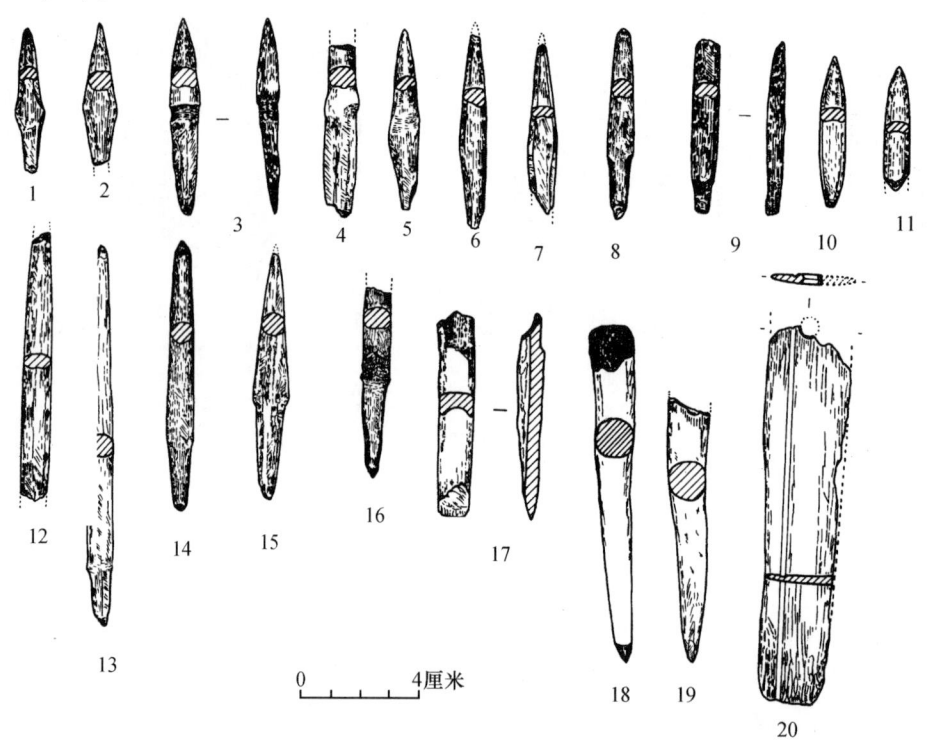

图七八 第7层出土的骨镞、骨凿、骨锥、骨匕

1、2. A型Ⅰ式骨镞（T111⑦：5、T151⑦：3） 3、4. A型Ⅱ式骨镞（T112⑦：9、T122⑦：10） 5~9. A型Ⅲ式骨镞（T152⑦：4、T151⑦：4、T113⑦：2、T111⑦：10、T111⑦：6） 10~12. B型Ⅰ式（T111⑦：7、T111⑦：8、T123⑦：3） 13、14. C型Ⅰ式骨镞（T151⑦：5、T122⑦：9） 15、16. C型Ⅱ式骨镞（T131⑦：2、T120⑦：1） 17. 骨凿A型Ⅰ式（T112⑦：11） 18、19. A型骨锥（T133⑦：3、T121⑦：12） 20. A型Ⅰ式匕（T131⑦：4）

Ⅱ式：2件。横断面呈椭圆形，长锋，短铤。表面粗糙，有磨痕。T131⑦：2，长7.9、宽1.2厘米（图七八，15；图版八八，7）。T120⑦：1，前锋残，锋后部刻"人"字纹。残长5.8、宽0.9厘米（图七八，16；图版八八，8）。

凿　A型Ⅰ式：1件。平刃。长条形，横断面呈凹状。T112⑦：11，顶残。残长6.5、刃宽1厘米（图七八，17；图版八八，9）。

锥　A型　2件。均为动物的角形锥，横断面呈圆形，整体略显弯曲，角端磨尖，全器光滑。T133⑦：3，长10.5厘米（图七八，18；图版八八，10）。T121⑦：12，长8.2厘米（图七八，19；图版八八，11）。

匕　A型Ⅰ式：1件。舌宽大于器身。T131⑦：4，残器，为匕的执手，扁薄，略显弧形，两面光滑，背面有一条纵向的凹槽。残长12、宽2.7厘米（图七八，20；图版八八，12）。

第三节　第6层

一、遗　迹

发现水沟1条，编号G1。

（一）水沟的形状与流向

G1　开口于第5层下，深1.5～1.8米，打破第6层。在发掘区的范围内，大体呈南北走向，从T162的北壁而来，往西南经T152的西壁附近改由西北往东南流向，流经T142、T132、T133、T123、T113和T114的南端而出。G1开口宽1.35～1.65米、底宽0.9～1.45米、深0.25～0.3米，呈锅底状（图七九）。沟壁和底光滑，未见加工痕迹，其内为青淤泥堆积，未曾有任何遗物。

（二）水沟形成原因分析

G1形成的原因：从迹象上看，走向较蜿蜒，沟宽又浅，沟壁和底未经加工。从堆积上看，与第5层的土质土色一样，为自然形成的淤泥土，沟内没有包含物。从相互关系上看，又没有与其他遗迹单位相联系。因此，分析认为：G1是一条由从北向南的流水冲刷而成的小沟，后逐渐被上层淤泥土覆盖。

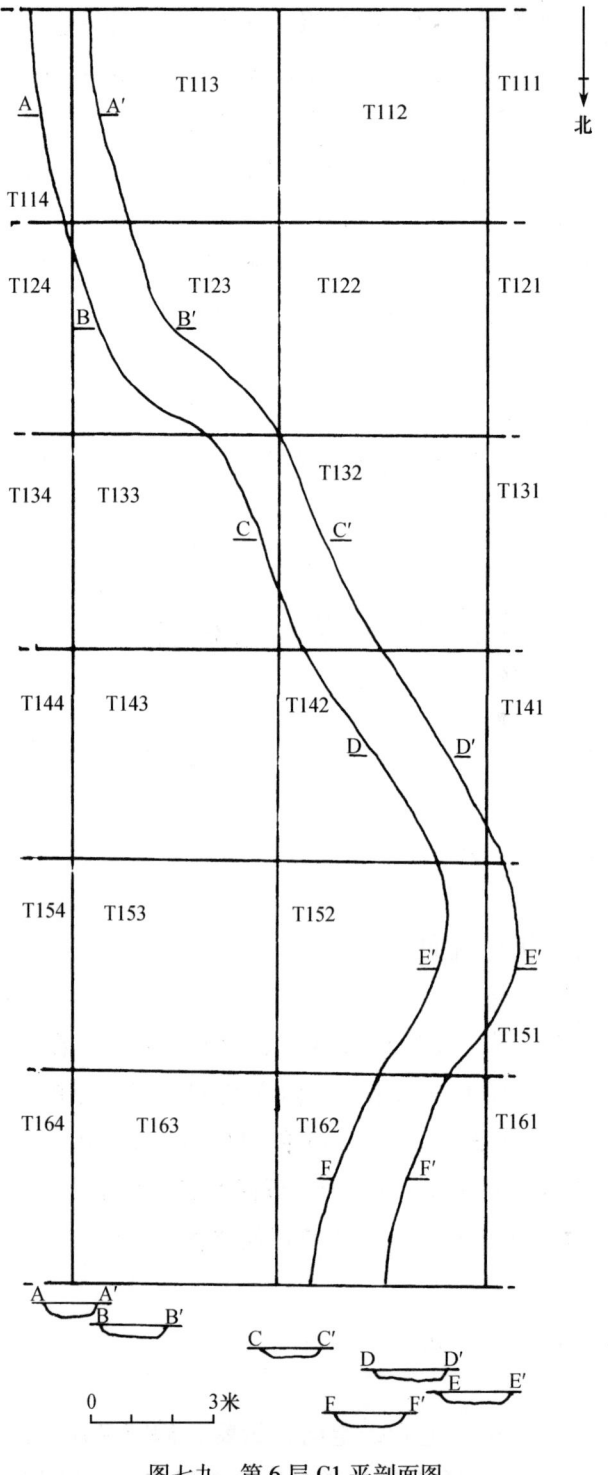

图七九　第6层G1平剖面图

二、遗　　物

此层文化遗物与前两层相比，在数量和种类上大幅减少，以陶器为例，陶片的总数只占第 8 层的 0.6%。石器仅有几件，未发现骨器。

（一）陶器

陶片数量锐减，且较为碎小，复原率低。但陶质陶色没有根本改变，夹炭黑陶以盛储器为主，夹砂陶主要用作炊器，釜占据总数的三分之二。从其口沿和其他部位的特征确认可辨器型（附表一），有如下一些器型。

敞口釜　分三类。

敞口，无脊，肩腹圆弧，交接不明显，或是略有折腹，且上腹较直，有的口沿外有一对光素无纹的小錾耳。属第 8 层敞口釜的 B 型和 C 型。

敞口，颈腹之间有凸脊，口沿外有对称鸡冠状小錾耳，或是口沿略翻，沿下一周凸脊，如双层口沿。属敞口釜的 F 型和 G 型。

I 型　仅此 1 件。矮腹，肩有凸脊。T161⑥:1，夹砂黑陶。敞口，束颈，宽肩较平。整器口小、腹大、颈细。高 14.5、口径 13 厘米（图八〇，1；图版八九，1）。

直口釜　直口、直颈、斜肩，或直口、斜颈内收，口颈交接处附凸脊，个别口沿较高，口沿外有间断的蛤齿纹。属第 8 层直口釜 C 型 I 式，前者，口径与腹径等大，后者，口径大于腹径。

敛口釜　分三类。

弧敛口，口沿较窄，口颈交接不明显，有无錾耳、有錾耳两种，有錾耳的分素錾耳和鸡冠状錾耳，属第 8 层敛口釜 A 型 II 式和 III 式。

折敛口，高颈，斜肩，弧腹。肩腹之间饰凸脊。口沿和肩部有弦纹、蛤齿纹，或是二者的组合纹饰，也有纵横相间的短弦纹。多见于第 8 层敛口釜的 C 型。

C 型 IV 式：1 件。口径大于腹径，最大腹径在器物的中下部，凸脊明显。T141⑥:1，夹砂黑陶。折敛口，高颈，斜肩，口沿下有一对称鸡冠状錾耳。颈腹之间饰凸脊。口沿和肩有蛤齿纹与弦纹组合，圜底部饰绳纹。高 24.5、口径 27 厘米（图八〇，2；图版八九，2）。

罐　发现较多碎片，属第 8 层的 A 型 II 式，除此之外，还有新发现 C 型的双耳罐和四耳罐。

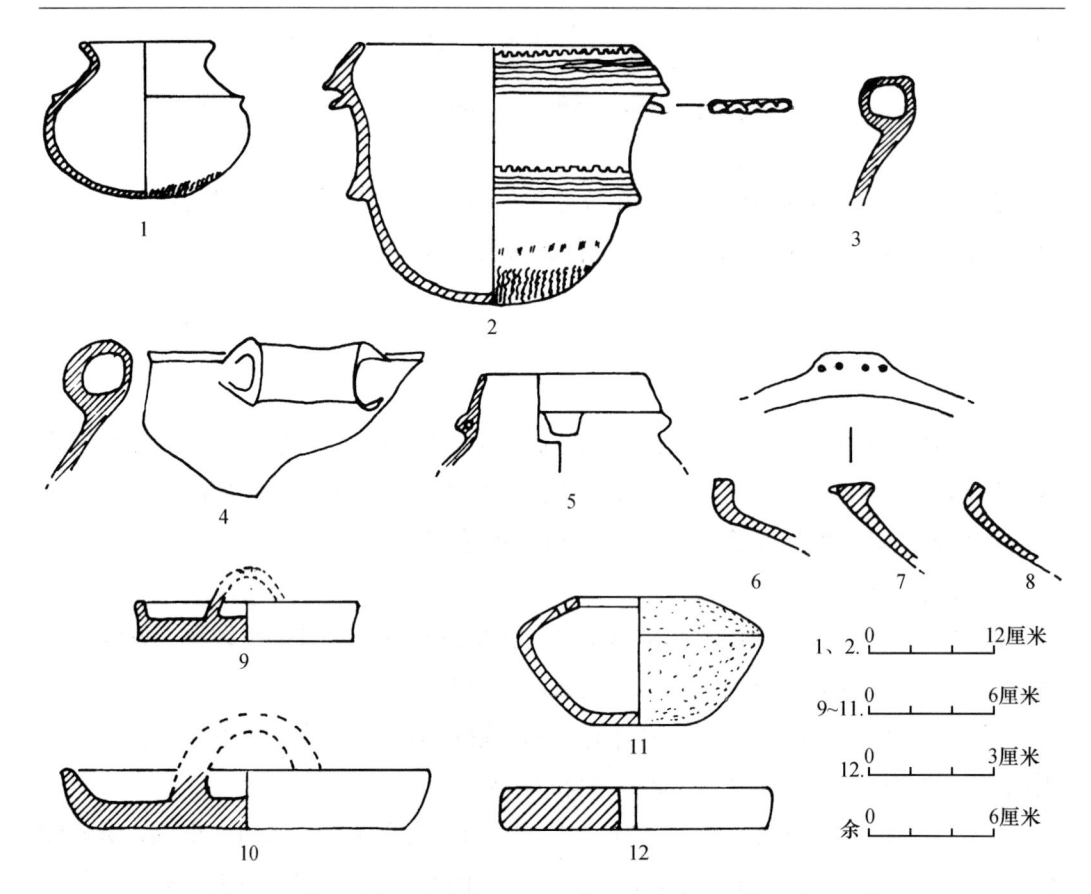

图八〇 第6层出土的陶敞口釜、陶敛口釜、陶双耳罐、陶四耳罐、
陶豆盘、陶器盖、陶盂、陶纺轮

1. I型敞口釜（T161⑥:1） 2. C型Ⅳ式（T141⑥:1） 3. A型Ⅱ式双耳罐（T123⑥:1） 4. C型双耳罐（T122⑥:4） 5. 四耳罐（T132⑥:2） 6~8. 豆盘（T151⑥:1、T152⑥:1、T152⑥:2） 9. C型器盖（T161⑥:2） 10. D型器盖（T142⑥:1） 11. A型Ⅱ式盂（T143⑥:3） 12. A型Ⅰ式纺轮（T122⑥:3）

双耳罐 A型Ⅱ式，双耳与口沿相平。标本T123⑥:1，直口，溜肩，弧腹。残高6、口径15厘米（图八〇，3；图版八九，3）。C型，口沿安横向的双耳。标本T122⑥:4，直口，溜肩，略高于口沿。残高7、口径20厘米（图八〇，4；图版八九，4）。

四耳罐 新出现的器型。标本T132⑥:2，敛口，短颈，斜肩。口与颈之间安四个小耳。残高5.2、口径7.5厘米（图八〇，5；图版八九，5）。

盘 平底盘，宽窄沿兼有，沿口外翻，胎较厚。如第8层平底盘的A、B型。个别B型的口沿上印一组横竖相间的蛤齿纹，这类盘型不排除有圈足盘存在的可能性。

豆 只发现残器的豆盘较多，少量豆把。豆盘胎薄，盘浅，从口沿的变化可以分为直口和敛口两类。

直口豆盘 标本151⑥:1,直口,方唇,折腹,腹壁内弧,腹较浅(图八〇,6)。

敛口豆盘 又可分出,圆唇、方唇和尖唇三种。标本T152⑥:1,圆唇腹壁斜直,口沿外侧有附耳,耳上钻4个小孔(图八〇,7;图版九〇,1)。标本T152⑥:2,方唇腹壁外弧,比前两种腹深(图八〇,8;图版九〇,2)。

器盖 5件。

C型 3件。扁平状,盖沿略有凸起,盖顶有半环形纽。T161⑥:2,沿边与盖底转折成直角。高1.8、盖径10.2厘米(图八〇,9;图版九〇,3)。

D型 2件。是第7层新出现的类型。呈倒梯形,盖面凹陷,中间有半环形纽。T142⑥:1,边斜直,底部转角较钝。上宽下窄。高2.8、盖径17.6厘米(图八〇,10;图版九〇,4)。

双耳瓮 碎片较多,以半环形大耳统计,至少有3件。直口,短颈,深腹,平底。颈上有弦纹,半环形大耳安装在腹的中下部,如同第8层的双耳瓮。

盂 A型Ⅱ式:1件。斜直腹,口小沿宽。T143⑥:3,夹砂灰陶。折敛口,平底。口沿上有对称小孔。高6、口径6厘米(图八〇,11;图版九〇,5)。

纺轮 A型Ⅰ式:1件。圆饼形,两面扁平,无纹饰。T122⑥:3,夹砂灰红陶,扁圆形,中间有一圆孔。直径6.3、厚1厘米(图八〇,12;图版九〇,6)。

其他 还有敛口钵、器座等碎片。

(二) 石器

石器共6件,其中石斧2件,石锛2件,石凿2件。

石斧 B型2件。上窄下宽,呈梯形,两面刃基本对称。T111⑥:2,长8、刃宽6厘米(图八一,1;图版九一,1)。T134⑥:1,长6、宽3.7厘米(图八一,2;图版九一,2)。

石锛 A型Ⅰ式:2件。长条形,高低两面刃,最厚在高起刃处。T122⑥:2,长9.8、宽5厘米(图八一,3;图版九一,3)。T143⑥:1,残长6、残宽2.3厘米(图版九一,4)。

石凿 A型Ⅰ式:2件。平刃。长条形,厚度大于刃宽。T122⑥:1,长7、刃宽1.5厘米(图八一,4;图版九一,5)。T132⑥:1,长7.3、刃宽1.1厘米(图八一,5;图版九一,6)。

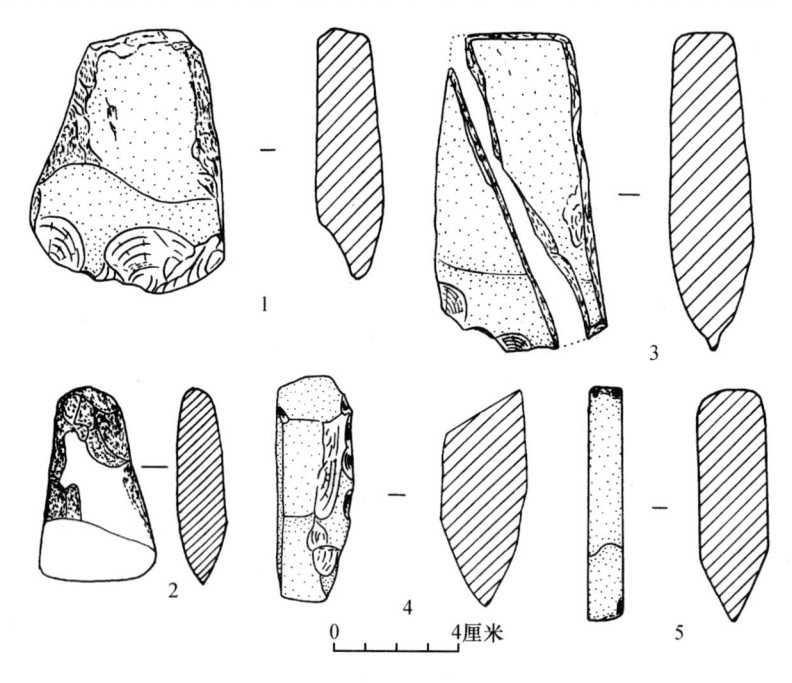

图八一　第4层出土的石斧、石锛、石凿
1、2. B型石斧（T111⑥:2、T134⑥:1）　3. A型Ⅰ式石锛（T122⑥:2）　4、5. A型Ⅰ式石凿（T122⑥:1、T132⑥:1）

第四节　第4层

遗　物

（一）陶器

第4层共收集陶片526片，其中夹砂陶336片，占总数的64%，泥质陶130片，占总数的25%，夹炭陶60片，占总数的11%。陶色上出现了新变化，有夹砂红陶、灰红陶、少量夹炭橙红陶和泥质灰胎黑皮陶。陶质陶色的不同与器物的功能有明显的区别，夹砂陶用于炊器，而泥质陶全用于盛储器。陶器制作较为规整，可能是手工制作，经过慢轮修正。

纹饰，夹砂陶以绳纹为主。装饰范围有所扩大，原在釜底的绳纹，上延至颈肩部，甚至在口部，于先期的横向或斜向弦纹改为直向绳纹，且较为密集。其次为凹弦纹，规整地划在器物的口沿或是肩部，粗细较为一致，有的与凸弦纹呼应装饰。少见凸脊纹，有的在凸脊上按压一段锯齿纹或一周锯齿纹。泥质黑皮陶的纹饰多见于豆把上的弦纹和不同形状的镂孔纹。

种类，以夹砂、夹炭陶的釜（鼎）和泥质陶的罐、豆为代表。

敞口釜（鼎）　　均为残件。很难分型分式，依口沿的变化，可分宽口沿和窄口沿两类。

宽沿釜（鼎）　　敞口，束颈，口沿较宽。T112④：2，夹炭灰陶。口沿内侧有多条规整的凹弦纹，肩部有三至四条的凸弦纹，形成阴阳相对的装饰纹（图八二，1；图版九二，1）。T120④：1，夹砂灰陶。内侧折肩较锐。口沿无纹，口沿下满地绳纹，肩上四条凸弦纹（图八二，2；图版九二，2）。

窄沿釜（鼎）　　窄沿，束颈。除口沿外，遍身饰竖绳纹。T111④：2，夹砂灰陶。口沿内侧微鼓（图八二，3；图版九二，3）。T113④：1，夹砂灰陶。口沿斜直。肩部两条凸脊（图八二，4；图版九二，4）。T120④：2，夹砂红陶。口沿内弧，折肩较锐（图八二，5；图版九二，5）。

敛口釜　　均为折敛口的残件。夹炭、夹砂都有。口沿上有弦纹、弦纹与斜线纹以及弦纹与蛤齿纹的组合纹。

罐　2件。均为口沿残件。

敞口罐　　标本T120④：5，敞口，束颈，斜肩，直腹。残高4、口径11.5厘米（图八二，6；图版九二，6）。

敛口罐　　标本T111④：3，敛口，短颈，广弧肩。残高6.8厘米（图八二，7；图版九二，7）。

釜支架　1件。T121④：1，猪鼻形。夹砂红陶，器型较小，为一上小下大的圆柱体，倾斜的支面略大于上端的柱体。整体饰绳纹。残高9、支面径2.8厘米（图八二，8；图版九二，8）。

鼎足　8件。分鱼鳍形、三棱形、舌形等。

鱼鳍形足　4件。形似鱼鳍，足尖外撇，外侧边呈锯齿状，横断面椭圆形或长方形。T120④：3，足端略显方形。宽侧面划斜线纹。长8.2、宽5厘米（图八二，9；图版九三，1）。T120④：4，长9.4、宽5厘米（图八二，10；图版九三，2）。T110④：4，宽侧面划纵向弦纹。残长8、宽6厘米（图八二，11；图版九三，3）。T130④：2，宽侧面划左右斜纹。残长12、宽9厘米（图八二，12；图版九三，4）。

三棱形足　2件。横断面呈三棱状，外撇侧面宽于内两侧，棱角一侧或两侧作锯齿状。T110④：2，外侧两棱作锯齿和绳纹。残长10.5、宽7.8厘米（图八二，13；图版九三，5）。T130④：1，外撇面刻三组双线折尺纹，内棱锯齿纹。残长9、宽5厘米（图八二，14；图版九三，6）。

凿形足　1件。T111④：4，横断面呈梯形。足尖斜撇，宽于上部。外撇面中间直线，两侧弯弧线。残长6.5、足尖宽3.7厘米（图八二，15；图版九三，7）。

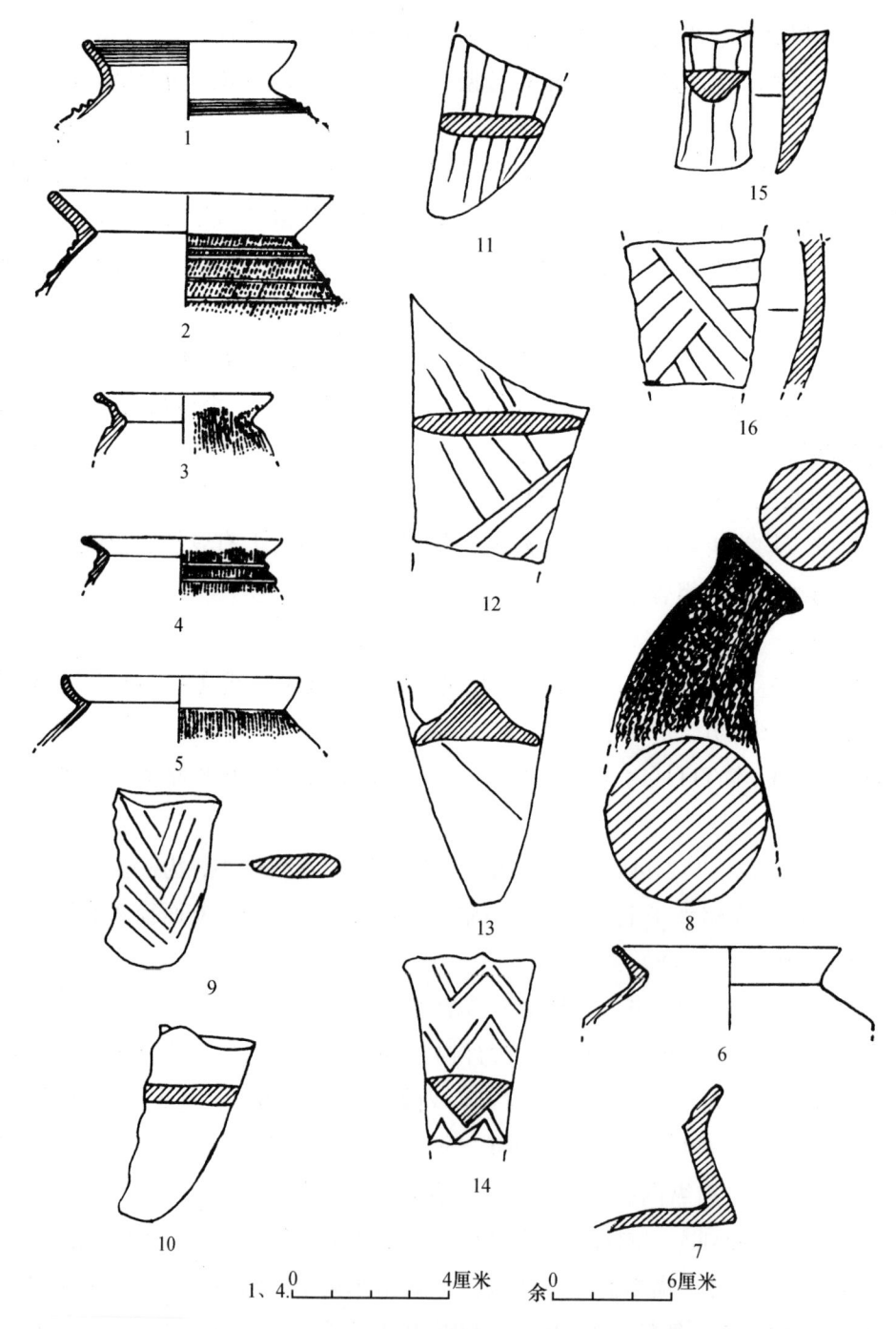

图八二 第4层出土的陶敞口釜（鼎）、陶鼎足、陶釜支架、陶敞口罐、陶敛口罐

1、2. 敞口宽沿釜（鼎）（T112④:2、T120④:1） 3~5. 敞口窄沿釜（鼎）（T111④:2、T113④:1、T120④:2）
6. 敞口罐（T120④:5） 7. 敛口罐（T111④:3） 8. 釜支架（T121④:1） 9~12. 鱼鳍形鼎足（T120④:3、T120④:4、T110④:4、T130④:2） 13、14. 三棱形鼎足（T110④:2、T130④:1） 15. 凿形足（T111④:4）
16. 舌形足（T110④:3）

舌形足　1件。T110④:3，横断面宽扁。两侧锯齿纹，外撇面左右斜线纹。残长7、宽6.5厘米（图八二，16；图版九三，8）。

豆　全为残器，泥质黑皮陶。分豆盘和豆把两部分。

豆盘　多为平沿，主要有两类，一类是内外凸唇，或内凸唇，断面呈三角形。浅腹，壁薄。另一类则为尖唇，弧腹较深（图八三，1）。

豆把　5件。喇叭形。按粗细程度分二式。

Ⅰ式：4件。豆把较粗。T112④:3、T113④:2、T113④:3、T113④:4，豆盘下束腰或是斜直内收，其下把圈足外撇较甚。把上划弦纹，弦纹间有菱形镂孔或戳印的三角形纹。残长5.5~8厘米（图八三，2~5；图版九四，1~4）。

Ⅱ式：1件。豆把细长。T121④:2，其上刻竖向以三条为组的短凹槽，分上下排列。下列凹槽间有三角形镂孔。残长8厘米（图八三，6；图版九四，5）。

纺轮　1件。T110④:1，夹砂灰陶。扁平形，中心一圆小孔，其周围划不规整的四条一组的斜线纹。直径6、厚1.5厘米（图八三，7；图版九四，6）。

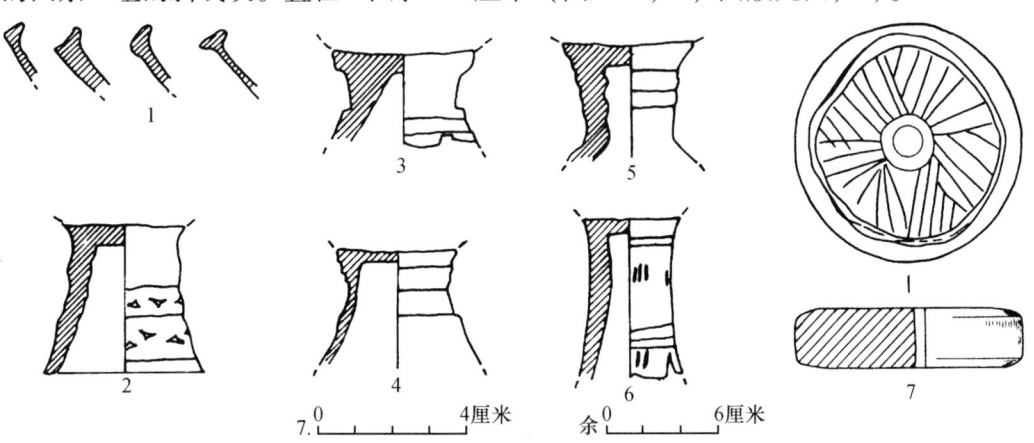

图八三　第4层出土的陶豆盘、陶豆把、陶纺轮
1. 豆盘（T130④:3、T132④:2、T121④:3、T112④:4）　2~5. Ⅰ式豆把（T112④:3、T113④:2、T113④:3、T113④:4）　6. Ⅱ式豆把（T121④:2）　7. 纺轮（T110④:1）

（二）石器

石器数量极少，共出土4件。

石锛　A型Ⅰ式：1件。长条形，高低两面刃。T111④:1，通体磨光，最厚在起刃处。长5.1、刃宽2.5厘米（图八四，1；图版九四，7）。

石刀　1件。T132④:1，残件。扁薄，横向长条形，均匀两面刃，刀背平，中间宽，斜向一侧变窄。残长6.2、宽3.4厘米（图八四，2；图版九四，8）。

砺石　1件。T132④:2，糙石，呈不规则形，除两端有断痕外，其余几面有凹槽和凹陷的磨面。残长7、宽5、厚3厘米。

半成品石片　1件。T112④:1，形似三角形，整体扁薄，三面边磨平。长13、宽8、厚0.8厘米（图八四，3）。

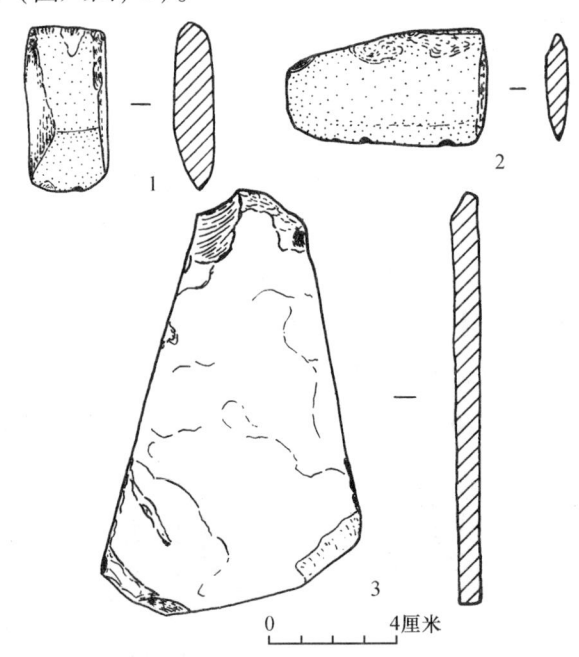

图八四　第4层出土的石锛、石刀、石片
1. B型石锛（T111④:1）　2. 石刀（T132④:1）　3. 石片（T112④:1）

第五节　第3层

遗　物

（一）陶器

共出土陶片228片，其中夹砂陶184片、泥质黑皮陶37片。夹炭陶7片。陶质陶色、器型、纹饰与第4层遗物完全相同。出土有纺轮和釜支架。

纺轮　A型Ⅰ式：1件。扁圆形，中心钻一小孔。T130③:2，直径5.6、厚1.6厘米（图八五，1；图版九五，1）。

釜支架　A型Ⅳ式：1件。椭圆形支面。T130③:3，呈倾斜状，后端有一半桥状耳。支体圆柱形，下半段残。残高7厘米（图八五，2；图版九五，2）。

（二）石器

石锛　A 型 II 式：2 件。单面刃。T110③:1，有段，单面刃，段脊较低，斜面起刃。整器长宽相等，磨制光滑。长 4、宽 4 厘米（图八五，3；图版九五，3）。T120③:1，长条单面刃，背面斜平，正面起刃较低。长 4.6、刃宽 3 厘米（图八五，4；图版九五，4）。

石纺轮　A 型 I 式：1 件。扁薄形，磨制较规整。T154③:1，直径 3.4、厚 0.4 厘米（图八五，5；图版九五，5）

石刀　1 件。T130③:1，三角形，单面刃，刃口略呈弧形。长 6.3、刃宽 8.2 厘米（图八五，6；图版九五，6）。

石镞　1 件。T131③:1，柳叶形，短铤，横断面呈菱形。长 6.4、宽 1.8 厘米（图八五，7；图版九五，7）。

石犁　2 件。长三角形，三边单面刃，前尖，后宽呈弧边。中间有 3 个小孔。T121③:1，长 51、残宽 30 厘米（图八五，8；图版九六，1）。水塘采集，长 60、宽 49 厘米（图八五，9；图版九六，2）。

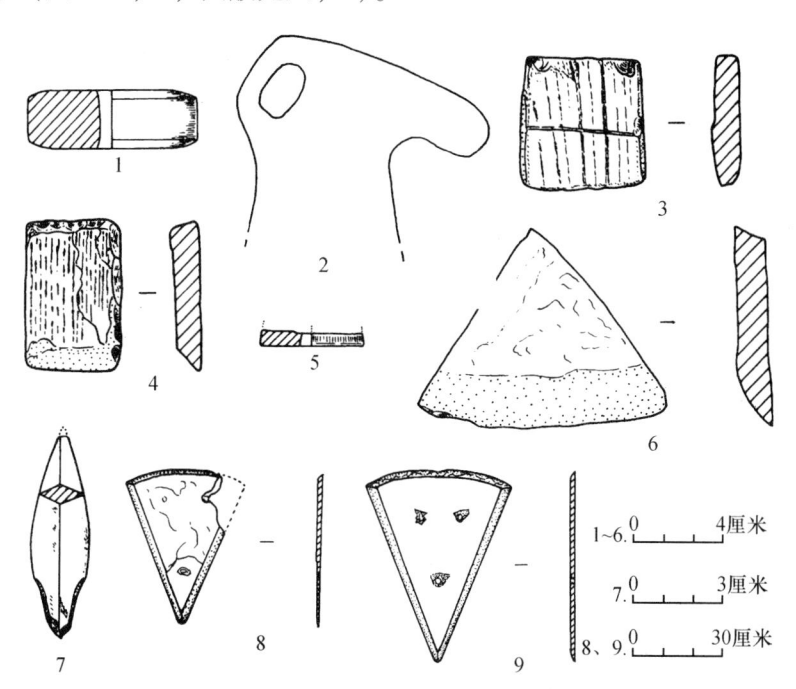

图八五　第 3 层出土的陶纺轮、陶釜支架、石锛、石纺轮、石刀、石镞、石犁
1. 陶纺轮（T130③:2）　2. A 型 IV 式陶釜支架（T130③:3）　3、4. 石锛（T110③:1；T120③:1）
5. A 型 I 式石纺轮（T154③:1）　6. 石刀（T130③:1）　7. 石镞（T131③:1）　8、9. 石犁（T121③:1）

第四章 动植物遗存与古环境

动物、植物与傅家山原始居民的生产和生活有着密切的联系，通过对动植物遗存的研究，可以了解傅家山原始居民的生存环境和气候特点，从而进一步复原当时生产生活的面貌及为其所创造的文化。

第一节 动物遗存

一、动物种属鉴定

傅家山遗址出土的动物种类较多，共发现4纲9目12科14属16种。中国科学院祁国琴老师出具了动物骨骼遗存鉴定意见（详见附录一），现分述如下。

（一）鱼纲 Pisces

硬骨鱼纲 Osteichthyes

1. 鲈形目 Perciformes

鳢科 Ophiocephalidae

乌鳢 *Ophiocephalus argus* Cantor

（1）材料：共9件。齿骨8件，均为左下颌齿骨，椎骨1件。最小个体数为8。

（2）典型标本描述：

标本2004FJS⑧:1237，鱼的左下齿骨。齿骨粗壮，保存比较完整。咀嚼面由前向后保存有一列小尖齿，只保存牙齿基部。内侧有大的犬齿，其间有大的圆形窝。齿骨最大长78.22毫米，咀嚼面中宽9.91毫米（图八六，1；图版九七，1）。

标本2004FJS⑧:1350，鱼的脊椎骨。残，椎体的关节面均内凹，形成很深的圆窝。椎体的外表有纵向凹坑。鱼椎体长30.15毫米，椎窝最大直径25.44毫米（图版九七，2）。

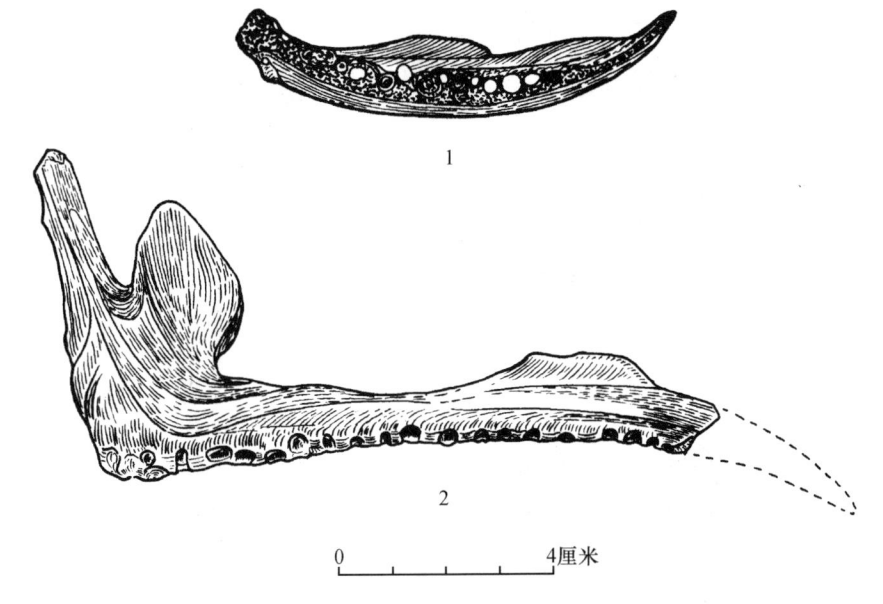

图八六　乌鳢下颌骨、鲈形目或鲑形目鱼上颌骨
1. 乌鳢左下颌骨（2004FJS⑧: 1237）顶视图
2. 鲈形目或鲑形目鱼的左上颌骨（2004FJS⑧: 704）侧视图

2. 鲈形目或鲑形目未定种 *Perciformes/Salmoniformes* sp.

（1）材料：共9件。其中左上颌骨1件，右下颌骨2件，鳃盖骨3件，鱼的脊椎骨3件。最小个体数为3。

（2）典型标本描述：

标本2004FJS⑧: 704，鱼的左上颌骨。骨体非常粗壮，牙齿咀嚼面上有大小不一的圆形凹窝，可以看到很多牙齿的齿根残留在齿槽内。牙根残留在齿槽内的部分呈圆锥形，颌骨外侧为一行较大的圆锥形牙，其内面为细而尖的圆锥形牙，形成不规则的牙带。牙齿最大长122.2毫米，牙齿嚼面最大宽16.01毫米（图八六，2；图版九七，3）。

标本2004FJS⑧: 1347，鱼的脊椎骨。椎骨巨大粗壮，椎体的关节面均内凹，形成很深的圆窝。椎体的外表有很多大小不等的纵向深沟。鱼椎体长56.94毫米，椎窝最大直径52.04毫米（图八七，1；图版九七，4）。

标本2004FJS⑧: 1349，鱼的脊椎骨。残，椎骨椎体的关节面均内凹，形成很深的圆窝。椎体的外表有很多大小不等的纵向深沟。鱼椎体长55.9毫米，椎窝最大直径37.55毫米（图版九七，5）。

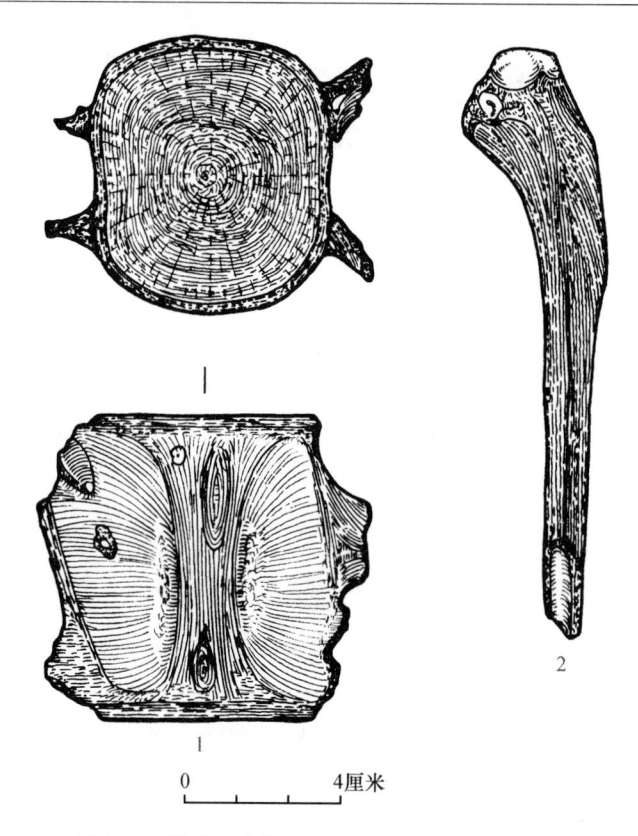

图八七　鲈形目或鲑形目鱼的脊椎骨、琵鹭肱骨
1. 鲈形目或鲑形目鱼的脊椎骨（2004FJS⑧∶1347）侧视图、顶视图
2. 琵鹭右侧肱骨近端（2004FJS⑧∶1235）前视图

（二）鸟纲 Aves

1. 鹳形目 Ciconiiformes

鹮科 Threskiornithidae

　　琵鹭属 *Platalea*

　　　　琵鹭 *Platalea* sp.

（1）材料：仅发现1件右侧肱骨。最小个体数为1。

（2）典型标本描述：

标本2004FJS⑧∶1235，右侧肱骨近端。肱骨头低，中央沟较窄，内外突非常明显，三角脊较低，肱二头肌附着点凸出，气窝尚未形成气孔，肱骨细长。肱骨残长110.11毫米，肱骨头最大宽23.49毫米（图八七，2；图版九八，1）。

2. 鹱形目 Procellariiformes

鹱科 Fulmarus

　鹱属 *Puffinus*

　　鹱 *Puffinus* sp.

（1）材料：仅发现 1 件左侧肱骨。最小个体数为 1。

（2）典型标本描述：

标本 2004FJS⑧:726，左侧肱骨近端。肱骨头大，外突低，内脊高长，气孔深而大，三角脊较短，肱二头肌不明显，肱骨体粗壮，属于大型猛禽类的骨骼。肱骨残长 116.95 毫米，肱骨头最大宽 36.33 毫米（图八八，1；图版九八，2）。

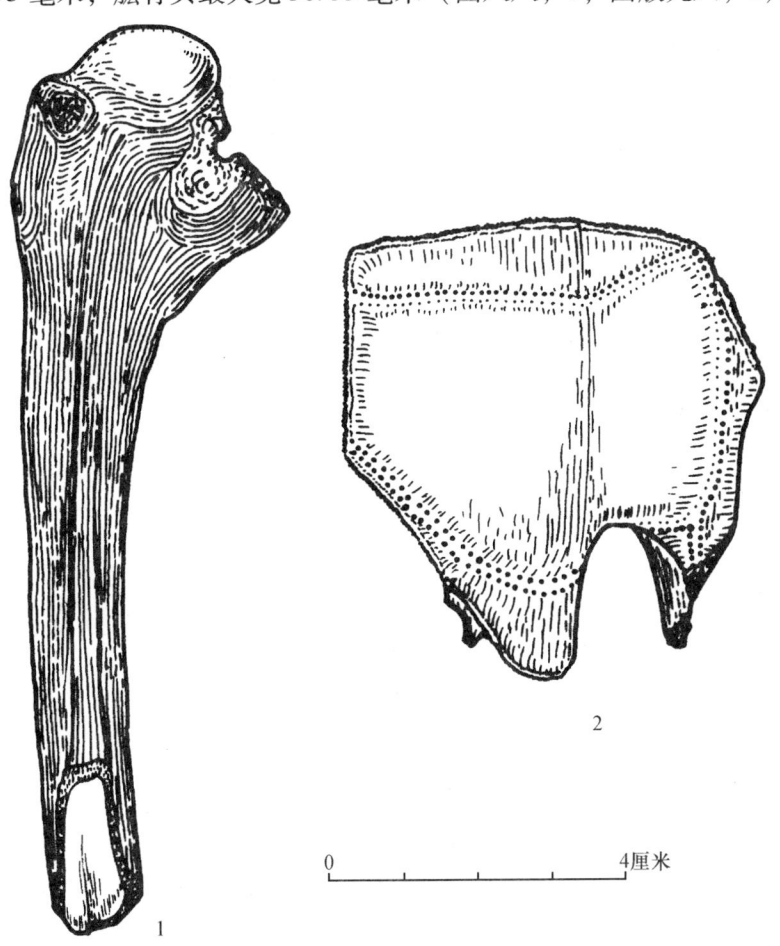

图八八　鹱肱骨、鳖腹甲

1. 鹱左侧肱骨近端（2004FJS⑧:726）前视图
2. 鳖的腹甲（2004FJS⑧:1112）底视图

(三) 爬行动物纲 Reptilia

龟鳖目 Chelonia
 鳖亚目 Trionychoidea
  鳖科 Trionychidae Beii
   鳖属 *Amyda* Oken
    鳖 *Amyda* sp.

(1) 材料：发现有 283 块鳖的背甲和腹甲的残片。
(2) 典型标本描述：

标本 2004FJS⑧：1112，不完整的鳖的腹甲。腹甲最大残长 57.55 毫米，最大宽 56.15 毫米（图八八，2；图版九八，3）。

(四) 哺乳动物纲 Mammalia

该类数量非常多，发现的动物种类有 4 目 7 科 10 属 11 种。

1. 灵长目 Primates

类人猿亚目 Anthropoidea
 猴科 Cercopithecidae
  猕猴属 *Macaca*
   猕猴 *Macaca mulatta*.

(1) 材料：发现有 2 块肱骨，左右各 1。最小个体数为 1。
(2) 典型标本描述：

标本 2004FJS⑧：729，右肱骨。肱骨头脱落，三角脊明显外翻，肱骨远端内侧髁向前内微凸，外侧髁向后撇。鹰嘴窝凹陷，无穿孔。骨体残长 138.71 毫米，远端最大宽 25.73 毫米。该标本与标本 2004FJS⑧：491 可能是同一个体的左右两侧（图八九，1；图版九八，4）。

标本 2004FJS⑧：491，左肱骨。也是肱骨头脱落，特征同上。骨体残长 135.69 毫米，远端最大宽 25.57 毫米（图八九，2；图版九八，5）。

图八九　猕猴肱骨

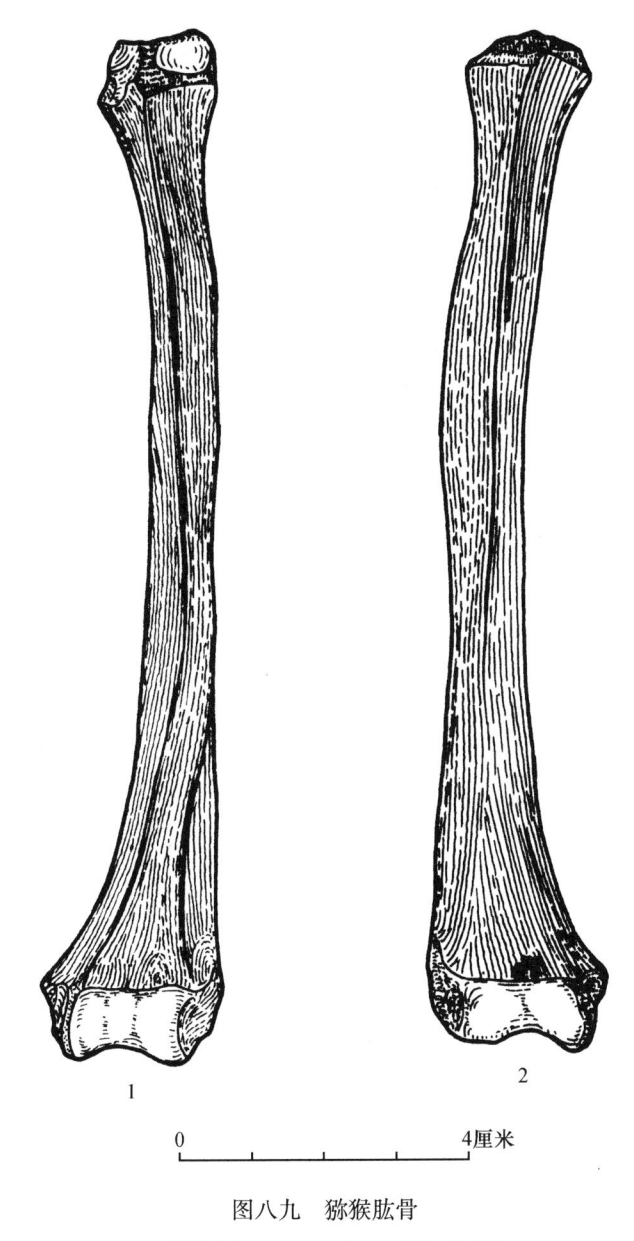

1. 猕猴右肱骨（2004FJS⑧:729）前视图
2. 猕猴左肱骨（2004FJS⑧:491）前视图

2. 食肉目 Carnivora

鼬科 Mustelidae

　　獾属 *Meles*

　　　　獾 *Meles meles* sp.

（1）材料：仅发现獾的1件左肱骨。最小个体数为1。

（2）典型标本描述：

标本2004FJS⑧:263，左肱骨。近端残，保留骨管及远端部分。骨体小，三角脊向外侧翻转明显，鹰嘴窝有孔贯通前后。骨体残长71.28毫米，远端最大宽27.59毫米（图九〇，1；图版九八，6）。

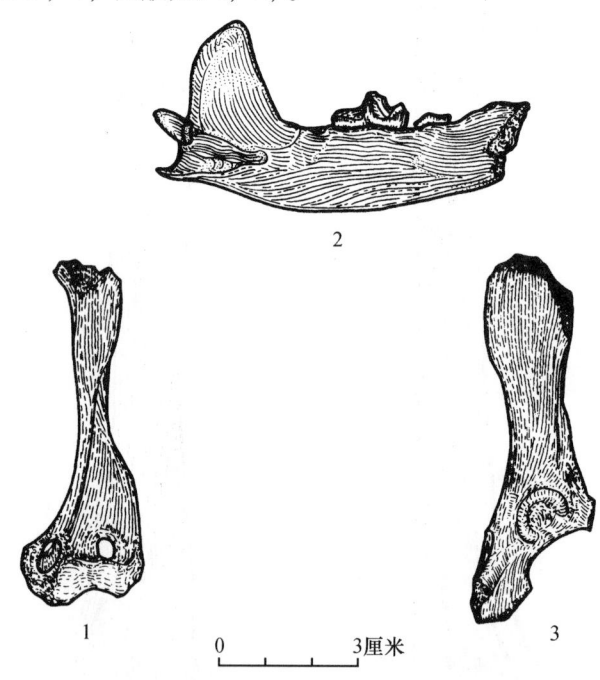

图九〇　獾肱骨、水獭下颌骨与髋骨
1. 獾左肱骨（2004FJS⑧:263）后视图
2. 水獭左下颌骨（2004FJS⑧:730）舌侧视图
3. 水獭右髋骨（2004FJS⑧:495）底视图

水獭属 Lutra

水獭 lutra lutra

（1）材料：仅发现2件。1件左下颌骨，1件右髋骨。最小个体数为1。

（2）典型标本描述：

标本2004FJS⑧:730，水獭的左下颌骨。下颌前侧残，牙齿保留有P_3、P_4，P_3残裂较严重，仅保留齿槽内部分，P_4保存相对较好，裂齿齿尖锐利，齿尖有5个小尖，前尖锐利，后尖发达，原尖成倒座的圆锥状，后边的两个小尖相连成凹槽。咬肌窝明显，边缘有锐棱。上升支保存完好。P_3长8.75毫米，宽4.97毫米。P_4长16.83毫米，宽8.72毫米。P_3前位颌体高14.55毫米，P_4前位颌体高15.05毫米，

P_4后位颌体高 17.6 毫米，髁突至角突长 37.1 毫米（图九〇，2；图版九九，1）。

标本 2004FJS⑧：495，水獭的右髋骨。保留有髂骨、耻骨部分，坐骨部分残缺。髋臼最大宽 12.71 毫米（图九〇，3；图版九九，2）。

猫科 Felidae

　　猫科未定种 *Felis* sp.

（1）材料：仅发现一件残缺的后头骨部分。最小个体数为 1。

（2）典型标本描述：

标本 2004FJS⑧：733，猫科的头后骨部分。头骨骨体较薄，顶骨呈球状，顶骨脊不发达，顶骨与枕骨相接的部分棱较凸出，锐利，有一条明显的三角脊。枕骨大孔呈椭圆状。枕骨大孔最大宽 13.2 毫米（图九一，1；图版九九，3）。

3. 奇蹄目 Perissodactyla

犀科 Rhinocerotidae

　　犀 *Rhinoceros* sp.

（1）材料：仅发现一枚残损的左下 M_2。最小个体数为 1。

（2）典型标本描述：

标本 2004FJS⑧：611，犀牛左下 M_2。牙齿前侧齿根残，齿冠较低，嚼面磨蚀严重，嚼面呈倒"3"形，里面填充油黑发亮的垩质，颊侧釉质面脱落，初步判断为老年犀牛。M_2 长 49.4 毫米，宽 31.52 毫米（图九一，2；图版九九，4）。

4. 偶蹄目 Artiodactyla

猪科 Suidae Gray

　　猪属 *Sus* Linnaeus

　　　　家猪 *Sus domestica* Brisson

（1）材料：可鉴定的标本遗存有 51 件。其中上颌骨 2 件，左 1 右 1；左 M^1 1 件；下颌骨 10 件，左 4 右 6；肩胛骨 7 件，左 5 右 2；肱骨 17 件，左 16 右 1；髋骨 4 件，左 3 右 1；股骨 5 件，左 2 右 3；胫骨 5 件，左 4 右 1。其中肱骨左侧远端标本遗存数量最多，为 16 件。因此最小个体数为 16。

（2）典型标本描述：

标本 2004FJS⑧：688，猪的下颌骨，已残。下颌骨两侧下颌支缺失，牙齿保留有左右下 I_1、I_2、C、P_2~M_3。犬齿仅保留齿槽内部分，齿槽内犬齿仅保留釉质面，判断该猪应为雄性。左右 P_2 残，其余臼齿保存基本完整。猪的齿冠较低，臼齿面磨蚀严重，猪的死亡年龄至少 3 岁。后臼齿的嚼面磨蚀成梅花状，附乳凸较少。P_2 长

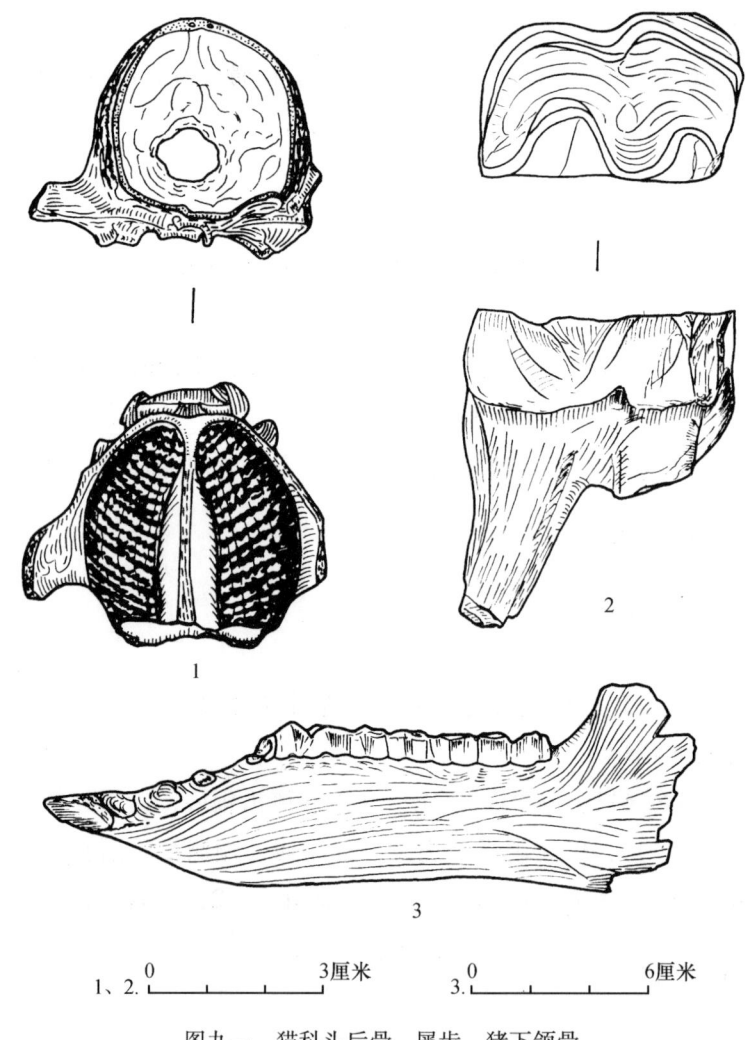

图九一　猫科头后骨、犀齿、猪下颌骨
1. 猫科头后骨部分（2004FJS⑧:733）后视图、前视图
2. 犀左下 M_2（2004FJS⑧:611）嚼面视图、侧视图
3. 猪下颌骨（2004FJS⑧:688）侧视图

11.47毫米，宽5.95毫米。P_3长12.6毫米，宽7.62毫米。P_4长13.96毫米，宽9.35毫米。M_1长13.77毫米，宽11.25毫米。M_2长19.21毫米，宽14.78毫米。M_3长35.81毫米，宽15.81毫米。$P_2 \sim P_4$齿列长37.43毫米，$M_1 \sim M_3$齿列长67.39毫米，$P_2 \sim M_3$齿列长127.11毫米。P_2前位颌体高40.72毫米，M_1前位颌体高43.59毫米，M_3后位颌体高48.18毫米。根据同时期的河姆渡遗址中出土了大量的家猪及以上解剖学特征，初步判断为家猪（图九一，3；图版九九，5）。

标本2004FJS⑧:496，猪的右侧距骨，较完整。骨体表面灰黑，髁前端与骨轴平行，后段弯曲，倾斜骨轴。距骨内侧髁最大长52.7毫米，外侧髁最大长56.25

毫米。后侧关节面最大宽32.75毫米（图版九九，6）。

标本2004FJS⑧：725，猪左侧第三掌骨，已残。掌骨近端关节面上观，近似等边三角形，远端关节面脱落，骨垢未愈合，为一幼年个体。骨体残长74.13毫米，近端最大宽24.19毫米，骨干最窄处宽15.89毫米（图版九九，7）。

标本2004FJS⑧：751，猪的右侧第三跖骨，较完整。跖骨表面骨皮开始脱落，近端关节面跖面凸出，远端髁内外两侧有凹窝。跖骨远端关节面与骨体完全愈合，为一成年个体。跖骨最大长79.36毫米，近端最大宽19.31毫米，远端最大宽16.6毫米（图版九九，8）。

鹿科 Cervidae Gray

 鹿属 *Cervus* Linnaeus

  梅花鹿 *Cervus Nippon* Tcmminck

（1）材料：可鉴定为梅花鹿的标本遗存有50件角。其中可以明确判定为左角的14件，右角25件。因此其最小个体数是25。

（2）典型标本描述：

标本2004FJS⑧：819，梅花鹿的右角，已残。保留有角环以上的部分，包括眉枝、第一枝叉、主枝、第二分枝和叉部分。角环的底部与角柄连接处，断口平齐，无人工痕迹，应为自然脱落的角。角残长330毫米，角环前后径直径长52.06毫米，内外直径长47.47毫米；角环至眉枝之间的前后直径长35.89毫米，内外直径长29.88毫米；角环至眉枝高32.31毫米。角表面有粗糙的颗粒状凸起，角环之上的主干短而壮，剖面为扁圆形，距角环之上很短的距离，即向前分出第一枝（眉枝），眉枝与主枝之间的夹角是锐角。从残存的枝杈来看，该鹿的年龄至少4岁（图九二；图版一〇〇，1）。

标本2004FJS⑧：511，梅花鹿的右角，已残。保留有角柄部分、眉枝和主枝。角柄部分骨质胶原脱落，角环部分残掉，眉枝和第三分枝的断口处各有一圈深磨得凹槽，断口处比较平齐。角表面有纵列的密布深沟。主枝向外扩展，眉枝、第二分枝、第三分枝枝顶均向内弯。角残长420毫米，年龄至少4岁（图九三，1；图版一〇〇，2）。

标本2004FJS⑧：2001，梅花鹿的左角，已残。保留有头骨的顶骨部分、角柄部分、角环、眉枝和主枝。角环部分较光滑，有明显的打磨痕迹，眉枝较小，向前向内弯曲，主枝向后向外扩展，表面有小的瘤状凸起，顶端有分叉，但分枝都被砍掉，断口处有多道明显的砍痕。角环前后径直径长39.22毫米，内外直径长35.36毫米；角柄前后直径长23.39毫米，内外直径长24.42毫米；角环至眉枝高61.83毫米。年龄至少4岁（图九三，2；图版一〇〇，3）。

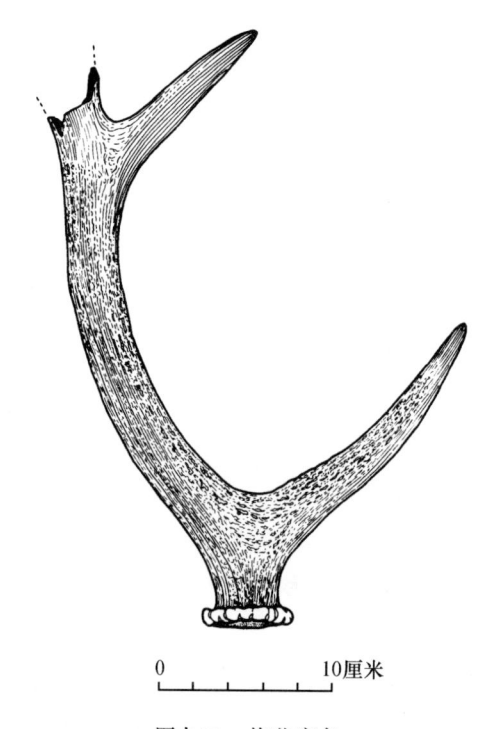

图九二　梅花鹿角

梅花鹿右角（2004FJS⑧：819）外侧面视图

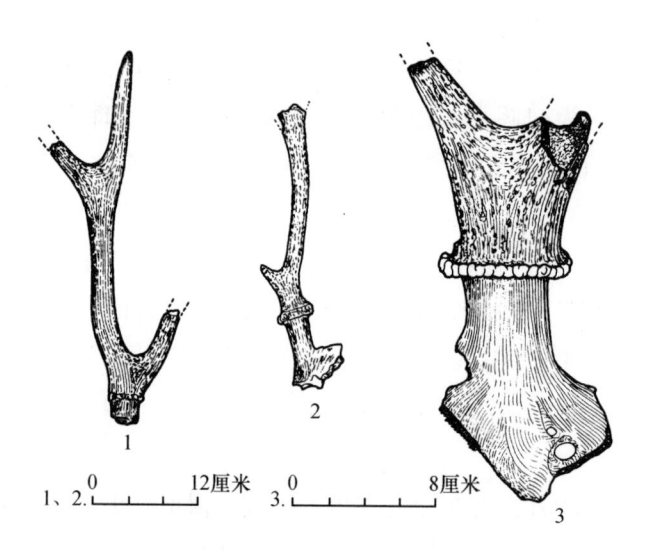

图九三　梅花鹿与水鹿角

1. 梅花鹿右角（2004FJS⑧：511）外侧面视图
2. 梅花鹿左角（2004FJS⑧：2001）前视图
3. 水鹿的左角（2004FJS⑧：671）内侧面视图

第四章　动植物遗存与古环境

标本 2004FJS⑧:559，梅花鹿的寰椎，已残。右侧横突翼比较薄，残，背结节前侧有三角形凸起，表面有四个大孔，旁边还有小的血管孔。背侧缘弯曲明显。腹侧面关节不明显。前侧椎孔呈椭圆形，后侧椎孔近似圆形。寰椎最大宽 88.87 毫米，寰椎最大长 69.02 毫米，后侧椎孔关节面最大宽 52.55 毫米，椎孔最大宽 28.14 毫米（图版一〇〇，4）。

标本 2004FJS⑧:356，梅花鹿的枢椎，横突、棘突均残。齿突近似于半圆形，关节面看不见。枢椎残长 73.82 毫米，头侧关节面最大宽 47.88 毫米，椎体最大宽 25.68 毫米（图版一〇〇，5）。

标本 2004FJS⑧:98，梅花鹿的左侧肱骨远端。骨干残，骨体表面灰黄，外侧髁外撇，表面有凹窝。内侧髁稍向外翻卷，表面有凸起。鹰嘴窝很深，滑车脊靠近外侧。肱骨远端最大宽 55.44 毫米（图版一〇一，1）。

标本 2004FJS⑧:18，梅花鹿的左侧桡骨远端。骨干残，骨体表面灰黑，骨干前侧表面有两条竖着的锐脊。远端保存完整。远端关节面被锐脊所分开，脊与中轴线斜交。远端最大宽 33.42 毫米（图版一〇一，2）。

标本 2004FJS⑧:161，梅花鹿的左侧胫骨近端，已残。胫骨近端部分的横断面近似三角形，胫骨脊向外弯曲，肌腱沟夹角呈圆弧形，胫骨内侧髁缘正在内侧。胫骨近端关节面最大宽 58.42 毫米（图版一〇一，3）。

标本 2004FJS⑧:839，梅花鹿的左侧掌骨远端，残。骨干部分缺失，骨干截面呈半圆形，骨干远端有一滋养孔，骨干内侧隆起，滑车的矢状脊从中间略偏向于外侧。骨体表面灰黑。远端内侧髁高于外侧髁。掌骨远端最大宽 41.25 毫米（图版一〇一，4）。

标本 2004FJS⑧:238，梅花鹿的左侧跖骨远端，已残。骨干部分残，骨干截面近似椭圆形，骨干表面的凹槽不明显，终止于滋养坑。跖侧关节面较窄。内侧髁高于外侧髁。跖骨远端最大宽 30.89 毫米（图版一〇一，5）。

标本 2004FJS⑧:435，梅花鹿的右侧跟骨。跟骨头关节面脱落，骨垢未完全愈合。前突带有三角形尖，前突截缘与骨轴近于垂直相交。载距突垂直于骨轴。载距突关节面近似圆形。中间有一条棱将该面分开，棱不明显。跟骨残长 93.37 毫米。最大宽 35.03 毫米（图版一〇一，6）。

标本 2004FJS⑧:134，梅花鹿的左侧距骨，较完整。骨体表面灰黄，两侧髁与骨轴平行，髁之间有明显的凹窝。跟骨关节面达到外侧耳状关节面。距骨内侧髁最大长 51.88 毫米，外侧髁最大长 54.56 毫米。后侧面最大宽 36.81 毫米（图版一〇一，7）。

标本 2004FJS⑧:28，梅花鹿的右侧第一节趾骨，较完整。趾骨骨干内侧关节面较高，内侧面近于垂直，外侧面呈弧形。趾骨近端关节面有中沟，将内侧关节面分为两部分，外侧部分关节面较大。远端关节面也被一条沟给分开，关节面近似三角形，外撇。趾骨最大长 60.83 毫米，近端最大宽 22.03 毫米，远端最大宽 20.26 毫米（图版一〇一，8）。

标本 2004FJS⑧:397，梅花鹿的右侧第二节趾骨，较完整。趾骨近端关节面被一锐脊所分开，内侧部分关节面较大，骨干向外侧翻，远端关节面被一沟分为两部分，关节面外翻。趾骨最大长 51.43 毫米，近端最大宽 20.33 毫米，远端最大宽 18.05 毫米（图版一〇一，9）。

水鹿 C. (Rusa) unicolor (Kerr)

（1）材料：可鉴定为水鹿的标本遗存有 225 件。其中头骨 2 件；角 50 件，其中可以鉴定左右的有 37 件，左 16 右 21；左上颌骨 1 件；右 M_2 1 件；M_3 2 件，左 1 右 1；下前颌骨 15 件，左 8 右 7；枢椎 7 件；肩胛骨 11 件，左 6 右 5；肱骨 28 件，左 17 右 11；跟骨 8 件，左 6 右 2；距骨 20 件，左 8 右 12；髋骨 21 件，左 16 右 5；荐骨 1 件；股骨 42 件，左 20 右 22；胫骨 11 件，左 4 右 7；系骨 5 件，左 1 右 4。最小个体数是 22。

（2）典型标本描述：

标本 2004FJS⑧:671，水鹿的左角，已残。保留有角的角柄、角环和第一枝叉部分，附带有头骨的顶骨、眼眶骨。鹿角柄短而粗壮，剖面近似圆形。角环也近似圆形。角柄长 43.83 毫米，角柄部分前后直径长 43.89 毫米，内外直径长 43.25 毫米；角环前后直径长 72.41 毫米，内外直径长 72.06 毫米。角柄表面光滑，角表面密布有纵列的深沟和瘤状凸起。角断口处有砍痕，说明鹿角非自然脱落，应为人工获得的（图九三，3；图版一〇二，1）。

标本 2004FJS⑧:2，水鹿的左角，已残。角环基部断口平齐，无人工痕迹，应为自然脱落。角体比较粗壮，主枝向后外侧弯，眉枝、第二分枝均向前伸，第二分枝、第三分枝角尖朝内弯。角表面有密布的纵列深沟和凸起。角环部分以上保存较完整，除主枝外共有三枝，年龄至少 4 岁。角尖稍磨，残长 590 毫米，角环前后直径长 76.61 毫米，内外直径长 71.43 毫米（图九四，1；图版一〇二，2）。

标本 2004FJS⑧:501，水鹿右角的顶枝，已残。角表面有比较深的沟，纵列密布在角表面。角主枝断口处有一圈砍痕，断口比较平齐，应为先砍出一圈凹槽，然后再砸断，人工截下。鹿角残长 355 毫米，角枝叉成锐角。角主枝前后直径长 44.35 毫米，内外直径长 38.3 毫米，主枝剖面成卵圆形（图九四、2；图版一〇二，3）。

标本 2004FJS⑧:82，水鹿右角，已残。保存有头骨的顶骨、眼眶骨部分、角柄、角环、眉枝。头骨部分均残，角柄粗壮，角环呈圆形，表面有瘤状凸起，角的主枝部分被砍掉。断口处参差不齐，周围有一圈层层叠叠的砍痕。推测应是先砍一圈凹槽，然后在凹槽处砸断，截取角料。眉枝长而粗壮，表面有比较深的沟和瘤状凸起。角尖处黑而光滑，表面有一层啮齿类动物的一排排咬痕。角残长 359.17 毫米，角柄前后直径长 38.94 毫米，内外直径长 35.5 毫米；角环前后直径长 69.75 毫米，内外直径长 64.92 毫米（图九四，3；图版一〇二，4）。

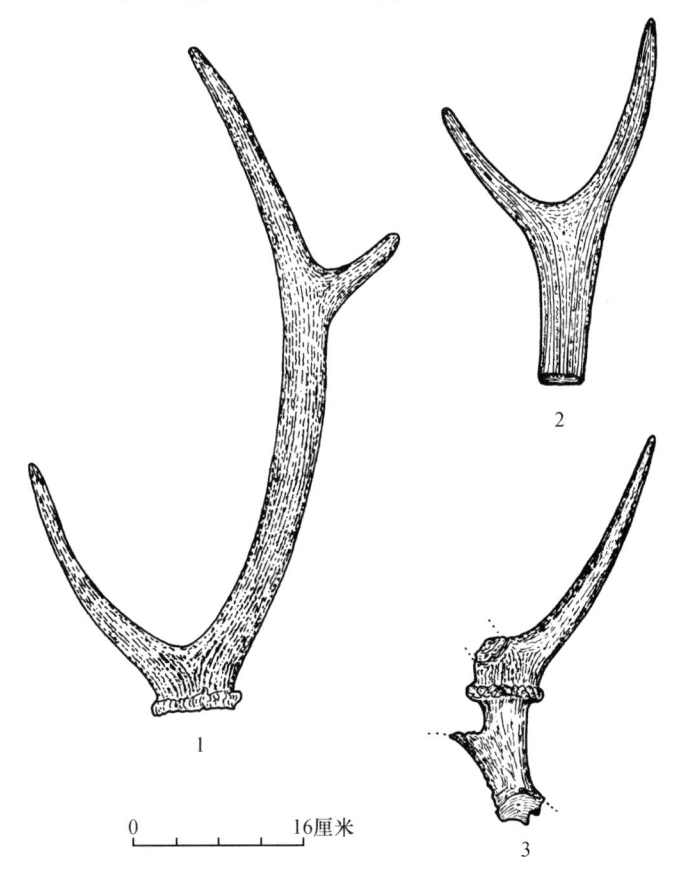

图九四　水鹿角

1. 水鹿左角（2004FJS⑧:2）内侧面视图
2. 水鹿右角顶枝（2004FJS⑧:501）外侧面视图
3. 水鹿右角（2004FJS⑧:82）外侧面视图

标本 2004FJS⑧:797，水鹿右角，已残。保留有头骨的眼眶骨和顶骨部分，角的角柄、角环、主枝。其中头骨部分均残，可以看出右侧眼眶部分，角柄比较粗壮，角环呈椭圆形，表面有发育的瘤状凸起。主枝向后外侧内向弯曲，表面有纵向排列得密布深沟和瘤状凸起。角残长 419.5 毫米，角柄前后直径长 36.7 毫米，内外直径长 33.94 毫米；角环前后直径长 69.12 毫米，内外直径长 62.2 毫米（图版一○二，5）。

标本 2004FJS⑧:1343，水鹿后侧头骨，已残。保存有额骨后侧、顶骨、鹿角、枕骨、枕骨大孔等。额骨凹陷，中间有凸脊，鹿角柄短而粗壮，角环呈圆形，角表面有比较深的沟和瘤状凸起。角柄前后直径长49.54毫米，内外直径长53.44毫米；角环前后直径长76.92毫米，内外直径长76.4毫米，枕骨最大宽137.15毫米，枕骨乳状突最大宽97.06毫米，枕髁间最大宽79.76毫米，枕骨大孔最大宽32.09毫米（图九五，1；图版一○二，6）。

标本 2004FJS⑧:706，水鹿头骨，已残。保存有头骨的额骨、眼眶骨、顶骨、枕骨、枕骨大孔等，额骨上有一个大孔，明显为人为制造，系人用工具将其头部敲碎，致其死亡。顶骨与枕骨相接的地方，稍平，两边呈缓弧形。枕髁、枕骨乳状突均残。枕髁间最大宽63.91毫米，枕骨大孔最大宽32.85毫米（图版一○三，1）。

标本 2004FJS⑧:639，水鹿右侧下颌骨，已残。水鹿下颌支缺失，水平支前侧下颌孔较大，水平支越往后升得越高。牙齿 P_2P_3 残，P_4~M_3 保存完整，牙齿颊侧釉质面上有明显的鹿皱，嚼面磨蚀较严重，该鹿应为成年鹿，年龄在4岁左右。P_2 长11.15毫米，宽7.61毫米。P_3 长15.04毫米，宽8.66毫米。P_4 长17.95毫米，宽12.17毫米。M_1 长21.18毫米，宽14.36毫米。M_2 长24.72毫米，宽14.54毫米。M_3 长32.88毫米，宽14.75毫米。P_2 至 P_4 的齿列长43.81毫米，M_1 至 M_3 齿列长77.84毫米，P_2 至 M_3 齿列长121.07毫米。P_2 前位颌体高35.74毫米，M_1 前位颌体高42.26毫米（图九五，2；图版一○三，2）。

标本 2004FJS⑧:577，水鹿左侧肱骨远端，已残。骨干部分断裂，骨髓被掏空，外侧髁外撇，表面有凹窝。内侧髁稍向外翻卷，髁内较平。鹰嘴窝很深，滑车脊靠近外侧，内侧滑车关节面较大。肱骨远端最大宽61.11毫米（图版一○三，3）。

标本 2004FJS⑧:220，水鹿左侧桡骨远端，已残。骨体表面灰黑，骨管内的骨髓被掏空，骨干前侧表面有两条竖着的脊。远端保存完整。远端关节面被3条脊所分开，脊与中轴线斜交。远端最大宽51.09毫米（图版一○三，4）。

标本 2004FJS⑧:172，水鹿右侧胫骨近端，已残。胫骨近端部分的横断面近似三角形，胫骨脊向外弯曲，肌腱沟夹角呈圆弧形，胫骨内侧髁缘在内侧。胫骨骨干内的髓质部分被掏空，系被人为砸断。胫骨近端关节面最大宽76.39毫米（图版一○三，5）。

标本 2004FJS⑧:361，水鹿左侧跟骨，较完整。骨体表面灰黑，前突带有三角形尖，前突截缘与骨轴倾斜，呈半月形。载距突垂直于骨轴。载距突关节面近似椭圆形。中间有一条棱将该面分开，棱不明显。跟骨体终止于跟骨头。跟骨最大长123.71毫米。最大宽42.68毫米（图版一○三，6）。

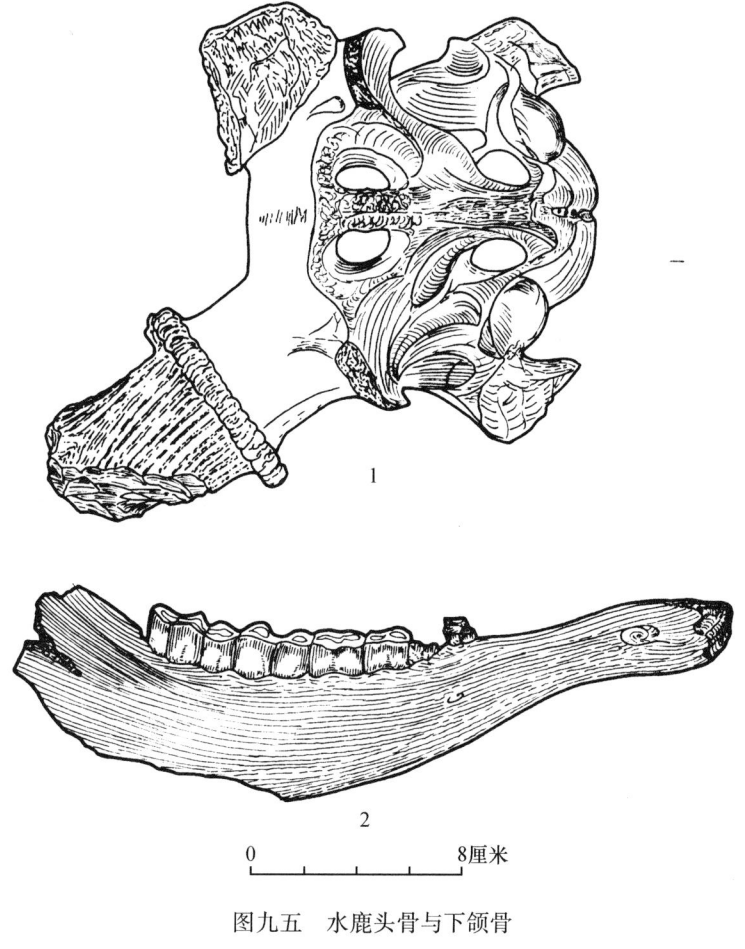

第四章　动植物遗存与古环境 ·135·

图九五　水鹿头骨与下颌骨
1. 水鹿后侧头骨（2004FJS⑧:1343）前视图
2. 水鹿右侧下颌骨（2004FJS⑧:639）颊侧视图

麂属 Muntiacus

麂 Muntiacus sp.

（1）材料：可鉴定的标本遗存有152件。其中头骨2件；角22件，可以鉴定左右的有16件，左7右9；上腭骨2件；下颌骨13件，左5右8；寰椎3件；枢椎6件；右肩胛骨1件；肱骨4件，左1右3；尺骨8件，左5右3；桡骨29件，左7右22；跟骨17件，左7右10；距骨4件，左1右3；右股骨1件；胫骨22件，左9右13；掌骨7件，左3右4；跖骨7件，左6右1。冠骨2件，左1右1；右系骨1件；左蹄骨1件。其中桡骨右侧近端标本遗存数量最多，为12件，因此最小个体数是12。

（2）典型标本描述：

标本2004FJS⑧:714，麂的右角，已残。保存有头骨的顶骨、眼眶骨部分。角只有一根小枝。角残长143.15毫米，角环前后直径长19.26毫米，内外直径长19.1毫米（图版一〇四，1）。

标本2004FJS⑧:846，麂的左角，已残。保存有角环、主枝、眉枝部分。角环呈圆形，表面有小的珍珠状凸起，眉枝小而前凸，主枝向后内侧弯曲。角残长215.24毫米，角环前后直径长30.2毫米，内外直径长28.07毫米（图版一〇四，2）。

标本2004FJS⑧:652，麂右下颌骨，已残。下颌支的角突残，水平支的前侧残，水平支前后颌体上升幅度不大。牙齿保存完整。P_2长7.35毫米，宽3.89毫米。P_3长7.78毫米，宽4.43毫米。P_4长8.09毫米，宽5.54毫米。M_1长9.2毫米，宽7.02毫米。M_2长10.32毫米，宽7.48毫米。M_3长14.56毫米，宽7.26毫米。P_2~P_4的齿列长22.94毫米。M_1~M_3的齿列长32.76毫米。P_2~M_3的齿列长56.49毫米。P_2前位颌体高12.37毫米，M_1前位颌体高16.69毫米，M_3后位颌体高23.4毫米。嚼面磨蚀较轻，齿脊比较突出。根据牙齿的磨蚀程度，麂的年龄在2岁左右（图九六，1；图版一〇四，4）。

标本2004FJS⑧:642，麂右下颌骨。除齿吻结合部残外，其余保存较完整。水平支前后颌体上升幅度不大。牙齿保存有P_2、P_3、dP_4、M_1、M_2。P_2长6.92毫米，宽2.83毫米。P_3长7.83毫米，宽3.86毫米。dP_4长11.48毫米，宽5.26毫米。M_1长11.06毫米，宽5.98毫米。M_2长12.61毫米，宽6.59毫米。P_2~dP_4的齿列长25.09毫米。M_1~M_2的齿列长23.56毫米。P_2~M_2的齿列长47.3毫米。P_2前位颌体高12.35毫米，M_1前位颌体高16.08毫米，M_2后位颌体高19.09毫米。冠状突到角突长55.3毫米，髁突到角突长35.98毫米。嚼面磨蚀较轻，齿脊比较突出，M_3在齿槽中尚未萌出。麂的年龄在1.5岁左右（图版一〇四，5）。

标本2004FJS⑧:741，麂左侧掌骨，保存完整。骨体纤细，表面灰黑色。掌骨近端截面呈半圆形，近端关节面有一血管孔，中间被一条脊分为两面，内侧关节面大。骨干内侧部分较高。掌骨远端内侧髁高于外侧髁。两髁近于平行。掌骨最大长92.59毫米，近端最大宽17.37毫米，远端最大宽17.06毫米，掌骨骨干最窄处宽11.57毫米（图版一〇四，3）。

标本2004FJS⑧:418，麂右侧距骨，保存完整。骨体表面灰白，经过人为烧烤。两侧髁与骨轴平行，髁之间有凹窝。距骨内侧髁最大长35.35毫米，外侧髁最大长37.4毫米。后侧面最大宽22.86毫米（图版一〇四，6）。

标本2004FJS⑧:498，麂左下蹄骨（第三节趾骨），保存完整。近端关节面近似椭圆形，被一脊分为两部分，外侧关节面较大。趾骨体向内侧翻，趾骨表面有皱纹和细小的血管孔。趾骨腹面较平，近似三角形。趾骨底部对角线的最大长56.39毫米。趾骨底部中宽23.61毫米。近端关节面的长度24.39毫米（图版一〇四，7）。

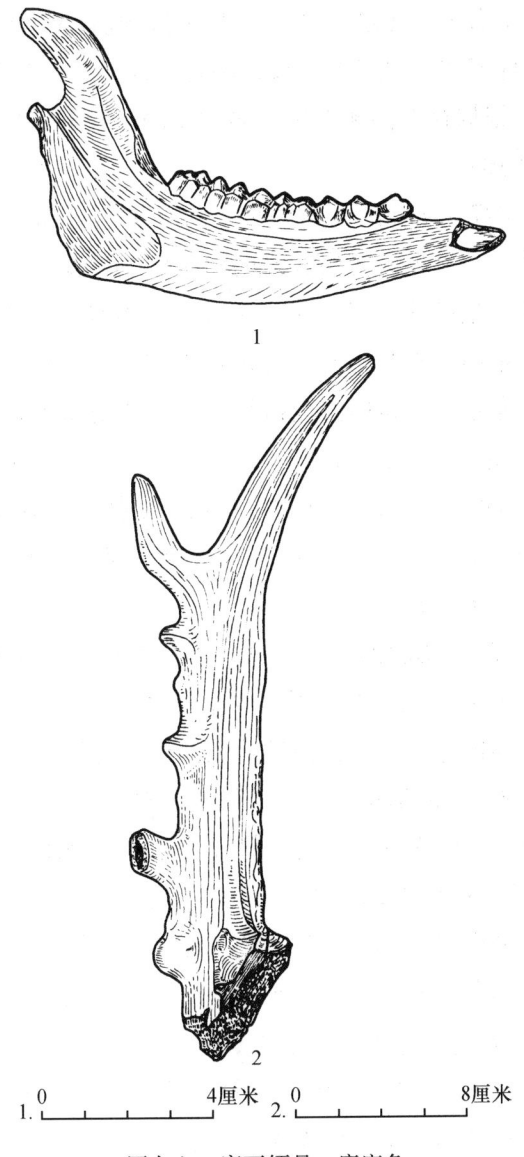

图九六 麂下颌骨、麋鹿角

1. 麂右下颌骨（2004FJS⑧:652）颊侧视图
2. 麋鹿角顶枝（2004FJS⑧:885）侧视图

四不象鹿属 *Elaphurus* Milne-Edwards

麋鹿（达维四不象鹿）*E. davidianus* Milne-Edwards

（1）材料：可鉴定为麋鹿的标本遗存有272件。其中头骨3件；角28件，其中可以判定左右的仅5件，左3右2；左$M^1$1件；左$M^2$1件；左上颌骨1件；上臼齿1件；右$M_1$1件；下颌骨28件，左15右13；寰椎2件；枢椎3件；肩胛骨19件，左12右7；肱骨31件，左16右15；尺骨12件，左3右9；桡骨39件，左30

右9；掌骨3件，左1右2；跟骨5件，左2右3；髋骨17件，左8右9；股骨34件，左18右16；胫骨32件，左20右12；跖骨6件，左3右3；冠骨3件，左2右1；系骨2件，左2。根据存在同侧部位最多的左侧股骨18件，其最小个体数是18。

（2）典型标本描述：

标本2004FJS⑧:877，麋鹿的左角一根。附有头顶骨部分，保存有鹿角角环部分、眉枝和部分主枝。角叉上有层层叠叠的梯状砍痕，说明该角非自然脱落，应为人工砍下获得的鹿角，现已残。残长390毫米。角环前后直径长59.65毫米，内外直径长59.31毫米；角环至眉枝间前后直径长41.1毫米，内外直径长34.12毫米；角环至眉枝高91.76毫米。角整体比较粗壮，角主枝表面较光滑。从残存的枝杈看该鹿年龄至少4岁（图版一〇五，1）。

标本2004FJS⑧:885，麋鹿的角顶枝杈一根。角枝表面有发育的沟和瘤状凸起，凸起大小不一，大的凸起与角成倒沟状。顶枝倒沟叉上有砍痕。角残长315毫米（图九六，2；图版一〇五，2）。

标本2004FJS⑧:754，麋鹿的左角，残。保存有鹿角的角环、主枝及眉枝分叉部分。鹿角整体比较粗壮，角环呈圆形，表面有很多凸起。主枝表面有纵向的深沟，向后外侧伸展，向内弯曲。主枝顶端分叉，枝杈均被砍掉，但断口处有明显的砸痕。眉枝断口处也有明显的砸痕。系截取鹿角料的剩余鹿角。鹿角残长383.48毫米，角环前后直径长69.45毫米，内外直径长65.43毫米；角环至眉枝间前后直径长58.4毫米，内外直径长45.45毫米（图版一〇五，3）。

标本2004FJS⑧:886，麋鹿右顶角枝杈，残。角顶分为2个枝杈，枝杈向后内侧弯曲。角枝表面黄白色，较光滑，有瘤状凸起，凸起大小不一，大的凸起与角成倒沟状。角残长280.56毫米（图版一〇五，4）。

标本2004FJS⑧:638，麋鹿的左侧下颌骨，已残。水平支往后的上升幅度不大，下颌支缺失，牙齿保存基本完整，牙齿嚼面磨蚀严重，颊侧釉质面有鹿皱，鹿的年龄至少4岁，为一成年鹿。P_2长12.19毫米，宽7.72毫米。P_3长16.36毫米，宽8.68毫米。P_4长16.38毫米，宽10.25毫米。M_1长18.18毫米，宽13.14毫米。M_2长21.44毫米，宽13.34毫米。M_3长28.62毫米，宽14.4毫米。$P_2 \sim P_4$齿列长43.88毫米，$M_1 \sim M_3$齿列长69.70毫米，$P_2 \sim M_3$齿列长113.04毫米，P_2前位颌体高29.5毫米，M_1前位颌体高31.57毫米，M_3后位颌体高42.6毫米（图九七，1；图版一〇五，5）。

标本2004FJS⑧:451，麋鹿的左侧胫骨近端，已残。骨体表面灰黑，胫骨近端关节面近似三角形，胫骨脊向外翻，肌腱沟夹角呈圆弧形，胫骨内侧髁缘正在内侧。胫骨骨干断口处有明显的砸痕，骨干内的髓质部分被掏空，系被人为砸断。胫骨近端关节面最大宽 86.79 毫米（图版一〇五，6）。

标本 2004FJS⑧:391，麋鹿的左蹄骨，保存较完整。近端关节面近似椭圆形，被一脊分为两部分，外侧关节面较大。趾骨体向内侧翻，趾骨表面有皱纹和血管孔。趾骨底面，近似梯形。趾骨底部对角线的最大长 82.44 毫米。趾骨底部中宽 28.48 毫米。近端关节面的长度 37.65 毫米（图版一〇五，7）。

牛科 Bovidae Gray

　牛亚科 Bovinae Gill

　　水牛属 *Bubalus* Smith

　　　水牛 *Bubalus mephistopheles* sp.

（1）材料：可鉴定为水牛的标本遗存有 150 件。其中头骨 1 件；角 1 件，右 1；右 M^2 1 件；M^3 2 件，左 1 右 1；左 P^4 1 件；上腭骨 2 件，左 1 右 1；上颌骨 3 件，左 2 右 1；右 I_1 1 件；M_2 2 件，左 1 右 1；下颌骨 7 件，左 3 右 4；下前颌骨 1 件；舌骨 1 件；枢椎 2 件；肱骨 17 件，左 8 右 9；尺骨 8 件，左 4 右 4；桡骨 12 件，左 8 右 4；掌骨 10 件，左 6 右 4；跟骨 9 件，左 3 右 6；距骨 4 件，左 3 右 1；髋骨 1 件，右 1；股骨 13 件，左 11 右 2；胫骨 14 件，左 10 右 4；跖骨 9 件，左 7 右 2；冠骨 2 件，右 2；系骨 16 件，左 9 右 7；蹄骨 10 件，左 2 右 8。最小个体数是 11。

（2）典型标本描述：

标本 2004FJS⑧:930，水牛的右侧头骨，已残。保留有眶后部分、顶骨及右牛角心，顶骨向后凹，牛角心较直，斜向外伸。角心剖面近似三角形，角心表面相当粗糙，有许多细密的小孔。角基部前后最大直径长 71.72 毫米，最小直径长 48.56 毫米（图九七，2；图版一〇六，1）。

标本 2004FJS⑧:952，水牛右上颌骨，已残。牙齿附有 $P^2 \sim M^3$，P^2 长 17.96 毫米，宽 14.6 毫米。P^3 长 18.72 毫米，宽 20.24 毫米。P^4 长 17.58 毫米，宽 22.81 毫米。M^1 长 24.86 毫米，宽 26.09 毫米。M^2 长 28.93 毫米，宽 26.88 毫米。M^3 长 32.48 毫米，宽 25.97 毫米。牙齿有发育的齿柱，釉质面磨蚀殆尽，嚼面磨蚀严重（图九七，3；图版一〇六，2）。

标本 2004FJS⑧:944，水牛的左下颌骨，已残。下颌骨较为粗壮，骨体保存基本完整，牙齿附有 $M_1 \sim M_3$，M_1 长 29.1 毫米，宽 17.5 毫米。M_2 长 31.35 毫米，宽 18.02 毫米。M_3 长 44.16 毫米，宽 19.29 毫米。$M_1 \sim M_3$ 长 103.25 毫米，上升枝高 228.43 毫米（图九八，1；图版一〇六，3）。

标本 2004FJS⑧:481，水牛的左上 M^2，已残。牙齿表面灰黑色，前内侧齿根残。牙齿釉质面磨蚀殆尽，齿冠较低。嚼面磨蚀严重，呈四个半月形，齿柱磨蚀严重。M^2 长 29.86 毫米，宽 24.43 毫米，残高 73.54 毫米，釉质面残高 7.73 毫米

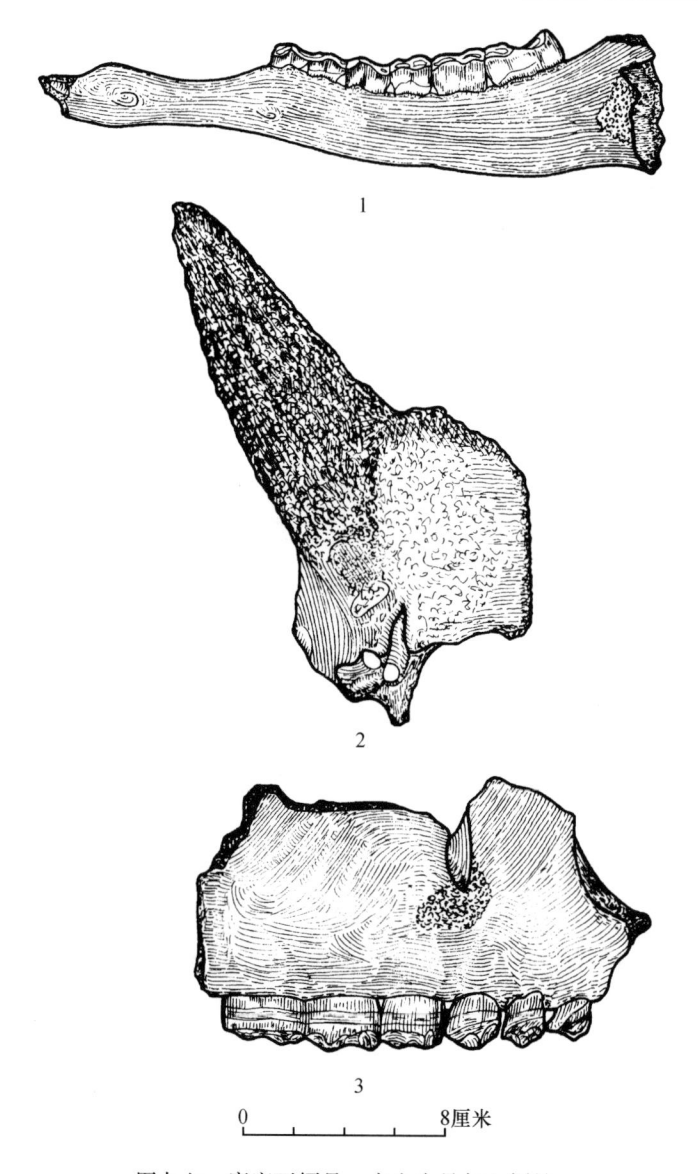

图九七 麋鹿下颌骨、水牛头骨与上颌骨
1. 麋鹿左侧下颌骨（2004FJS⑧:638）颊侧面视图
2. 水牛右侧头骨（2004FJS⑧:930）前侧面视图
3. 水牛右上颌骨（2004FJS⑧:952）右颊侧面视图

（图版一〇六，4）。

标本 2004FJS⑧:934，水牛的寰椎，保存基本完整。寰椎背结节后侧缺失，横突两翼向外延伸，横突孔较大。横突最大宽 248.05 毫米，最大长 120.21 毫米，寰椎头侧关节面至尾侧关节面最大长 100.03 毫米，寰椎尾侧关节面最大宽 122.14 毫米（图九八，2；图版一〇六，5）。

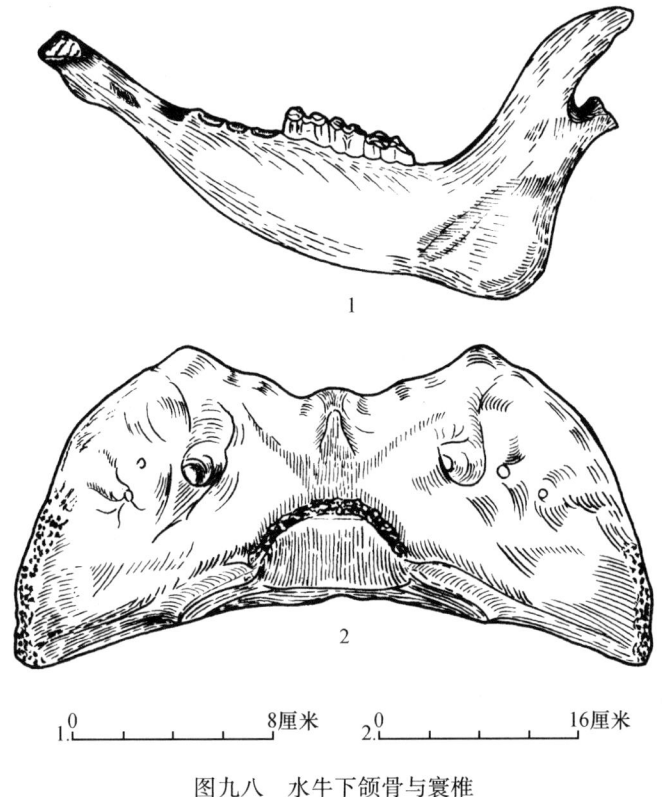

图九八　水牛下颌骨与寰椎
1. 水牛左下颌骨（2004FJS⑧:944）舌侧面视图
2. 水牛寰椎（2004FJS⑧:934）背侧面视图

标本2004FJS⑧:116，水牛的左侧掌骨，残。掌骨表面呈灰黑色，骨体整体比较粗壮，两端粗，中间窄。骨体背侧面血管槽经过滋养坑一直延伸到远端。骨体腹侧面有一个大坑，坑周围有明显的砸痕，系人为砸击而成。骨干内的髓质部分被掏空。掌骨近端呈半圆形，被一锐脊分为两部分，内侧关节面较大。近端关节面有明显的凹陷。远端两髁向内收缩，髁外均有髁窝。掌骨近端最大宽73.36毫米，远端最大宽87.5毫米。骨干最窄处宽50.6毫米（图版一〇七，1）。

标本2004FJS⑧:109，水牛的右侧跖骨，较完整。跖骨表面呈灰黄色，有炭黑色的烧烤痕。骨体整体比较粗壮，两端粗，中间窄。骨体背侧面第三和第四跖骨愈合缝有明显的沟槽，超过滋养坑，一直延伸到骨干远端。跖骨近端呈椭圆形，跖侧关节面较窄，分为三部分，中间有凹陷。其中内侧关节面较大。远端两髁向内收缩，髁外均有髁窝。掌骨近端最大宽64.44毫米，远端最大宽78.05毫米。骨干最窄处宽40.02毫米（图版一〇七，2）。

标本2004FJS⑧:409，水牛的右侧髋骨，残。保留有髋骨的髂骨、坐骨、髋臼。骨体较粗壮，髋臼近似圆形，髋臼切迹窄而深，四壁膨大，臼窝比较明显。臼窝最大宽 70.19 毫米（图版一〇七，3）。

标本 2004FJS⑧:903，水牛的右侧股骨远端，残。骨体比较粗大，骨干被砸断，骨管内的髓质被掏空。断口处有明显的砸痕。股骨远端外侧髁比内侧髁宽，髌骨滑车外翻，被一条明显的脊分开，内侧面较高。股骨远端最大宽 123.02 毫米（图版一〇七，4）。

标本 2004FJS⑧:567，水牛的左侧髌骨，较完整。骨体整体大而结实，近似三角形，前侧面凹凸不平有明显的褶皱。后侧股骨滑车关节面呈椭圆形，分为两部分，内侧面较大。髌骨最大长 74.43 毫米，最大宽 63.60 毫米（图版一〇七，5）。

标本 2004FJS⑧:448，水牛的左侧胫骨远端，残。骨体表面灰黑，整体比较粗壮，骨体自骨干处断裂，断口处有砸击痕迹，骨管内的髓质部分被掏空。骨干远端前侧面较平，内髁比较显著，胫骨蜗形沟与胫骨轴平行。胫骨远端最大宽 79.61 毫米（图版一〇七，6）。

标本 2004FJS⑧:572，水牛的右侧跟骨，完整。骨体整体比较粗壮，表面灰黑，前突带有三角形尖，前突截缘与骨轴倾斜，呈半月形。载距突垂直于骨轴。载距突关节面近似椭圆形。跟骨体终止于跟骨头。跟骨最大长 167.54 毫米。最大宽 73.48 毫米（图版一〇七，7）。

标本 2004FJS⑧:438，水牛的右侧距骨，完整。骨体表面灰黄，两侧髁与骨轴平行，髁之间凹窝较浅。跟骨关节面后侧有一凹窝，关节面延伸到外侧耳状关节面。距骨内侧髁最大长 79.13 毫米，外侧髁最大长 86.43 毫米。后侧面最大宽 58.83 毫米（图版一〇七，8）。

标本 2004FJS⑧:388，水牛的右侧蹄骨，完整。近端关节面近似三角形，被一脊分为两部分，外侧关节面较大。趾骨体向内侧翻，趾骨表面有皱纹和血管孔。趾骨底面，近似梯形。趾骨底部对角线的最大长 100.53 毫米。趾骨底部中宽 36.93 毫米。近端关节面的长度 46.42 毫米（图版一〇七，9）。

二、动物骨骼反映的生业模式

在这种动植物资源异常丰富的环境下，傅家山原始居民获取食物的来源存在着多样性。水系发达，河湖密布，鱼类资源丰富，通过捕鱼可以获得足够的水产品；附近的广阔的草原山林环境，使得当时的人可以通过狩猎大型的哺乳动物，获得较多的肉食资源。猪、鹿可能已经被驯养，人们可以获得稳定持久的肉食资源。另外从傅家山遗址出土的较多的利用牛的肩胛骨制作成的骨耒耜来看，当时已经产生了原始的农业，可能存在农耕经济。

三、动物骨骼反映的人类行为

傅家山遗址出土的相当多动物骨骼遗存上保留有大量的人工痕迹，有些则已加工成骨器，详细研究这些动物骨骼上的人工痕迹以及制作骨器所取的骨骼部位、加工技术等有助于了解当时人们制作工具的方式和水平。

（1）傅家山遗址出土的大量动物骨骼遗存上遍布有砍痕、砸痕、剃剔痕等人工痕迹，说明当时的人已经开始有意识利用动物骨骼制作成器物、工具等，骨制品在当时日常生活中占据着重要地位。

（2）傅家山遗址的动物遗存中对偶蹄类动物，如鹿的掌骨、跖骨等骨干硬且直的部位利用率比较高。如鹿的掌骨或跖骨仅保留近端或远端部分，中间骨干部分可能被用来制作骨器或作为其他用途。取料方式：先在近端或者远端剃剔一周，出现一环绕骨体的凹槽，然后再沿槽边砸断骨体截料。

鹿角有明显砍、劈、截的痕迹，当时的人们对鹿角的利用程度很高。大量的鹿角都有这些痕迹的存在。

鹿角及其角片制成的工具可能广泛应用在人们的日常生活中。鹿角也被有选择的从角枝上砍下，相当多的鹿角有劈裂的痕迹。鹿角片可能被用作工具或者制作成为装饰品，鹿角尖本身就很尖锐，进一步磨制，可能用作大型骨针或钻等，鹿角的角环部位有明显的砸磨痕迹，仅保留眉枝，主枝部分劈裂，眉枝长度便于手持，可用作角锤。鹿角枝穿孔可用来作为装饰品，鹿角废料沟纹密布处可用来制作陶器纹饰等等。

鹿角的沟纹与陶器上的纹饰是否有关？绳纹除了用绳子拍印而成，是否还存在利用鹿角的天然沟纹所制成的绳纹？鹿角所截取的部位选择沟纹比较细密，适于掌握住的部位。鹿角是否用作制作陶器的工具？

原始社会交通不方便，陶器加工方式广泛传播可能性不大，不可能所有地区的人都按照同一种方式制作纹饰，人们会考虑就近取材，尽可能利用手中可以获得的工具来制作陶器。对于动植物资源丰富的地区，鹿类较多，鹿角是最容易获得的加工工具。因此利用鹿角表面本身的沟纹来制作陶器的绳纹可能性较大。

相当多的鹿类等动物掌骨远端可见有一圈剃剔的凹痕痕迹，然后砸断，断口比较平齐。掌骨骨干相对直而平，是做长而规整的骨质工具如骨针、骨簪、骨钻等骨器的良好材料。当时的傅家山人已经有意识地将掌骨骨干（管）部分砍下，用以制作骨器。

（3）鱼椎骨的椎体前后两端本身就有规则的凹陷窝，将鱼的脊椎骨的外侧部分进行磨平，加工成小的工具或者装饰品。

（4）大型动物管状骨的骨干部分基本不见，骨管髓质部分被掏空，骨髓被食用掉，骨干的部分被用来制作工具。利用大型动物管状骨的骨干断片制成骨铲，一端有打制的痕迹，便于手持，另一端两面进行磨制成一薄刃，截面呈"V"形的铲状。

（5）动物尺骨的鹰嘴突被砍掉，内侧有明显的砍痕或者割痕，工具刃口较薄而锐利。有的尺骨近端保留，便于手持。远端细的部分进行加工，磨制成尖状工具。

（6）发现了很多牛肋骨靠近关节头的骨干部分，此处较宽大，当时人有意识地将肋骨内侧骨片剥下，因内侧部分宽而平，可能也被用来制作某种器具。

（7）骨骼遗存上大部分都有烧烤的炭黑色痕迹。说明当时的人已经烧烤，食用熟食，文明程度较高。

第二节 植物遗存

一、采集的食用植物

地层中未被炭化的植物遗存主要发现在居住区内干栏式建筑的底部，大批菱角呈区块状分布，与木屑、炭粒和碎陶片堆积在一起，最厚处达12厘米，质地很松软，刚揭开呈橙黄色，其中清晰易辨的是大量属水生植物的菱角，经淘洗发现多是食用后的菱壳（图版一〇八），极少有完整的个体。菱角（Trapa）长4、宽2、厚1.7厘米左右（图版一〇九，1）。橡子（Quercus），呈分散状发现，其中一只破碎的陶釜周围有一堆发现。颗粒完整的呈长圆形，长2、宽1.3厘米左右（图版一〇九，2）。南酸枣（Choerospondias axillaris），果核呈椭圆形颗粒，顶端边缘有五颗籽粒孔，长2、宽1.3厘米左右（图版一一〇，1）。松（Pinus）球果，呈木质状麟瓣。长3.8、宽2.3厘米（图版一一〇，2）。

二、孢粉分析的木本、草本和蕨类植物

地层采集的土样标本，请中国社会科学院考古研究所齐乌云研究员做的植物孢粉分析（详见附录二）：第8层以木本及灌木植物花粉占优势，占64.8%，其次为草本植物花粉，占34.5%，蕨类植物孢子最少，占0.7%。乔木植物以常绿阔叶植物为主，以常绿栎属（Cyclobalanopsis）、台湾枫香（Liquidambar）、栲属（Castanopsis）、

大风子科（Flacourtiaceae）及假卫矛属（*Microtropis*）等热带、亚热带植物为主。此外还有落叶栎（*Quercus*）、榆（*Ulmus*）、胡桃（*Juglans*）、黄连木（*Pistacia*）、铁仔属（*Myrsine*）、柃属（*Eurya*）、血桐属（*Macaraga*）、桑科（Moraceae）、猕猴桃科（Actinidiaceae）、杉科（Taxodiaceae）、松属（*Pinus*）。草本植物以禾本科（Gramineae）、毛茛科（Ranunculaceae）、蒿属（*Artemisia*）、藜科（Chenopodiaceae）、莎草科（Cyperaceae）、苦苣苔科（Gesneriaceae）、野茉莉科（Styracaceae）为主，个别见到葫芦科的合子草（*Actinostemma*）、菊科（Compositae）、蓼属（*Polygonum*）及蔷薇科（Rosaceae）花粉。禾本科植物花粉相对较少，占12.2%，且以个体较小的类型为主，个体均为30微米左右或以下的野生禾草花粉。第6、7层的木本及灌木植物花粉占46.2%~55.1%，草本植物花粉占44.9%~51.3%，蕨类植物孢子最少，占0%~2.5%。水生植物种类和数量明显增多，包括香蒲（*Typha*）、黑三棱（*Sparganium*）、眼子菜（*Potamogeton*）、菱（*Trapa*）、狐尾藻属（*Myriophyllum*）、荇菜属（*Nymphoides*）等。禾本科植物中，基本占据了草本植物花粉的一半左右，含17.4%~24.9%，与现代水稻花粉相似的花粉也占一定的比重。

第三节　遗址古环境分析

首先，从动物骨骼鉴定结果分析：乌鳢或者鲇形目鱼类，是营底栖性鱼类，通常栖息于水草丛生、底泥细软的静水或微流水中，遍布于湖泊、江河、水库、池塘等水域内；琵鹭栖息于沼泽地、河滩、苇塘等处；鲣则生长在海边，属于大型的远洋鸟；鳖通常栖息在江河湖海的底部或距离水系近的地方；猕猴生活在热带、亚热带及暖温带阔叶林；獾，山地、森林、草原、丘陵、盆地、溪流湖泊均有分布，适应能力较强；水獭是半水栖兽类，喜欢栖息在湖泊、河湾、沼泽等淡水区；猪适宜生长于草原和稀疏森林环境；麂栖息于密林、草丛、山地丘陵；梅花鹿生活于森林边缘和山地草原地区；麋鹿性好合群，善游泳，喜欢以嫩草和其他水生植物为食，栖息于低洼湿地和沼泽；水鹿主要栖息于海拔300~3500米的阔叶林、季雨林、稀树草原和高草地等环境，喜在日落后活动，无固定的巢穴，有沿山坡作垂直迁移的习性，其活动范围大，没有固定的窝，性喜水，很少到远离水的地方去；野水牛栖息于丛林、竹林或芦苇丛中。

其次，从植物孢粉检测结果分析：距今7000~6000年的河姆渡文化早期阶段，傅家山遗址（第6~8层）周围的丘陵地带分布着以青冈栎、台湾枫香、栲、大风子科及假卫矛属等热带、亚热带常绿落叶阔叶林；林下地被层以草本植物和蕨类植物为主；孢粉的绝对含量较高，说明林木茂盛、稠密，当时的气候比今温暖湿润，相当于现在的海南岛及两广地区；山坡上散生着绣线菊、山桃、柑橘等灌丛及蒿子、蓼、毛莨科、菊科等草本植物。遗址附近的平原地带分布有傅家山人类种植的大片稻田。孢粉组合中大量的水生植物花粉说明遗址周围水域广阔，淡水湖泊沼泽极为发育，大量香蒲、黑三棱、眼子菜、菱、狐尾藻属、荇菜属生于其中。栽培植物和野生植物为傅家山人提供了丰富多彩的食物。遗址出土的菱角壳、橡子等植物遗存和花粉组合中的菱属、栎属（橡子）、柑橘、山核桃、胡桃属、猕猴桃科、柿树、榛属、杜仲滕属的部分种和属是直接可以食用或药用，这些植物可能是当时采集植物的种类。

综上所述，傅家山遗址出土的动物大体上都落在了河姆渡文化动物群内，典型动物反映了当时傅家山遗址周围应该是水草丰茂，水系发达，河湖密布，附近有沼泽、湿地，适于鱼类、水鸟和水牛、水鹿等众多喜水性动物生存；同时周围还有草原、山地、疏林、阔叶林等，便于猪、鹿类、食肉类动物生存。这些都说明傅家山遗址古环境适宜人居，气候温暖湿润，动植物资源丰富，为当时的人们提供了良好的生产生活环境，孕育了灿烂的新石器文化。

参 考 书 目

1. Elisabeth Schmid. 1972. Atlas of Animal bones, Amsterdam London New York：Elsevier Publishing Company.
2. Angela von den Driesch. 1976. A guide to the measurement of animal bones from archaeological sites. Peabody Museum Bulletin 1. Peabody Museum of Archaeology and Ethnology Harvard University.
3. 汤卓炜：《环境考古学》，科学出版社，2004 年。
4. 王钧昌、孙国斌：《动物年龄鉴别方法》，中国农业出版社，1996 年。
5. 刘明玉、解玉洁、季达明：《中国脊椎动物大全》，辽宁大学出版社，2000 年。
6. 浙江省文物考古研究所：《河姆渡：新石器时代遗址考古发掘报告（上、下册）》，文物出版社，2003 年 8 月。
7. 胡连荣：《舟山海底哺乳动物化石与古人生存环境》，中国文史出版社，2005 年。

第五章 结　　语

　　傅家山遗址的发现，是继河姆渡遗址发掘之后在宁绍平原上又一重要的新石器时代聚落遗址。聚落的干栏式建筑，先民使用的生产工具、生活用具无不显现河姆渡文化的面貌，是河姆渡遗址的同宗兄弟。遗址客观地反映当时的生态环境与气候特点，揭示傅家山先民从事生产劳动、生活创造过程中的文化特色、经济生活和意识形态，丰富和发展了河姆渡文化内涵，为宁绍平原的区域文化研究提供了更为翔实的资料。

第一节　建筑选址与定居方式

一、建筑的选址理念

　　遗址处在丘陵山地与沼泽之间，可供傅家山先民建筑选址的地方有很多，如往西百米就是连绵四明山余脉，为什么不选在地势高燥的山上，却选在低矮孤立的傅家山边？其实，地层中出土大量动植物遗存和所使用的生产工具已经给了我们最好的诠释：第一，为维持生计的第一需求，能获取食物来源的环境是首选的目标。人与动物离不开水源，山上缺水，山下水源充足，动物都会往低洼处寻找饮水，山坡下的草地和湖沼旁的水源，正是动物集中活动的场所，有各类丰富的动物资源，容易围猎。其次，湖沼中有鱼类和水生植物，方便渔捞，各种食物资源可以为傅家山人奠定生存基础。第二，为缓解食物短缺和人口增长压力，进一步开拓生产力是发展的需要。采集和渔猎一定程度会受到季节性的限制，随时都会带来食物短缺，聚落村的人口又在不断增长，迫使傅家山人寻求新的食物增长方式，而低洼的水泽地正好是稻作农业的栽培田，有利于耜耕农业的发展。第三，选择一个相对安全的居住环境。以低矮孤立的傅家山为生活基地，利用山体周围的自然沟壑、河流或人为设置的安全屏障，与连绵的山体阻隔，可防范肉食动物对人的伤害。傅家山先民可能是从这三个方面的有利条件选择了在傅家山边定居。这种选址理念与河姆渡遗址的先民选址定居标准不谋而合，毫无疑问，是一种具有很强吸引力的食物资源的环境因素所促成的选址共识。

　　基于傅家山先民在选址中把生存和发展作为第一需要，故不得不把建筑的选址放到淤积成陆的山前台地，背靠傅家山，面对湖沼地。由于地势低洼，地面潮湿，时不时有小股洪水侵扰，居住条件受到了严峻挑战。为克服这种不利影响，只有抬高居住面，才能消除地面潮湿的居住环境，于是，一种适宜这种地域环境的干栏式建筑诞生了。这种建筑组成了傅家山居民最先的聚落。

二、建筑的形式特色

　　干栏式建筑是以桩木为基础，其上架设地栿梁，梁上铺木板，构成架空于地面的建筑基座，于其上再立柱架梁的建筑型制。在当时的环境下既可以防潮、防兽，更适宜于淤积的软土基上搭建，是迫于环境因素作用下的产物。软土基上的建筑需要大量的木材，傅家山周围有林地的树木可供选用，因此，在用材上就地取材，往往根据材料的大小、曲直程度用于不同的基础处理。如基址第1排，有较大的躯杆木作基，用桩的概率就小，这里的木桩不是用作承重，而是基本等距离地起到夹固横木的定位作用。其余几排用小径桩的地方，用桩密度就大，反之，大径桩的密度就小。排桩局部较宽，这样的用料可能就与木桩承重的荷载有关。搭建技术上，从众多的木构件中，加工成榫卯构件的只是少数，由此推测构架以捆扎为主，关键部位采用榫卯相结合，重要部位可能用上带有装饰性的建筑连接构件。总之，搭建技术并不严格，采用榫卯与捆扎相结合，以牢固为主。遗址中有一件扣榫木构件，从中看到榫卯与捆扎两个不同的制作技术。前端方榫是用于相交捆扎的，有了扣榫，捆扎会更牢固，而后面的卯眼则是穿榫的孔。值得一提的梁头榫和双榫槽板，前者，榫长方正。后者，背面制作颇为讲究，四周剔地，显示凸起一块，顶端双榫，底端齐平，单面斜向削薄，制作非常别致，特别是背面切割出的直线条清楚干净，侧面凹槽圆滑，这不仅是石器工具加工的代表作，即便用现代金属工具加工也不过如此。双榫槽板用途不详，根据其形状推测，一端穿插卯孔，一端安插槽沟，如是这样，可确定为建筑上重要部位的装饰连接构件。干栏式建筑的产生，奠定了原始人类由树上巢居移向地面架空定居的发展轨迹，榫卯技术的应用，开创了中国建筑史的里程碑。

　　四柱桩的出现，现象上分析不属于排桩的行列，但又处在排桩之间，四根柱桩形成了建筑上四柱为间的空间概念，分析是一种高于干栏式建筑的瞭台。这种柱桩，演变为第7文化层中柱子底下垫有木板来承托建筑荷载的木质型柱础，是建筑发展方向的更高形式。

第二节 陶制器皿与制陶技术

　　陶器是傅家山先民的主要生活器皿，分炊器、盛储器和小陶器三类，前两类代表器皿的种类和功用，体现了制陶技术和文化特色。后一类小陶器，个体小，数量少，器形歪斜，制作粗劣，分明不是实用器。但是，小陶器与实用器的形状较接近，最有可能是雏形器或是小孩跟着大人学做的模仿产品。

　　炊器以釜为代表，与之相配套使用的有釜支架和器盖、器座。盛储器的种类较多，有瓮、罐、盆、盘、钵、豆、盂。

　　第8~6层陶器，明显地反映在完整器、破碎器和大量碎片中的手工制作的痕迹和工艺制作特点，表现为：器物或多或少会出现口径不圆、口沿不平，器身略有歪斜，錾耳手不完全对称、凸脊高低不一等，特别是釜类肩部和口部的装饰弦纹首尾不能相接，有交叉、合并等现象。由此，推测陶器制作方法及工艺流程为：以泥条盘筑，拍打成型为基本手法，配用分段制作、连接成型；小陶器用团泥直接捏塑成型。拍打成型是将盘筑的泥条打薄至结实，见不到缝隙，形成粗坯。操作时，一只手抵住内壁，另一只手在外壁拍打。由于手抵内壁，个别器物在内壁留下了手抵的指印（图版一一一，1）。分段制作，连接成型的手法多用在器物制作难度较大和转折较多处，如釜、罐和圈足类器物等。敛口釜，首先是在敞口釜型的口沿上加贴内折口沿（图版一一一，2），为了加固内折口沿，部分器型在结合处黏附凸脊（图版一一一，3）。其次，颈腹之间的折腹处是第二个接点，内侧用手指横向抹平结合的缝隙（图版一一一，4），外侧，大多附加凸脊或是连肩脊（图版一一二，1），既掩饰接点的痕迹，又加强了两接点的牢固性，更多的还可起到整器的装饰作用。釜底在第一次成型的基础上少数有二次加厚的迹象，底较厚，也显现结合不好的缺点（图版一一二，2）。瓮、罐器物的成型接点，是在颈与肩和腹与底之间的连接，之后在腹部和口部黏附双耳。豆、盘圈足器分上半的盘与下半的圈足之间连接，有的为加强黏接的牢固性，先在黏接面上划出毛道，连接点之间用连接黏土抹平缝隙（图版一一二，3）。凡是所有的器物附件，如釜錾耳、釜桥状耳、罐耳、盖纽等根据器物配套选用，预先做好，将所需器物晾至半干时，再安置这些附件。

　　根据陶器制作方法，推测陶器制作时的大致工艺流程：将分段制作器物晾至半干时用专用的黏接土黏接、抹平，附上凸脊。在凸脊的侧边或上缘进行按压、戳印、锥刺纹饰的装饰，如需刻划弦纹或其他纹饰则需凸脊晾至半干至全干时才能方便工作，因为这样，一是利器不会沾上黏土，碎末容易掉下，二是弦纹不会产生毛道。有一件釜片标本，基本显示了该工艺的流程的轨迹，分段黏接前腹部已拍印了绳纹，颈部刻有弦纹，颈腹黏接后附加了凸脊，然后在凸脊上装饰斜短线纹样（图版一一二，4）。

釜是主要炊器，皆为圜底，底部拍印绳纹，是遗址中数量和类型最多的品种。敞口釜、直口釜、敛口釜，为三类不同的口形，根据制作工艺特点，敞口釜是最基本的型制，其他釜型均于其演变而来。敞口釜比较其他口形釜的制作，至少可以省略一道成型工序。其次，型制设计首先考虑了盛满食物后搬动方便的特点。除单耳敞口釜体积小，可从耳处提取以外，中等大小以上的釜，须双手以外翻的口沿为提取点。稍大的釜，体量重，口沿下的两侧有专为提取所设计的双錾耳，这便对釜的提取点作了最好的诠释。直口釜、敛口釜是在敞口釜型的口沿上直接加贴口圈，这无疑是在制作过程中增多了工序，但搬动提取的方法并没有因器型的改变而带来方便。由此可见，三类釜型口沿制作的难易程度和提取方式决定了釜类型的产生先后和数量多少。傅家山遗址敞口釜最多，尤以中等大小体积，两侧无錾耳的产品为大宗。敛口釜次之，直口釜因提取不易而最少。釜的肩、脊部变化也可见证器物先后的演变关系。以敞口釜为例，先后发展的序列是从最初的肩腹难分（B、C型），到无肩有脊（E型Ⅱ式）、斜肩（D型Ⅱ式）、宽斜肩（E型Ⅲ式）。B、C型釜，口沿窄，腹深，食物盛装量在口腹黏接处以下，不会产生黏接处水分渗漏或口腹脱开。E型Ⅱ式釜，分上下半段合成，上段是高领，下段是腹身，处于器高的中间位，盛装食物要高于分段合成的黏合位，难免有渗漏的可能，因此，要在黏合的外侧加贴一圈以防渗漏的泥条，这就形成釜的凸脊。凸脊的作用不但能防渗漏，还加强了分段黏合之间的牢固性。凸脊分为两种，最先出现是箍状脊，后演变成肩状脊。凸脊演变，更大程度体现釜类产品整体牢固性与美观实用相结合的产物。箍状脊，多数纹饰只装饰凸脊的自身，如在上皮刻印斜短线纹或侧边和锯齿纹，很少与交接处颈部纹饰形成组合。肩状脊的明显特点是将凸脊上皮的夹角制成了斜面，成了肩脊相连。从肩到脊的装饰，更能反映纹饰的整体组合与凸显，成为釜腰部的纹饰带。釜底部饰绳纹，大多分布在凸脊以下的腹部，是直接受于火烤的部位，成为炊器的主要标志（少数无绳纹）。绳纹除了具有一定装饰性以外，更重要在于绳纹的功用性。首先，绳纹能缓冲受火面烧煮时的温度骤变，减少炊器热胀冷缩的爆胎率。第二，釜底圜形，受热面积小，热量容易流失，绳纹无数的凹坑小点能使热量对流，使之受热均匀，达到炊器应有的作用。这种7000年前就被先民掌握的绳纹热量均衡技术原理，也同样应用于现代电饭煲内胆。

总观傅家山遗址三种类型釜，斜肩，凸脊，肩、底部有装饰纹样的釜是典型代表。器型有：E型敞口釜、C型直口釜和C型敛口釜。

与釜配置使用的有釜支架、器座和器盖。

釜支架，有一定数量，多为残碎件，完整件少。究其原因与烧制温度有关，从残断面观察，由于支架胎体厚实，烧成温度低，外表面虽已烧结，但内心仍为生胎，达不到烧透的程度。另外，推测坯胎晾干后，未曾专烧，而是直接搁上釜以后在使用过程中完成支架烧制。不管是哪种情况，其内心为生坯，吸水后容易断碎。器座，是搁置釜的稳固器，使圜底釜在离开火源后能在其上被平稳放置。

盛储器，分瓮、罐、盆、盘、钵、豆和盂形器。

盛储器中绝大多数是平底器，少量的盘和豆是圈足器，不见三足器。数量最多的是罐和钵，体量最大的是瓮。瓮是博家山遗址最有代表性的典型器，贯穿着第8～6层，显著的特点是：器型高大，小口，深腹，最大腹径在上腹部，下腹部安装两个较大半环形桥状双耳。由于器大，胎薄，腹部又光素无纹，所以复原有很大困难。钵类中，单耳钵较有特色，口形有圆形、委角方形和长方形，以敞口、直筒形者居多。圈足器的圈足较矮，中间稍许束腰，足跟外撇。

纹样装饰，是陶器制作技术中一项不可缺少的环节，工艺上采用压印、刻划、戳印、镂孔等手法装饰于器物的不同部位。不同器物的不同部位，纹饰题材有一定区别。绳纹主要施于釜的腹部，几何形图案广泛使用在釜的口、肩、脊。弦纹是最为主要的主题纹饰，除单独使用以外，还与其他不同的图案，例如，与蛤齿纹、谷粒纹、圈点纹、斜线纹等构成繁缛的花纹带。盛储器装饰纹样不多，以几何形图案为主，瓮的口沿上有弦纹与谷粒纹或是蛤齿纹组合。个别盘口沿上有"人"字纹或柳条形纹。盂形器口沿、器座的座脚上有弦纹、斜短线和三角形的几何纹饰。少数盘、罐、碗口沿有圆形小镂孔。特别是A型平底盘T121⑧:27，口沿至腹底有五组并列双孔，有人认为这孔当时专为修补破裂器物而钻，并列双孔是将破裂的两半用绳子系牢。经观察钻孔处无系绳的痕迹，如想将破裂的器物用绳子系牢，是不可能，也是不现实的。结合其他盘、罐、碗有单孔作为装饰纹饰的实例，并列双孔应该说也是装饰的一种形式。

除上述完整器和复原器中的纹样之外，陶器碎片中有些罕见或少有的纹样（图九），如T122稻鱼纹、T134植物纹、T120斜线与谷粒纹、T141连弧曲折纹、T112多组短斜线纹、T121贝齿串叶纹、T142多组曲折纹、T122树形针叶纹、T123叶脉纹、T113叶芽圈点纹、T131连珠纹、T131曲折纹、T141大谷粒纹、T123人面纹、T121折尺弦纹、T111同心圆弦纹、T151禾苗组合纹、T131禾苗纹、T142乳丁纹、T113水波纹、船形纹、T142茎叶纹、T141折弦纹、T142叶芽纹。

第三节　生产工具与经济模式

生产工具主要是石器和骨器两大类。石器的器型有斧、锛、凿等；骨器有耜、镞、凿、锥、匕等。其次有陶纺轮，少量木质轴杆。

一、工具特征与使用

（一）石器

石器以斧、锛、凿为主要器型，石色多为黑、黑灰及青灰色，质地细密坚硬。有几个特点：第一，磨制不精，除少数有通体磨光，大多数磨制只在刃部，刃部以上或两侧只是修琢平整，或略作粗磨，少数仍为成器前的原始状。第二，形体较小，除凿以外，斧、锛的刃宽在4~5厘米，占总数的80%。第三，斧锛难分，斧的两面刃对称特征不明显，与锛形似。第四，石料的截断法和钻孔技术已在石器加工时应用。D型斧T133⑧:6反映了这两方面的应用技术，先是将要截断位正背两侧磨出深凹槽，使断面减薄，然后折断。这样截断面较平，容易磨光。钻孔法也是同样原理，用管钻法进行对钻，正背孔径相等，外径大于内径孔中脊线。这种截断和钻孔术局限于石质相对较软和材料相对较薄的情况。如未成品的石纺轮T133⑧:21，砂岩，厚度2厘米，钻孔未成，大概与石质的硬度和厚度有关。

根据斧、锛、凿的数量和大小之比，结合形体较小、斧锛难分和使用痕迹等因素综合分析，这些斧、锛、凿的主要功用是对木材的砍伐和加工，是建造干栏式建筑的主要工具。刃部宽7.5厘米以上应为砍伐器，共同特征是：梯形，器大而厚，起刃于中部以下。刃宽4~5厘米多是板材制作和木桩削尖工具。双榫槽板T131⑧:23，经斧或锛砍削痕迹明显（图版九，3、4），至于削尖木桩上留下的斧棱线更比比皆是。有部分器身短厚，对称两面刃，顶部又有锤打的痕迹，用作剖开木材的楔子。有些锛除可以刮削板材以外，也可起到楔子的作用，高低两面刃或是单面刃的使用可把握木材开裂的方向。换言之，即对称两面刃用于均称剖开木材，不对称两面刃用于不均匀剖开木材。凿的使用大概与现在差不多，是加工榫卯的最好工具。石器工具除了可以对木材加工以外，同时，也是对骨（角）质材料截断、劈裂与刮削加工中不可缺少的工具。

(二) 骨（角）、木器

骨（角）器是遗址中数量最多，品种最丰富的生产工具，当石器工具使用范围受到局限时，骨质工具渗透了生产、生活的各个方面，起到了石器所不可替代的作用。骨质工具代表生产力象征的是耜耕农具、渔猎工具和钻凿工具。

耜耕农具以骨耜为代表，它是利用哺乳类动物的肩胛骨制作而成。肩胛骨的原始形状呈扇形，小端是个圆球状的肩臼，其下是宽扁的脊椎缘，背面有两根肩胛刺。出土的骨耜除留下了使用过程中的磨损痕迹以外，还为耜柄的安装方式留下了专门的加工型制，其中也有窥探到骨耜农具的使用方法。如十字安装法的耜型共性是：肩臼小，外形似梯形，肩臼下都有一个横向的銎，脊椎缘中部有两个竖向长方孔（图五七，A型）。安柄方法是在横向的銎孔中插上小棒，竖向耜柄与横棒十字相交，延伸至两个竖向长方孔下，然后用藤条在十字交叉点和竖向长方孔将耜柄捆扎。直柄安装法的耜型没有横向銎孔和脊椎缘的竖向长方孔，而是肩臼较宽，在肩臼下加工成束腰形（图五七，B型），耜柄在束腰处用藤条捆绑（这种捆绑方法，河姆渡遗址有实物原形）。两种耜型代表了两种耜柄的安装方法，不管是哪种方法，都将达到耜体与柄的牢固结合，使得骨耜在下掘与上拔的过程中不松动，用于耜耕农业中的翻土、开沟排水等活动。

镞，是出土骨器中数量最多的一种渔猎工具。它是用动物的肢骨、角和少数禽骨加工而成。形状主要以柳叶形的B型居多，A型次之，C型最少。镞本身应与镞杆绑缚在一起才能成为一支远射的箭，可是，没有发现两者连体的实物。我们从镞的型制大致可以分析镞杆的材料以及绑缚方法：如A型镞，锋与铤分界明显，斜铤，铤部毛糙，并有一道道细痕。推测连接A型镞是细直的木质类镞杆，镞杆一端同样削成斜面，与铤斜面吻合，利用铤部的糙面将镞杆缚牢。B型镞，无锋、铤之分，磨制光滑，器型较短。它的镞杆可能是沼泽地区多见的芦苇秆。芦苇秆类同于竹秆，中孔，接近底部壁厚，秆硬，将镞尾用力插入芦苇秆的顶端，卡定牢固，无需绑缚，因此，也是出土最多的类型。C型镞，镞身长，锋、铤明显，锋较钝。横断面多呈圆形，少数椭圆形或是扁形表面多毛糙。此类镞的镞杆，应以木质为主，绑缚方法同样可采用上述两种之外，也可将镞杆的顶端劈裂，镞铤插入其中，扎紧劈裂的镞杆就可使用。值得一提，一种具有较强杀伤力的C型Ⅲ式镞和D型镞，前者T120⑧:1，锋部呈纵向三角形，锋后部中脊凸起并有凹槽，横断面接近三棱形，锋长于铤（图版七一，28）。这种镞锋尖，锋尾大，射进动物体内不容易脱落，动物血从镞凹槽里外流。后者的管形镞，同样原理，血将从管孔中流出，形似金属兵器上的血槽。不管是有意设计，还是无意制作，这种狩猎工具已经在距今7000年前使用了。

不同型制的镞，配制不同的镞杆，是用于不同的猎物对象。A型镞，射程远，杀伤力大，猎物对象可能是飞禽和地上跑得快的小动物。B型镞，比不上A型镞的威力，但最适宜渔鱼，比使用鱼镖射取鱼类的方法显得更准确与快捷。遗址没有发现其他的渔捞工具，却发现数量众多的B型镞，两者可能存在一定的因果关系。C型镞，镞身长，周身有锉痕，锋尖钝，有的角质镞表面仍有凹凸。此类镞只能近距离围猎大型的动物，由于镞本身的原因，要射进厚皮毛动物的体内，非得用上强硬的弓不可，但也不排除使用弩机的可能。

木器生产工具出土数量要比骨、石器工具逊色得多，主要是轴杆、木矛、锛柄、蝶形器之类，数量少，难以分析和类比。这里值得一提的是保存比较完好的轴杆，可能是用于纺纱织布的工具。如A型，中间粗，渐往两端细尖或扁尖，长度0.2~0.25米，应该是与陶纺轮合二为一的捻线工具。B型，方圆相间，杆身又长，顶端有一小榫，推测是纺机或是织机上的部件。类似的轴杆在河姆渡遗址中也有出土，前者，称之为纺轮的轴心，后者，像似踞织机上的定经杆。

二、经济模式

傅家山先民从建筑选址起已经考虑了选址与经济发展的关系。遗址出土大量的菱角、橡子植物、动物骨骼、鱼鳃骨、龟骨和伴随的生产工具说明，当时存在采集、渔猎和稻作农业三种并存的经济形态。

（一）采集经济

采集的野生植物遗存品种丰富，数量众多，形成了腐殖物质的文化层。大量未被炭化的水生植物菱壳，分明是吃完菱角肉后的弃物。橡子产于山上，是栎树的果实，晾干后便于储藏，在破碎的釜周围发现较多，说明也是烧煮的食品之一。南酸枣、松球果的松仁，可能都是理想的食用品种。花粉组合中的菱属、栎属（橡子）、柑橘、山核桃、胡桃属、猕猴桃科、柿树、榛属、杜仲滕属的部分种和属是可以直接食用或药用，这些植物可能是当时采集植物的种类。菱角、橡子、南酸枣富含淀粉类物质，可能是在傅家山人采集野生植物中所花力气、时间最少，却能得到最高回报的食物品种。

（二）渔猎经济

陆上动物、水中鱼鳖、空中飞禽都是傅家山人的渔猎对象。出土的动物骨骼有的呈灰黑色，明显是经火烤的迹象，吃了烤熟的肉食，还砸骨吸髓。遗址中出土较多的骨关节，不见骨干，是食肉吸髓的最好证据。将剩下的骨骼制作各类骨器工具，反作用于渔猎，这种生产工具与循环经济的发展关系，说明了遗址中骨质工具众多的原因和它存在的必要性。动物中含有丰富的脂肪和蛋白质，与植物搭配食用，是傅家山人的最佳食谱。

（三）农业经济

新石器时代已经有了耜耕的稻作农业是不争的事实，河姆渡遗址有稻秆、稻根、稻叶和稻谷的堆积层，堆积厚度在 20 厘米以上，被确定为人工栽培植物[①]。田螺山遗址也已经有了栽培的稻谷和成片的水稻田[②]。而与之相邻的傅家山遗址存在稻作耜耕农业也是肯定的。由于傅家山遗址受发掘面积限制，发掘范围只在居住区内，没有发现稻谷和栽培田的直接材料。但是，与此相关的旁证材料可以间接说明稻作农业的实际存在。第一，遗址周围具备水稻栽培的气候与环境。水稻是一种沼泽相草类，需要相当的温度和湿地生长环境，遗址周围符合水稻种植的相关条件。第二，骨耜农具的磨损程度，说明工具在翻土，开沟排水，平整土地等一系列的农业劳动中使用频率较高。旁邻遗址，骨耜也代表了耜耕农业的基本农具。第三，稻谷壳大量搅拌在夹炭陶器的制作原料中。稻壳作为陶器制作的掺和料，在炭化程度不高的情况下，依附于陶器表面和胎内的壳粒清晰可见。由此，说明稻谷种植不仅存在，而且已达到谷壳分离的加工技术。釜底稻米烧焦的锅巴是傅家山人食稻的直接例证。第四，植物孢粉材料证明栽培水稻花粉占有一定比重。"该时期禾本科花粉的数量明显比河姆渡一期文化多得多，含 17.4%~24.9%，基本占据了草本植物花粉的一半左右，并在其禾本科植物中，与现代水稻花粉相似的花粉也占一定的比重（其单孔的禾本科花粉个体均很大，一般为 45 微米左右，最大可达 56 微米。外

[①] 浙江省文物考古研究所：《河姆渡新石器时代遗址考古发掘报告（上册）》，第 216 页，文物出版社，2003 年。

[②] 浙江省文物考古研究所：《"田螺山遗址自然遗存的综合研究"科研项目成果总结讨论会会议纪要》，《中国文物报》2008 年 12 月 26 日。

壁薄，较光滑，孔环宽），个体在30微米左右或以下的野生禾草花粉含量不足5%。"① 除此之外，傅家山人还将稻穗纹、谷粒纹作为装饰图案刻划于陶器表面，可见稻谷在他们心目中的重要性。另一方面，遗址作为定居的聚落村，已经有了相当的人口，为维持生计，仅靠采集和渔猎经济满足不了人口增长的需要，这就迫使人们开发具有地域性特点又适合自身发展的农业生产力。

  采集、渔猎、农业的三种经济生业模式，一定程度都将受到环境的制约，季节的变化，反映物种此消彼长的过程。傅家山聚落村，由于人口繁衍的压力，每一种经济方式都是维持生计的重要经济来源，不可以顾此失彼。遗址周围野生资源丰富的时候，根据最佳觅食模式理论（即是花最少力气或时间而能获得最高回报的那些食物）推断，采集和渔猎经济首当其冲②。当野生资源匮乏，不足够维持生计的时候，稻作农业的经济地位才能够突显。植物孢粉材料显示，第8层的禾本科植物花粉相对较少，占12.2%，且以个体较小的类型为主，个体均为30微米左右或以下的野生禾草花粉。第7层至第6层的禾本科植物花粉大量增加，达到17.4%～24.9%，且接近与现代水稻花粉相似的栽培稻。因此，傅家山遗址的初期阶段，采集和渔猎经济可能占了较大的比重，二期阶段，稻作的农业经济可能成为经济的主导地位。根据遗址出土的工具和食物分析，水生资源类食物占有很大的比重，水稻和菱角已经是被驯化的品种，两者适应相同的气候特点，沼泽地栽培水稻，湖塘中养殖菱角。或许，养殖菱角比栽培水稻更容易获取是傅家山先民优先食用菱角的主要原因。渔猎经济始终是不可缺少的部分，傅家山周围有相当的水域面积，当然也有相当数量鱼鳖可供食用。只有当野生资源供不应求的时候，栽培水稻和驯养动物的技能才能推进。遗址中最先被驯养的可能也是狩猎获取最多的食草偶蹄类动物，如猪、牛、鹿等，出土51件猪的标本被鉴定为有驯养的家猪，证明傅家山遗址已经有了原始的畜牧业。

第四节　艺术成就与意识形态

  傅家山人的艺术，是为了更好地满足自己对主观缺憾的慰藉需求和情感行为而创造出的一种文化现象，是意识形态的重要组成部分。遗址的艺术成就很多，贯穿着整个生产和生活过程。如干栏式建筑的搭建与榫卯技术的应用，生产工具的制作

---

① 齐乌云、丁友甫：《宁绍平原傅家山遗址的孢粉分析及人地关系》，本报告附录二。
② 陈淳：《最佳觅食模式与农业起源研究》，第465页，学林出版社，2003年。

与使用，陶器烧制以及刻划纹样，无不反映原始艺术的技术成就。还可能用骨、角、石、玉等不同质地的饰品，达到装扮自己的美身要求。除此之外，在思想意识形态方面，信仰鸟图腾，将鹰类鸟视为崇拜对象，如遗址出土的蝶（鸟）形器、鹰形器，就是主观缺憾的慰藉和情感行为的流露。蝶（鸟）形器作用，学术界的基本观点趋向于建筑上的装饰物或是带有宗教意义的建筑装饰物①。我们支持这一观点，认为是一种信仰鸟图腾的建筑徽标，不同质地的蝶（鸟）形器，分别代表不同建筑单元或是长幼的等级关系。象牙双面圆雕的鹰首，勾咀，宽鼻，圆眼（图六六，3；图版七五，6）。鹰形陶豆，鹰首昂立，尾部伸展，两侧翅膀半展。双眼圆睁，勾嘴连着鼻孔（图三五，1；图版四七，1）。两件作品逼真地刻划了鹰的形象，说明鹰鸟在傅家山人生活中的形象和地位。无独有偶，河姆渡遗址出土的骨匕，骨、木蝶（鸟）形器上也刻类似鹰形纹饰，这不是两个遗址巧合，而是信仰鹰鸟图腾文化的共性，或许，傅家山人表现得更为淋漓尽致。鹰形陶豆的型制，不是一般的实用器，可能是一种祭祀天地、祖先用的礼器，寓意是让飞鹰传递人们祈求的信息。如是这样，傅家山遗址便有了最早的宗教形式。

第五节　文化分期与年代

　　傅家山遗址文化内涵与本地区20世纪70年代发掘的河姆渡遗址有很多相似的共性，属河姆渡文化。因此，文化分期比较河姆渡遗址可分为四期，其中第三期为文化间歇期。

　　第一期，傅家山遗址第8层，相当于河姆渡遗址第4文化层。文化特征表现为：干栏式建筑的居住方式；以夹炭黑陶为主的生活器皿；以骨器为主的生产工具；采集、渔猎和稻作农业并存的经济形态。该层出土的标本经北京大学加速器质谱（AMS）碳-14测定，木炭标本年代为距今7260±68年，夹炭黑陶片、菱角壳标本经树轮校正后年代为距今6860、距今6360年。三个不同质地标本，测得不同的年代数据，正好说明遗址前后延续的年代。我们认为，木炭是搭建干栏式建筑的定居年代，陶片是傅家山人某一段时间的使用年代，菱角是当年生的食用植物，综合分析，第8层的年代距今7000~6360年。

　　第二期，傅家山遗址第7、6层，相当于河姆渡遗址第3层。文化特征表现为：木质柱础为主的立柱建筑形式，是在第8层的文化层中挖洞立柱。陶系有了明显变

---

① 蒋卫东：《涡纹·湖沼崇拜·鸟形器》，第238页，杭州大学出版社，1998年。

化，夹炭陶不再占统治地位，而被夹砂陶替代。器类没有改变，釜、罐、盆、盘、钵、器盖依然是二期文化的主打品种，双耳瓮大器始终存在，且保持相当的数量。部分器型稍有变化：A 型釜的Ⅲ、Ⅴ式，器型较矮胖，腹下垂，腹径大于器高和口径，而一期 A 型釜则较为修长。Ⅰ型釜，小口，束颈，斜平肩，扁腹，仅出一件，出土于第 6 层。釜型小罐，敞口，束颈，弧腹，平底。只出自第 7 层。A 型Ⅱ式，盂形器，独出在第 6 层出土一件。D 型器盖最早出自河姆渡遗址的一期，不见本遗址的一期，却多见于二期。经过器物的排比，少数一期出过的器物不一定在二期出现，同样，二期出的器物不曾在一期发现，却在不同文化的河姆渡遗址早期中出现，这种现象使我们很难在本遗址中确立器物的演变关系，说明一、二期文化的年代较为接近。根据地层叠压的相对年代，结合二期主打器型的陶系、型式和纹样，比较河姆渡遗址二期文化，本遗址二期年代在距今 6300～6000 年。

第三期，傅家山遗址第 5 层，海侵淤积层，无人类活动遗存，为文化间歇期。年代介于二期与四期之间。距今年代为 6000～5700 年。

第四期，傅家山遗址第 4、3 层，相当于河姆渡遗址第 1 层。陶质陶色出现夹砂红陶、灰红陶和泥质灰胎黑皮陶、表面呈银灰色的泥质陶。主要器型是釜（鼎）豆、罐，制作较为规整。鼎足的型式和镂孔的豆把都能在河姆渡遗址第 1 层和慈湖遗址的上层见到①。此层无测年标本，其下限年代要早于本遗址第 2 层炭泥测得的年代数据，为距今 4340 年；上限年代应与河姆渡遗址第 1 层和慈湖遗址上层年代相当，距今年代 5700～5300 年。

---

① 浙江省文物考古研究所、宁波市文物考古研究所：《宁波慈湖遗址发掘简报》，《浙江省文物考古研究所学刊》，第 104 页，文物出版社，1993 年。

附　　表

附表一　陶片可辨器型与陶系关系统计总表

地层		釜	罐（瓮）	盆	盘	钵	豆	盉	器座	器盖	釜支架	其他1	其他2	合计	百分比
第8层（一期）	夹炭黑陶	3857	5744	180	703	1112	433	5	32	38	2	1		12107	46.7
	夹砂黑陶	5472	218	33	31	207	54		17	50	36		2	6120	23.6
	夹砂灰陶	7673	24		1									7698	29.7
	陶片合计	17002	5986	213	735	1319	487	5	49	88	38	1	2	25925	
	百分比	65.6	23.1	0.8	2.8	5.1	1.9	0.02	0.19	0.34	0.15				
第7层（二期）	夹炭黑陶	281	1311	62	264	385	246	1	17	25		72	185	2849	34
	夹砂黑陶	1960	6		4	6			4	3				1983	23
	夹砂灰陶	3580	11		9	2	8		1	5	1			3617	43
	陶片合计	5821	1328	62	277	393	254	1	22	33	1	72	185	8449	
	百分比	68.9	15.7	0.7	3.3	4.7	3	0.12	0.24	0.4	0.12	0.82	2		
第6层（二期）	夹炭黑陶	36	331	13	57	80	14		3	6				540	35
	夹砂黑陶	1015	2											1017	65
	夹砂灰陶														
	陶片合计	1051	333	13	57	80	14		3	6				1557	
	百分比	67.5	21.4	0.8	3.7	5.1	0.9		0.2	0.4					

附表二　北京大学加速器质谱（AMS）碳-14 测试报告

Lab 编号	样品	样品原编号	碳-14年代（BP）	树轮校正后年代（BC） 1（68.2%）	树轮校正后年代（BC） 2（95.4%）
BA2004026	木炭	傅家山⑧	7260±68		
BA08330	菱壳	傅家山⑧	5640±40	4530BC（61.3%）4440BC 4420BC（6.9%）4400BC	4550BC（95.4%）4360BC
BA08331	炭泥	傅家山②	3955±35	2570BC（21.7%）2520BC 2500BC（32.6%）2450BC 2420BC（5.0%）2400BC 2380BC（9.0%）2350BC	2580BC（95.4%）2340BC
BA08332	夹炭黑陶	傅家山⑧	5895±40	4830BC（1.9%）4810BC 4800BC（66.3）4710BC	4900BC（1.1%）4860BC 4850（94.3%）4680BC

注：所用碳-14 半衰期为 5568 年，BP 为距 1950 年的年代。树轮校正所用曲线为 IntCal04（1），所用程度为 OxCalv3.10（2）。

附　　录

附录一　动物骨骼遗存鉴定意见

　　傅家山遗址是河姆渡文化的一个重要遗址，出土了大量的动物骨骼遗存，种类丰富。动物骨骼保存相对较好，共包含四大类：鱼类、鸟类、爬行动物类、哺乳动物类。其中鱼类又可以细分两类，一类是乌鳢，体形较小，是浙江河姆渡文化时期的典型鱼种；另一种可能是鲈形目或鲑形目中现在少见的种属。如果通过鉴定鱼齿骨上的碳氧同位素的含量，对于研究环境变迁具有重要意义，对于反映近期环境变化也具有重大影响。鸟类骨骼主要有鹳形目（琵鹭）鹳形目（鹭）等。爬行动物主要是鳖。哺乳动物类数量较多主要是：灵长目（猕猴）、食肉目（鼬科的水獭和猫科的未定种等）、奇蹄目（犀）、偶蹄目（猪科、鹿科、牛科）。猪为家猪，说明当时的猪可能已经被人们驯养，对于研究中国家畜的起源提供了重要的实物资料；鹿科骨骼遗存数量巨大，种类主要是四大类：麂、梅花鹿、水鹿、麋鹿四种；牛科主要是水牛。相当多的动物骨骼遗存上有大量的人工痕迹，有些已加工成骨器，详细研究这些制作骨器所取的骨骼部位、加工技术等有助于了解当时人们制作工具的方式和水平。总之傅家山遗址出土的动物大体上都落在了河姆渡文化动物群内，典型动物反映了当时傅家山遗址周围应该是河流密布，附近有草原与稀疏的森林，气候温暖湿润，动物资源丰富，适宜人居，为当时的人们提供了良好的生活环境，创造了灿烂的新石器文化。

学术顾问　祁国琴
2008 年 3 月 7 日

附录二　宁绍平原傅家山遗址的孢粉分析及其人地关系[①]

齐乌云　　　　　　丁友甫

（中国社会科学院考古研究所）　　（宁波市文物考古研究所）

在浙江省宁波绍兴地区，考古学基本已建立了河姆渡文化一期、河姆渡文化二期、河姆渡文化三期、河姆渡文化四期、良渚文化钱塘江南岸类型（或称为良渚文化名山后类型）这样一个脉络比较清晰的史前文化发展序列[②]。史前文化发展演化与当地史前自然环境的变迁有着一定的联系。

宁绍平原地处我国亚热带东部滨海地带，南靠四明山脉，北邻杭州湾，总体地势南高北低，自南向北由低山丘陵向山麓冲积平原和沿海滩涂逐渐过渡，且大致呈横向条带状分布。但受浙江东北—西南走向的大地构造控制，低山丘陵北缘和杭州湾之间的最窄处仅有10千米左右。本区现代气候属亚热带湿润季风气候类型，年平均气温16.3℃，年平均降水量1400毫米左右，5~9月的降水量占全年的60%。据中国植被分区，本区的现代地带性植被属中亚热带常绿阔叶林北部亚地带，但因区域内地貌、土壤、水热条件的差异，宁波全市共有8种植被类型，包括常绿阔叶林、落叶阔叶林、常绿落叶阔叶混交林、针阔混交林、针叶林、竹林、灌丛、草地。其中，主要分布于中低海拔地区的常绿阔叶林是整个植被系统的主体。但由于受到长时间、大强度的人类干扰，该地区目前的植被已呈现出大面积退化的状况，形成了以退化植被为主体，常绿阔叶林零星分布其间的格局。本区地带性土壤是红壤，地处红壤地带北缘，其他主要土壤类型有滨海盐土、潮土、水稻土、黄壤土、粗骨土等[③]。

[①] 本文受宁波市文物考古研究所傅家山遗址抢救性发掘经费和国家科技支撑计划项目"公元前3500年至公元前1500年黄河、长江及西辽河流域古环境重建与人地关系研究"课题资助。

[②] 王结华、褚晓波：《宁波地域考古的回顾与展望》，《宁波文物考古研究文集》，科学出版社，2008年。

[③] 中国植被编辑委员会：《中国植被》，科学出版社，1995年；赵济：《中国自然地理（第三版）》，高等教育出版社，1995年。

一、遗址概况

宁波市江北区慈城镇八字村傅家山遗址位于宁波市区西北20.7千米,坐落在宁绍平原东部的姚江谷地河姆渡文化核心聚落区范围内。遗址处在三面环山、中间狭长的平原带上,海拔2.02米。2004年,宁波市文物考古研究所对傅家山遗址进行了抢救性发掘,发现傅家山遗址是一处距今约7000年开始的以采集、渔猎和耜耕农业为主的河姆渡文化的又一处原始村落。继河姆渡遗址发掘之后规模最大、出土器物最多、保存遗迹较为完整的新石器时代遗址之一。

遗址地层堆积厚度2.1~2.5米,可分为八层,在第7和第8文化层中揭露出重要的原始村落遗迹,并出土了大量的可复原器物,包括石器、玉石器、骨器、陶器、木器和象牙器在内的生产工具、生活用具和雕刻艺术品。还有一定数量的食物果实、植物种籽和动物骨骼出土。干栏式建筑、菱角壳、陶罐里的橡子等遗迹、遗物保存相对完整。地层堆积中的遗迹和遗物可以说明,傅家山遗址包含河姆渡文化一、二期文化和良渚文化遗存。但傅家山遗址的主体属于采集、渔猎和耜耕农业并存的河姆渡文化早期类型的新石器时代遗址。

二、孢粉分析结果

2008年宁波市文物考古研究所送来傅家山遗址的5个孢粉样品,想了解遗址所处时期生态环境状况。5个样品是遗址T161中采集的垂直序列样品,从下往上,在第8~4层中各自采集了一个孢粉样品,包括河姆渡一期、二期文化和良渚文化时期(表一)。我们对五个样品进行了孢粉分析研究。每一样品利用30克土样,经酸碱处理、显微镜观察鉴定,统计到1988粒孢粉时,共鉴定出104个植物科属的孢粉,其中乔木及灌木植物花粉有55种,草本植物花粉有39种,蕨类植物孢子有10种(表二)。傅家山遗址的孢粉组合受人类活动的影响很大,因此,它一方面反映了自然界中气候和植被的变化,另一方面也反映了人类的耕作活动。

表一 浙江省宁波市傅家山遗址孢粉样品登记表

样号	采样位置	文化性质	简单描述	采样年月
1	T161探方第8层	河姆渡一期文化	黑色淤泥层	2004年8月
2	T161探方第7层	河姆渡二期文化	黑色淤泥层	2004年8月
3	T161探方第6层	河姆渡二期文化	灰黑色淤泥层	2004年8月
4	T161探方第5层	自然沉积物	青灰色淤泥,含锈斑	2004年8月
5	T161探方第4层	良渚文化	灰黑色淤泥层	2004年8月

表二 浙江省宁波市傅家山遗址孢粉统计表

样 号	1		2		3		4		5	
孢粉总浓度（粒/克）	7276		8099		128183		5229		158468	
粒数及百分比	粒数	%	粒数	%	粒数	%	粒数	%	粒数	%
孢子花粉总数	139	100	138	100	546	100	490	100	675	100
乔木及灌木植物花粉总数	90	64.8	76	55.1	252	46.2	204	41.6	251	37.2
草本植物花粉总数	48	34.5	62	44.9	280	51.3	250	51	372	55.1
蕨类植物孢子总数	1	0.7	0	0	14	2.5	36	7.4	52	7.7
乔木及灌木植物花粉										
松属（Pinus）	3	2.2	1	0.7	6	1.1	29	5.9	1	0.1
云杉属（Picea）	0	0	0	0	0	0	1	0.2	0	0
冷杉属（Abies）	0	0	0	0	0	0	1	0.2	0	0
铁杉属（Tsuga）	0	0	0	0	1	0.2	0	0	0	0
杉科（Taxodiaceae）	2	1.4	0	0	1	0.2	0	0	1	0.1
桦属（Betula）	0	0	0	0	0	0	0	0	1	0.1
桤木（Alnus）	0	0	0	0	1	0.2	1	0.2	1	0.1
鹅耳枥（Carpinus）	0	0	1	0.7	6	1.1	7	1.4	6	0.9
山毛榉（Fagus）	0	0	1	0.7	2	0.4	3	0.6	1	0.1
落叶栎（Quercus）	10	7.2	7	5.1	18	3.3	19	3.9	27	4
常绿栎属（Cyclobalanopsis）	25	18	27	19.6	76	13.9	52	10.6	96	14.2
栲（Castanopsis）	5	3.7	5	3.6	18	3.3	13	2.7	14	2.1
槭树（Acer）	0	0	0	0	0	0	1	0.2	0	0
榆（Ulmus）	6	4.3	6	4.3	25	4.6	10	2	20	3
朴（Celtis）	0	0	0	0	1	0.2	4	0.8	3	0.4
椴（Tilia）	0	0	0	0	1	0.2	0	0	0	0
胡桃属（Juglans）	3	2.2	2	1.4	3	0.5	5	1	3	0.4
枫杨（Pterocarya）	0	0	0	0	4	0.7	0	0	1	0.1
青钱柳（Cyclocarya）	0	0	0	0	1	0.2	0	0	0	0
枫香（Liquidambar）	9	6.5	16	11.6	22	4.0	23	4.7	18	2.7
山核桃（Carya）	0	0	0	0	0	0	1	0.2	1	0.1

续表

样　号	1		2		3		4		5	
孢粉总浓度（粒/克）	7276		8099		128183		5229		158468	
粒数及百分比	粒数	%	粒数	%	粒数	%	粒数	%	粒数	%
杨桐（Adinandra）	0	0	0	0	0	0	0	0	3	0.4
楝（Melia）	0	0	0	0	2	0.4	0	0	0	0
山矾（Symplocos）	0	0	0	0	1	0.2	0	0	0	0
乌桕（Sapium）	0	0	0	0	2	0.4	0	0	2	0.3
柿树（Diospyros）	1	0.7	0	0	1	0.2	0	0	0	0
山柳（Clethra）	0	0	0	0	1	0.2	1	0.2	0	0
漆树科（Anacaodiaceae）	0	0	1	0.7	0	0	1	0.2	0	0
黄连木（Pistacia）	5	3.6	2	1.4	3	0.5	3	0.6	3	0.4
藤黄科（Guttiferae）	0	0	0	0	0	0	1	0.2	3	0.4
木麻黄（Casuarina）	0	0	0	0	1	0.2	0	0	0	0
柳（Salix）	0	0	0	0	2	0.4	0	0	0	0
榛（Corylus）	1	0.7	0	0	1	0.2	1	0.2	3	0.4
桑科（Moraceae）	1	0.7	0	0	18	3.3	8	1.6	0	0
木樨（Osmunthus）	0	0	0	0	2	0.4	4	0.8	3	0.4
白蜡树（Fraxinus）	0	0	0	0	1	0.2	0	0	1	0.1
连翘（Forsythia）	0	0	0	0	2	0.4	1	0.2	0	0
荚蒾（Viburnum）	0	0	1	0.7	0	0	0	0	1	0.1
接骨木（Sambucus）	0	0	1	0.7	0	0	1	0.2	0	0
芸香科（Rutaceae）	0	0	0	0	0	0	1	0.2	0	0
绣线菊（Spiraea）	1	0.7	0	0	0	0	0	0	3	0.4
柑橘属（Citrus）	0	0	0	0	1	0.2	0	0	0	0
大风子科（Flacourtiaceae）	3	2.2	2	1.4	9	1.6	4	0.8	1	0.1
山拐枣属（Polilthyrsis）	0	0	0	0	1	0.2	0	0	0	0
冬青（Ilex）	0	0	0	0	5	0.9	0	0	0	0
卫矛科（Celastraceae）	0	0	0	0	0	0	0	0	1	0.1
假卫矛属（Microtropis）	2	1.4	0	0	1	0.2	0	0	1	0.1

续表

样　号	1		2		3		4		5	
孢粉总浓度（粒/克）	7276		8099		128183		5229		158468	
粒数及百分比	粒数	%	粒数	%	粒数	%	粒数	%	粒数	%
独子藤属（Monocelastrus）	0	0	0	0	0	0	1	0.2	0	0
铁仔属（Myrsine）	2	1.4	0	0	2	0.4	0	0	1	0.1
柃属（Eurya）	1	0.7	1	0.7	3	0.5	0	0	12	1.8
猕猴桃科（Actinidiaceae）	2	1.4	1	0.7	1	0.2	6	1.2	7	1.0
血桐属（Macaraga）	4	2.9	1	0.7	4	0.7	0	0	10	1.5
杜仲藤属（Parabarium）	3	2.2	0	0	0	0	0	0	0	0
藤漆属（Pegia）	1	0.7	0	0	2	0.4	0	0	2	0.3
麻黄（Ephedra）	0	0	0	0	0	0	1	0.2	0	0
草本植物花粉										
禾本科（Gramineae）	17	12.2	24	17.4	136	24.9	66	13.5	175	25.9
藜科（Chenopodiaceae）	3	2.2	2	1.4	7	1.3	5	1.0	3	0.4
菊科（Compositae）	1	0.7	0	0	1	0.2	3	0.6	0	0
蒿（Artemisia）	3	2.2	2	1.4	8	1.5	13	2.7	7	1.0
大戟科（Euphorbiaceae）	0	0	0	0	1	0.2	2	0.4	0	0
毛茛科（Ranunculaceae）	6	4.3	6	4.3	18	3.3	28	5.7	23	3.4
芍药属（Paeomia）	1	0.7	1	0.7	2	0.4	1	0.2	0	0
唐松草（Thalictrum）	0	0	0	0	4	0.7	0	0	1	0.1
豆科（Leguminosae）	0	0	0	0	0	0	0	0	1	0.1
玄参科（Scrophulariaceae）	0	0	0	0	1	0.2	0	0	0	0
假婆婆纳（Stimpsonia）	1	0.7		0	2	0.4	0	0	0	0
蓼（Polygonum）	1	0.7	0	0	2	0.4	2	0.4	3	0.4
大戟科（Euphorbia）	0	0	0	0	1	0.2	0	0	0	0
鹅掌柴属（Scheflera）	0	0	0	0	0	0	0	0	1	0.1
合子草属（Actinostemma）	1	0.7	0	0	1	0.2	1	0.2	0	0
青荚叶属（Helwingia）	0	0	0	0	0	0	1	0.2	0	0
野茉莉科（Styracaceae）	1	0.7	0	0	0	0	0	0	0	0

续表

样　号	1		2		3		4		5	
孢粉总浓度（粒/克）	7276		8099		128183		5229		158468	
粒数及百分比	粒数	%	粒数	%	粒数	%	粒数	%	粒数	%
野牡丹科（Melastomaceae）	0	0	0	0	3	0.5	0	0	0	0
苦苣苔科（Gesneriaceae）	2	1.4	3	2.2	17	3.1	24	4.9	13	1.9
白花菜科（Capparidaceae）	0	0	0	0	1	0.2	2	0.4	9	1.3
紫金牛科（Myrinaceae）	0	0	0	0	0	0	0	0	3	0.4
半边莲属（Lobelia）	0	0	0	0	0	0	3	0.6	5	0.7
十字花科（Cruciferae）	0	0	0	0	0	0	0	0	2	0.3
蔷薇科（Rosaceae）	1	0.7	0	0	0	0	5	1.0	4	0.6
唇形科（Labiatae）	0	0	0	0	1	0.2	1	0.2	1	0.1
石竹科（Caryophyllaceae）	0	0	0	0	1	0.2	0	0	0	0
葎草（Humulus）	0	0	0	0	1	0.2	0	0	0	0
堇菜属（Viola）	0	0	0	0	0	0	4	0.8	1	0.1
前胡属（Peucedanum）	0	0	0	0	4	0.7	0	0	0	0
车前草（Plantago）	0	0	0	0	1	0.2	1	0.2	0	0
柳叶菜科（Onagraceae）	0	0	0	0	1	0.2	0	0	0	0
荨麻属（Urtica）	0	0	0	0	1	0.2	1	0.2	0	0
莎草科（Cyperaceae）	3	2.2	6	4.3	10	1.8	36	7.3	15	2.2
狐尾藻属（Myriophyllum）	0	0	0	0	1	0.2	2	0.4	0	0
眼子菜属（Potamogeton）	0	0	0	0	4	0.7	1	0.2	3	0.4
香蒲（Typha）	4	2.9	14	10.1	22	4.0	11	2.2	36	5.3
黑三棱属（Sparganium）	3	2.2	4	2.9	25	4.6	37	7.6	65	9.6
荇菜属（Nymphoides）	0	0	0	0	1	0.2	0	0	1	0.1
菱属（Trapa）	1	0.7	0	0	2	0.4	0	0	0	0
蕨类植物孢子										
水蕨属（Ceratopteris）	0	0	0	0	0	0	0	0	1	0.1
铁线蕨（Adiantum）	0	0	0	0	0	0	3	0.6	0	0
鳞盖蕨（Microlepria）	0	0	0	0	2	0.4	0	0	0	0

续表

样　号	1		2		3		4		5	
孢粉总浓度（粒/克）	7276		8099		128183		5229		158468	
粒数及百分比	粒数	%	粒数	%	粒数	%	粒数	%	粒数	%
里白属（Hicriopteris）	0	0	0	0	0	0	1	0.2	0	0
凤尾蕨（Pteris）	0	0	0	0	0	0	3	0.6	0	0
蹄盖蕨（Athyrium）	0	0	0	0	0	0	1	0.2	0	0
水龙骨科（Polypodiaceae）	0	0	0	0	0	0	1	0.2	0	0
水龙骨属（Polypodium）	0	0	0	0	0	0	2	0.4	0	0
瓦韦属（Lepisorus）	0	0	0	0	0	0	3	0.6	0	0
真蕨纲（Filicale）	1	0.7	0	0	12	2.1	22	4.5	51	7.6

三、孢粉分析所揭示的环境和农业信息

孢粉分析结果表明，该遗址 T161 各层位的孢粉含量都很丰富，孢粉浓度在 5229～158468（粒/克）之间变化，其中第 4 层良渚文化时期的孢粉浓度最高（158468 粒/克），其次依次为第 6 层河姆渡二期偏晚阶段（128183 粒/克）、第 7 层河姆渡二期偏早阶段（8100 粒/克）和第 8 层河姆渡一期文化阶段（7276 粒/克），第 5 层自然沉积物的孢粉浓度最低（5229 粒/克）。下面按自老到新的顺序，逐一叙述。

在生土层堆积时期，傅家山遗址周围生长哪些植物不得而知，送来的 5 个样品中不包括生土层样品，无法了解该地点文化形成之前的生土堆积时期的环境条件。但河姆渡遗址和该区域有些地点的分析结果表明，河姆渡文化形成之前的生土是海相层[1]，当时是一个海洋环境，这是全新世初期海进造成。

（一）河姆渡文化时期的古植被、古气候

到了河姆渡文化时期，随着海平面下降等波动，遗址所处位置脱离了海洋环境，在距离海洋不远之处，河姆渡文化的人类居住下来，过着采集、渔猎、农业为主的安稳的生活。但从傅家山遗址的花粉组合中极少出现滨海盐碱地常见的藜科花

---

[1] 朱诚、郑朝贵、马春梅等：《对长江三角洲和宁绍平原一万年来高海面问题的新认识》，《科学通报》2003 年第 48 卷第 23 期，第 2428～2438 页。

粉看，该遗址可能离海岸还有一定的距离。

前人将河姆渡文化的发展阶段分为早期阶段和晚期阶段，早期阶段包括河姆渡一期文化和二期文化，晚期阶段包括河姆渡三期文化和四期文化①。傅家山遗址以河姆渡早期类型的遗存为主，主要包括河姆渡一期文化和二期文化。河姆渡文化晚期阶段，该遗址没有人类居住，遗址区没有发现遗迹、遗物现象，而堆积了青灰色的淤泥，我们对其水下堆积的自然沉积物进行了电导率、酸碱度、盐度、电阻率等测定，初步认为该淤泥为陆相沉积，与海侵无关，可能与陆地洪水有关，堆积了沼泽相冲积物。但这一结果还需进一步探讨，在以后的研究中我们可以通过海相生土样品、现今海相沉积物与该青灰色淤泥的对比分析，进一步验证并讨论其海相、陆相的问题。

1. 河姆渡文化早期阶段的古植被、古气候

（1）河姆渡一期文化时期的古植被、古气候

河姆渡一期文化时期（即第8层文化堆积时期或表二中的1号样品堆积时期），傅家山遗址周围以木本及灌木植物花粉占优势，占64.8%，其次为草本植物花粉，占34.5%，蕨类植物孢子最少，占0.7%。乔木植物以常绿阔叶植物为主，以常绿栎、台湾枫香、栲、大风子科及假卫矛属等热带、亚热带植物为主。此外还有落叶栎、榆、胡桃、黄连木、铁仔属、柃属、血桐属、桑科、猕猴桃科等植物花粉。其中落叶栎花粉的发现与遗址陶罐出土的橡子植物遗存相吻合。在遗址孢粉组合中，松、杉植物花粉占3.6%，在松属中可能包括马尾松，但孢粉分析只鉴定到属一级，未能鉴定到种一级。草本植物以禾本科、毛茛科、蒿、藜、莎草、苦苣苔科、野茉莉科为主，个别见到葫芦科的合子草、菊科、蓼属及蔷薇科花粉。禾本科植物花粉相对较少，占12.2%，且以个体较小的类型为主，个体均为30微米左右或以下的野生禾草花粉，因此，采样地点可能距稻田较远，其花粉组合则反映了丘陵地带天然植被的面貌。与此相比，河姆渡遗址第4层的孢粉分析结果表明，第一次发掘地点因未受栽培作物的影响，反映了丘陵地带天然植被的面貌，而第二次发掘地点临近古代稻田，其水稻花粉含量很丰富②。河姆渡一期文化时期傅家山遗址的水生植物花粉占5.8%，有香蒲、黑三棱和菱属（*Trapa*）花粉，其中菱（*T. bicornis Osbeck*）是一年生水生浮

---

① 浙江省文物考古研究所：《河姆渡——新石器时代遗址考古发掘报告（上、下册）》，文物出版社，2003年。

② 孙湘君、杜乃秋、陈明洪：《河姆渡先民生活时期的古植被、古气候》，《河姆渡——新石器时代遗址考古发掘报告》，文物出版社，2003年。

水草本，其果实含丰富的淀粉，供食用。这与遗址出土的植物遗存中包含菱角壳的现象相吻合。蕨类植物有真蕨纲。依据表二的植物种属百分比例来看，河姆渡一期文化时期傅家山遗址植被应属常绿落叶阔叶林，当时生长比现今遗址所在地区更靠南的一些植物种属，气候比现今温暖湿润。

傅家山先民定居以后，利用丰富的自然资源，依靠采集和渔猎成为谋生的手段，种植水稻也是它必不可少的食物来源。河姆渡一期文化时期，该遗址虽然没有发现像河姆渡遗址第4层那样的谷物堆积痕迹，虽然没有发现像河姆渡遗址那样的水稻植物花粉，但根据傅家山遗址骨耜农具的使用、夹炭陶中大量掺和的稻谷壳和陶器上谷粒、稻禾的刻划纹饰等分析，可以肯定，该时期的先民们种植水稻的事实已经存在。

（2）河姆渡二期文化时期的古植被、古气候

河姆渡二期文化时期（即第7、6层文化堆积时期或表二中的2、3号样品堆积时期），傅家山遗址周围的木本及灌木植物花粉占46.2%～55.1%，草本植物花粉占44.9%～51.3%，蕨类植物孢子最少，占0%～2.5%。乔木植物以常绿阔叶植物为主。依据表二的植物种属百分比例来看，河姆渡二期文化时期傅家山遗址的植被应属常绿落叶阔叶林草原植被，但我们不能不考虑禾本科的农作物花粉对其孢粉组合的影响。该时期禾本科花粉的数量明显比河姆渡一期文化多得多，含17.4%～24.9%，基本占据了草本植物花粉的一半左右，并在其禾本科植物中，与现代水稻花粉相似的花粉也占一定的比重（其单孔的禾本科花粉个体均很大，一般为45微米左右，最大可达56微米。外壁薄，较光滑，孔环宽），个体在30微米左右或以下的野生禾草花粉含量不足5%，采样地点可能距离当时的稻田较近，其花粉组合则反映了栽培植物和丘陵地带常绿落叶阔叶林天然植被的混合状况。当时的栽培水稻花粉混入了遗址周围自然植被的孢粉组合中，掩盖并降低了当时木本植物的含量。孢粉浓度从河姆渡二期偏早阶段到偏晚阶段的逐渐增加趋势来看，该阶段应植被茂盛，河姆渡二期偏早阶段可能和河姆渡一期文化的环境相差不大或稍稍湿润，但河姆渡二期偏晚阶段，较前期可能更温暖湿润。

和河姆渡一期文化相比，傅家山遗址河姆渡二期文化的水生植物种类和数量明显增多，包括香蒲、黑三棱、眼子菜、菱、狐尾藻属、荇菜属等。但是河姆渡遗址第3层的孢粉分析结果显示，孢粉谱中水生植物和湿生植物花粉减少而耐旱的木本（松、榆等）及草本植物的增加都说明河姆渡二期的人生活在温暖但较为干旱的条件下，丘陵地带发育着以栎为主的亚热带常绿和落叶林，但平原地带水域面积缩

小，水稻面积减少或离居住地点较远，孢粉绝对含量低①。傅家山遗址和河姆渡遗址的河姆渡二期文化孢粉分析所反映的环境变化有所差异，可能是两个遗址栽培作物对其各自孢粉组合的影响程度不同所致，也有可能傅家山遗址的两个样品只代表河姆渡二期阶段的某一短暂时间的环境变化所致，或者遗址文化层受人类活动干扰，影响了环境复原的精度所致。

上述傅家山遗址的1、2、3号样品的孢粉分析结果表明，距今7000～6000年的河姆渡文化早期阶段，傅家山遗址周围的丘陵地带分布着以青冈栎、台湾枫香、栲、大风子科及假卫矛属等热带、亚热带常绿落叶阔叶林；林下地被层以草本植物和蕨类植物为主；孢粉的绝对含量较高，说明林木茂盛、稠密，当时的气候比今温暖湿润；山坡上散生着绣线菊、山桃、柑橘等灌丛及蒿子、蓼、毛茛科、菊科等草本植物。遗址附近的平原地带分布有河姆渡文化人类种植的大片稻田。孢粉组合中大量的水生植物花粉说明遗址周围水域广阔，淡水湖泊沼泽极为发育，大量香蒲、黑三棱、眼子菜、菱、狐尾藻属、荇菜属生于其中。栽培植物和野生植物为河姆渡人提供了丰富多彩的食物。遗址出土的菱角壳、橡子等植物遗存和花粉组合中的菱属、栎属（橡子）、柑橘、山核桃、胡桃属、猕猴桃科、柿树、榛属、杜仲滕属的部分种和属是直接可以食用或药用，这些植物可能是当时采集植物的种类。遗址的动物遗存分析说明了渔猎经济在当时傅家山人生活中的具体表现形式②。依据遗址1号样品堆积时期有较厚的菱壳堆积，橡子和食用过的动物骨头以及2、3号样品堆积时期禾本科花粉和水稻花粉的增多来看，傅家山遗址河姆渡文化一期阶段的生业活动中，最初的采集和渔猎经济可能占了较大的比重，二期阶段，稻作的农业经济可能成为经济的主导地位。但这一结论还可以进一步探讨，在以后的研究中我们可以通过人骨的碳氮同位素、微量元素食性分析以及动植物遗存的系统定量采样分析来进一步验证、补充。

干栏式建筑和桩坑式建筑都是在较潮湿的低洼地区特有的建筑，说明先民们为了适应史前宁波地区的温暖湿润的气候环境，应用丰富的智慧创造出了特有的建筑文化。

2. 河姆渡文化晚期阶段的古植被、古气候

河姆渡二期文化和良渚文化之间的第5层自然沉积物堆积时期（表二中的4号

---

① 孙湘君、杜乃秋、陈明洪：《河姆渡先民生活时期的古植被、古气候》，《河姆渡——新石器时代遗址考古发掘报告》，文物出版社，2003年。

② 罗鹏：《傅家山遗址出土动物骨骼遗存鉴定与研究》，《宁波文物考古研究文集》，科学出版社，2008年。

样品堆积时期），可能包括了河姆渡文化晚期阶段的河姆渡三期文化和四期文化，所跨年代约近一千年，但这阶段的样品只采了一个样品，也不知地层是否缺失或存在侵蚀面。因此，该样品分析结果只能说明河姆渡文化晚期阶段某一时间的古植被、古气候状况。这一孢粉组合与河姆渡早期阶段的孢粉组合差别很大，孢粉浓度在整个剖面中呈现出最低值，常绿阔叶植物花粉含量和种类显著减少，落叶阔叶植物种类增加，针叶林面积扩大，出现了冷杉、云杉等冷湿环境条件下生长的植物花粉。草本植物花粉含量占51%，其中水稻花粉占4.7%，野生禾草花粉占8.8%。湿生莎草科植物花粉含量较高，占7.3%，水生植物花粉的含量和种类也较多，占10.4%，包括黑三棱、香蒲、狐尾藻属、眼子菜。蕨类孢子含量占7.3%，主要是真蕨纲、水龙骨科等。林下发育了草本植物层和蕨类植物层。这一时期气温较前一时期明显下降，但较潮湿，和河姆渡遗址三期、四期文化层所揭示的环境条件基本吻合。

在傅家山遗址区第5层自然冲积物的分布范围不知有多大，作者没有进行过野外考察。如果能有机会野外现场考察，希望能够了解该沉积物的分布范围、物质来源、水动力条件、有否侵蚀面、对河姆渡二期文化是否造成了灾难等问题。考古队在该遗址建筑遗迹上部的地层中发现了很多木炭碎屑，结合木桩（柱）的顶部和横木的表面有被火烧的痕迹推断，"火"是造成傅家山原始村落直接毁灭的原因。考古队发掘时还意外地发现了一罐装有橡子的陶器，并推测可能是正当先民们要享用橡子的时候，发生了一场突如其来的灾难，比如洪水、火灾、猛兽或者敌人来袭等等，从而为后人留下了一个富有生活情趣的"千古之谜"。河姆渡文化晚期阶段的人类为什么没有在该遗址居住？看来陆地洪水引起的遗址区淡水沼泽相青灰色淤泥的堆积可能是该遗址河姆渡晚期阶段遗存消失的主要原因之一。

（二）良渚文化时期的古植被、古气候

良渚文化时期（即第4层文化堆积时期或表二中的5号样品堆积时期），傅家山遗址周围以草本植物花粉占优势，占55.1%，以木本及灌木植物为辅，占37.2%。蕨类孢子含量很高，占7.7%，以真蕨纲为主，有少量水蕨孢子。草本植物中栽培水稻花粉占15.2%，野生禾草花粉占10.7%。孢粉浓度和水生植物花粉在整个剖面中呈现出最高值，植物种类丰富，植物茂密，其水生植物包括黑三棱、香蒲、眼子菜、荇菜等，占15.4%的比例。常绿阔叶林面积较前一时期扩大，落叶阔叶林面积较前一时期缩小，喜冷湿的冷杉、云杉消失，水域面积扩大，反映当时是一个温暖湿润的气候条件。

四、人地关系的初步结论与讨论

宁绍地区多山地、丘陵，即便是宁绍平原地区也间布着不少丘陵。宁绍地区多样性的地貌无疑能够给在此区域栖息的人类集团提供相对丰富的食物来源，傅家山遗址出土的动植物遗存及孢粉分析结果表明，当时的人除了农业耕作外，在其生业活动中还包括渔猎、采集、狩猎等生产方式。傅家山遗址的史前文化形成、发展、演化与当地史前自然环境的演变有着一定的联系。

河姆渡文化早期阶段的傅家山遗址可能是紧随距今八九千年前的那个海平面小幅回落期而逆向迁移到短暂成陆的近岸海相沉积层上的先民居址。从河姆渡文化早期遗存中已显示出丰富的海洋经济、文化因素，如傅家山、河姆渡、鲻山、田螺山等遗址的位置近海，遗址坐落的海相地层，陶器上多贝类印痕装饰，出土较多的海生鱼类骨骸，出土多件工艺成熟、造型科学的木桨等，均表明河姆渡文化具有近海文化基质和海洋文化传统。对海洋的自觉适应或密切依赖的这个文化特征显然只有在本地的沿海地带经过了长期历史积淀才有可能形成[①]。河姆渡文化早期阶段的傅家山遗址虽然是海退时期形成，但当时的气候仍比现今温暖湿润，发育亚热带常绿落叶林。但在河姆渡二期文化偏晚阶段开始气候转向更温暖湿润方向发展，与此相对应，此时期傅家山遗址的文化堆积变薄，由于海侵带来的环境剧变甚至恶化促使了河姆渡文化早期结束时期的傅家山遗址居住的人们向高处迁徙和扩张，近海聚落开始衰落。

河姆渡文化晚期阶段，傅家山遗址的孢粉组合中出现了喜冷湿的冷杉、云杉花粉，常绿阔叶林和水域面积扩大，落叶阔叶林面积缩小，是一个凉湿的气候条件。遗址区堆积了水下堆积的青灰色淤泥，为陆相堆积，与海侵无关，可能与陆地洪水有关的沼泽相沉积物。当时在近海地区水域面积扩大，人类活动空间缩小，傅家山遗址不适合人类居住。

傅家山遗址的良渚文化时期，常绿阔叶树增多，喜冷湿花粉消失，水域面积扩大，气候温暖湿润。从傅家山遗址的考古发现情况来看，良渚文化时期，该遗址史前文化面对的自然环境已处于基本稳定的状况，在遗址上开始有了人类活动，但大部分平地的水位还比较高，适合生存活动的空间还很有限，这阶段傅家山遗址的考

[①] 孙国平：《宁绍地区史前文化遗址地理环境特征及相关问题探索》，《东南文化》2002年3期；孙国平：《宁绍地区史前文化发现不平衡现状初解》，《宁波文物考古研究文集》，科学出版社，2008年。

古遗存，总体上显得零星和单薄，堆积稀薄、遗迹较少、遗物也不丰富，不是长期、稳定居住的规模较大的聚落，之所以如此，环境因素看来还是主要原因，大片沼泽低地周围，仍然不太适合古人大规模开发、定居。

五、存在的问题

因作者对该遗址或该地区没有进行过野外考察、遗址所采集的样品数量有限、遗址文化层受人类活动干扰等原因，文中揭示的植被、气候环境难免出现漏洞，仅供参考。有待增加样品数量、通过野外考察和区域典型自然剖面的系统采样分析来提高环境复原的精度。探方内每一层的采样数量太少，仅靠一个孢粉数据说明当时人类生存环境条件，其说服力欠佳，有时一个样品就代表了一个文化时期，例如1号样品代表了河姆渡文化一期阶段，也就是说一个样品跨越将近500年的持续时间，从而无法反映在其文化内部的微小环境变化，它只反映某一文化内部短暂的环境状况。

Abstract

Fujiashan site, located in Bazi village, Cicheng town in the Jiangbei district of Ningbo city, Zhejiang province, is concerned as an important site of Hemudu Culture in Neolithic Period.

In order to cooperate with the construction of south bank of the sea-crossing bridge in Hangzhou Bay connecting the expressway and the service area, Ningbo Municipal Institute of Cultural Relic and Archaeology carried out the underground archaeological exploration in highway subgrade and service area in April and May of 2004, and the exploration area was more than 40000 square meters. Through the exploration, the wood, pottery debris, rot aquatic remains found around Fujiashan, the exploration area was about 20000 square meters, and then it was named as Fujiashan site. For the rescue of underground cultural relic protection, Ningbo Municipal Institute of Cultural Relic and Archaeology carried out the salvage archaeological excavations on Fujiashan site from May to August, 2004.

The archaeological area was about 725 square meters, revealed sites of houses with stilt style of settlement villages, and here unearthed a large number of tools for production, life utensils and sculptures including stone wares, jade wares, bone wares, potteries, wood wares and ivory wares. This site is another one of important ancient primitive village bases besides Hemudu site of Yuyao in Yaojiang basin; it is also the first discovery of early sites of Hemudu culture 7000 years ago within the urban area of Ningbo city. It provides new archaeological examples for the research on distribution characteristics, settlement morphology, architecture structure and culture connotation of Hemudu culture. Especially the discovered constructions with stilt style were kept relatively well, the manufacturing technology of some components found even better than that of Hemudu site; this is undoubtedly with special value to explore the development of constructions with stilt style. At the same time, more precious relics excavated from this site, some shapes and decorative designs were found for the first time in Hemudu culture, which enriched this archaeological culture connotation. In addition, through the excavation and research to Fujiashan site, it still can provide first-hand scientific data for ancient geology, ancient geography, paleontology and other related discipline study. Therefore, the discovery of Fujiashan site is full of important significance for the research and exploration on the downstream prehistoric civilization of Yangtze River, and for the cultural connotation of Ningbo as one of national historical cities.

后　　记

　　傅家山遗址是宁波市文物考古研究所首个独立主持发掘的较大规模的史前遗址项目。参加遗址考古发掘工作的有：考古领队褚晓波，工地主持丁友甫，队员林国聪、刘志远、孙贵洪、刘文平、马利强、马国强。后勤协助向江泉、黄大尧。

　　《傅家山——新石器时代遗址发掘报告》的编写工作由下列人员分工完成：褚晓波负责前言、第一章、第二章和第四章的第二节、第三节；丁友甫负责第三章、第五章；罗鹏负责第四章第一节；报告全文由褚晓波负责统稿完成。摄影主要由丁友甫、褚晓波、胡冬青负责，林国聪协助；室内整理工作由丁友甫负责；器物修复主要由渠开营、范信伟完成，周元海参与陶片整理；器物图由刘群绘制。

　　我们在傅家山遗址的前期调查、考古发掘和后期整理的过程中，得到了诸多部门和领导、专家及同仁的大力支持与帮助。勘探和发掘工作一直在建设工期内进行，时间非常紧张，建设单位宁波市高等级公路建设指挥部始终与文物部门密切配合，设法保证发掘时间并提供发掘经费的支持，特别是发掘结束后在傅家山遗址保护的问题上与文物部门达成共识，采用回填方式予以原地保护，并建成了国内首个以考古遗址为主题的高速公路服务区。同时，遗址的勘探和发掘工作也得到了国家文物局、浙江省文物局及浙江省文物考古研究所的指导，山东省聊城市文物局、河南省洛阳市文物钻探管理办公室派员支持，使发掘工作能够按时完成。本报告的出版经费得到了国家文物局国家重点文物保护专项补助经费的全额资助。在报告的编写与出版过程中，著名考古学家、中国考古学会理事长张忠培先生亲临整理现场检查指导，并提出了宝贵的意见；浙江省文化厅巡视员、浙江省文物局原局长、浙江省书法协会主席鲍贤伦先生欣然为本书题字；遗址出土的动物骨骼鉴定工作得到了中国科学院张弥漫、金帆、侯连海、祁国琴等专家的悉心指导；植物孢粉分析得到中国社会科学院考古科技研究中心齐乌云专家的精心检测；北京大学考古文博学院为遗址出具了碳-14 测试报告。为保证该报告的顺利出版，宁波市文化广电新闻出版局局长陈佳强先生、副局长孟建耀先生和宁波市文物考古研究所所长王结华先生等各位领导给予了大力支持；科学出版社责任编辑宋小军先生、王琳玮女士等也为本书的出版付出了辛勤劳动。在此，谨向上述单位和个人一并表示衷心的感谢！

编　者

2012 年 10 月

图 版

图版一

宁波主要史前遗址分布图

图版二

1. 傅家山遗址回填保护现状

2. 高速公路慈城服务区与傅家山遗址

傅家山遗址回填现状

图版三

1. 傅家山发掘前现状

2. 傅家山遗址部分发掘探方

傅家山遗址发掘前现状与发掘探方

图版四

傅家山遗址远眺

图版五

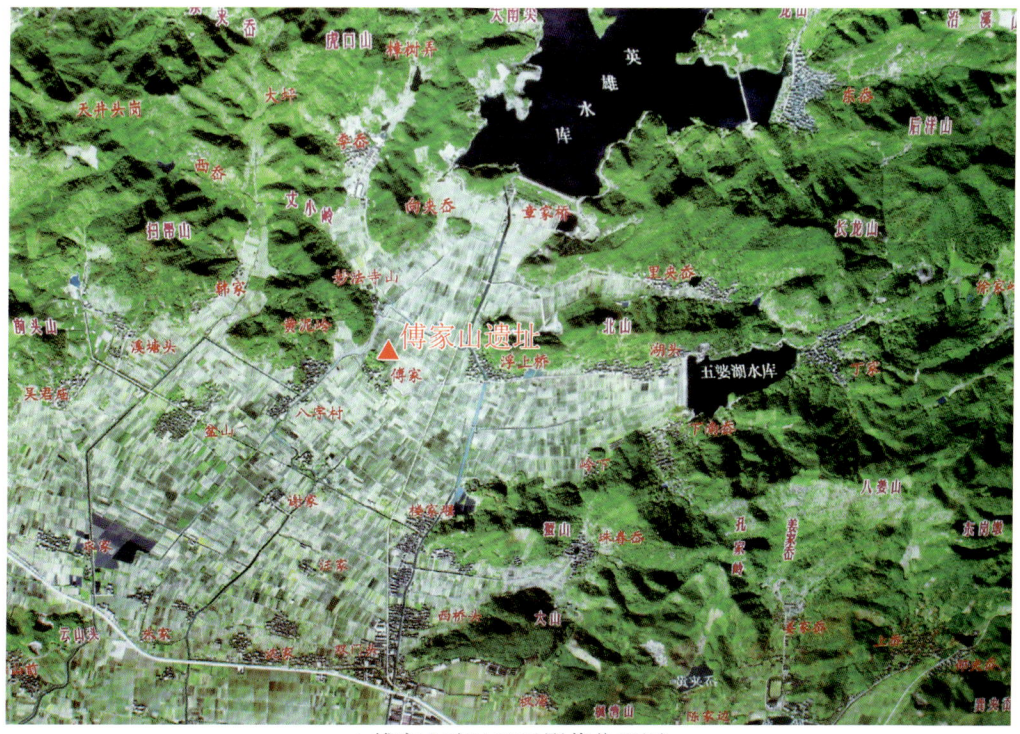

1.傅家山遗址卫星影像位置图

2.傅家山遗址发掘区卫星影像图

傅家山遗址卫星影像图

图版六

1.关键柱地层剖面

2.H1剖面

关键柱地层剖面与H1剖面

图版七

1. 第1排桩全景（南往北摄）

2. 并列排桩（北往南摄）

3. 第1排板桩特写

木构建筑基址遗迹

图版八

1. 第1排削尖的支撑桩　　2. 第1排削薄的板桩　　3. 第8排桩宽及侧板卯孔

4. 四柱承重桩

木构建筑基址遗迹

图版九

1. 梁头榫（T123⑧:32） 　　2. 双榫槽板（T121⑧:34） 　　3. 双榫单槽板正（T131⑧:23）

4. 双榫单槽板背（T131⑧:23） 　　5. 槽板（T131⑧:24）

建筑木构件

图版一〇

1. 卯眼板（T120⑧：8）

2. 双卯眼板（T111⑧：40）

3. 凹口板（T121⑧：38）

4. 扣榫出土现场（T144⑧：20）

5. 扣榫细部（T144⑧：20）

建筑木构件

图版一一

木构建筑基址全景（西南—东北）

图版一二

鸟瞰木构建筑全景（垂直摄影合成图像）

图版一三

1. A型Ⅰ式（T142⑧：19）

2. A型Ⅰ式（T142⑧：7）

3. A型Ⅰ式（T121⑧：28）

4. A型Ⅰ式（T123⑧：26）

5. A型Ⅱ式（T141⑧：14）

6. A型Ⅲ式（T114⑧：25）

傅家山遗址第8层出土的陶敞口釜

图版一四

1. A型Ⅲ式（T163⑧：4）

2. A型Ⅳ式（T133⑧：28）

3. B型Ⅰ式（T142⑧：6）

4. B型Ⅱ式（T121⑧：1）

5. B型Ⅲ式（T154⑧：9）

6. C型Ⅰ式（T163⑧：2）

傅家山遗址第8层出土的陶敞口釜

图版一五

1. C型Ⅱ式（T141⑧：15）

2. C型Ⅲ式（T114⑧：21）

3. C型Ⅳ式（T131⑧：20）

4. D型Ⅰ式（T124⑧：29）

5. D型Ⅰ式（T124⑧：33）

6. D型Ⅱ式（T142⑧：20）

傅家山遗址第8层出土的陶敞口釜

图版一六

1. D型Ⅱ式（T114⑧：32）

2. D型Ⅱ式（T112⑧：21）

3. D型Ⅱ式（T131⑧：15）

4. D型Ⅱ式（T124⑧：36）

5. D型Ⅱ式（T112⑧：17）

6. D型Ⅱ式（T141⑧：21）

傅家山遗址第8层出土的陶敞口釜

图版一七

1. D型Ⅲ式（T132⑧：14）

2. D型Ⅲ式（T131⑧：16）

3. E型Ⅰ式（T124⑧：31）

4. E型Ⅰ式（T114⑧：35）

5. E型Ⅰ式（T154⑧：10）

6. E型Ⅰ式（T134⑧：19）

傅家山遗址第8层出土的陶敞口釜

图版一八

1. E型Ⅰ式（T142⑧：32）

2. E型Ⅱ式（T131⑧：21）

3. E型Ⅱ式（T141⑧：13）

4. E型Ⅱ式（T141⑧：18）

5. E型Ⅱ式（T114⑧：31）

6. E型Ⅱ式（T123⑧：35）

傅家山遗址第8层出土的陶敞口釜

图版一九

1. E型Ⅱ式（T111⑧：4）

2. E型Ⅲ式（T143⑧：22）

3. E型Ⅲ式（T121⑧：31）

4. E型Ⅲ式（T132⑧：16）

5. E型Ⅲ式（T152⑧：22）

6. E型Ⅲ式（T132⑧：15）

傅家山遗址第8层出土的陶敞口釜

图版二〇

1. E型Ⅲ式（T141⑧：20）
2. E型Ⅲ式（T141⑧：19） 
3. E型Ⅳ式（T111⑧：32） 
4. E型Ⅴ式（T134⑧：12） 
5. E型Ⅴ式（T152⑧：20） 
6. F型Ⅰ式（T142⑧：27） 

傅家山遗址第8层出土的陶敞口釜

图版二一

1. F型Ⅰ式（T112⑧：18）

2. F型Ⅱ式（T114⑧：23）

3. F型Ⅲ式（T141⑧：12）

4. F型Ⅳ式（T144⑧：15）

5. G型Ⅰ式（T114⑧：26）

6. G型Ⅰ式（T114⑧：35）

傅家山遗址第8层出土的陶敞口釜

图版二二

1. G型Ⅰ式（T114⑧：27）

2. G型Ⅰ式（T133⑧：25）

3. G型Ⅱ式（T113⑧：10）

4. G型Ⅱ式（T144⑧：16）

5. G型Ⅲ式（T134⑧：4）

6. H型（T134⑧：11）

傅家山遗址第8层出土的陶敞口釜

图版二三

1. A型Ⅰ式（T143⑧：28）

2. A型Ⅰ式（T144⑧：17）

3. A型Ⅱ式（T143⑧：24）

4. B型（T144⑧：14）

5. B型（T133⑧：13）

6. C型Ⅰ式（T133⑧：26）

傅家山遗址第8层出土的陶直口釜

图版二四

1. C型Ⅰ式直口釜（T134⑧：7）
2. C型Ⅱ式直口釜（T123⑧：25） 
3. C型Ⅲ式直口釜（T134⑧：6） 
4. C型Ⅲ式直口釜（T152⑧：21） 
5. C型Ⅳ式直口釜（T122⑧：9） 
6. A型Ⅰ式敛口釜（T114⑧：28） 

傅家山遗址第8层出土的陶直口釜与陶敛口釜

图版二五

1. A型Ⅰ式（T142⑧：5）

2. A型Ⅱ式（T114⑧：29）

3. A型Ⅲ式（T143⑧：25）

4. B型Ⅰ式（T114⑧：30）

5. B型Ⅰ式（T132⑧：12）

6. B型Ⅰ式（T152⑧：18）

傅家山遗址第8层出土的陶敛口釜

图版二六

1. B型Ⅱ式（T123⑧：29）

2. B型Ⅲ式（T154⑧：13）

3. C型Ⅰ式（T112⑧：14）

4. C型Ⅰ式（T133⑧：31）

5. C型Ⅰ式（T131⑧：19）

6. C型Ⅰ式（T123⑧：1）

傅家山遗址第8层出土的陶敛口釜

图版二七

1. C型Ⅰ式（T123⑧：33）

2. C型Ⅱ式（T110⑧：5）

3. C型Ⅱ式（T121⑧：30）

4. C型Ⅱ式（T112⑧：19）

5. C型Ⅱ式（T132⑧：13）

6. C型Ⅱ式（T123⑧：31）

傅家山遗址第8层出土的陶敛口釜

图版二八

1. C型Ⅲ式（T123⑧：24）

2. C型Ⅲ式（T111⑧：36）

3. C型Ⅲ式（T141⑧：11）

4. C型Ⅲ式（T134⑧：8）

5. C型Ⅲ式（T133⑧：24）

6. C型Ⅲ式（T121⑧：18）

傅家山遗址第8层出土的陶敛口釜

图版二九

1. C型Ⅲ式敛口釜（T130⑧：4）

2. C型Ⅲ式敛口釜（T152⑧：19）

3. C型Ⅲ式敛口釜（T123⑧：34）

4. C型Ⅳ式敛口釜（T114⑧：34）

5. A型Ⅰ式双耳罐（T143⑧：19）

6. A型Ⅰ式双耳罐（T124⑧：30）

傅家山遗址第8层出土的陶敛口釜与陶双耳罐

图版三〇

1. A型Ⅰ式双耳罐（T123⑧：30）

2. A型Ⅱ式双耳罐（T114⑧：22）

3. A型Ⅲ式双耳罐（T134⑧：15）

4. B型双耳罐（T142⑧：30）

5. 单耳罐（T112⑧：3）

6. A型无耳罐（T121⑧：16）

傅家山遗址第8层出土的陶双耳罐、陶单耳罐、陶无耳罐

图版三一

1. B型无耳罐（T114⑧:2）

2. A型双耳瓮（T111⑧:29）

3. A型双耳瓮（T111⑧:30）

4. B型双耳瓮（T141⑧:16）

5. A型敞口盆（T153⑧:13）

6. B型敞口盆（T111⑧:16）

傅家山遗址第8层出土的陶无耳罐、陶双耳瓮、陶敞口盆

图版三二

1. B型敞口盆（T151⑧：1）

2. A型敛口盆（T144⑧：5）

3. A型敛口盆（T152⑧：16）

4. A型敛口盆（T133⑧：29）

5. B型敛口盆（T151⑧：6）

6. B型敛口盆（T134⑧：28）

傅家山遗址第8层出土的陶敞口盆与陶敛口盆

图版三三

1. C型敛口盆（T154⑧：11）

2. A型Ⅰ式平底盘（T121⑧：8）

3. A型Ⅰ式平底盘（T141⑧：17）

4. A型Ⅰ式平底盘（T121⑧：27）

5. A型Ⅰ式平底盘（T122⑧：7）

6. A型Ⅰ式平底盘（T122⑧：8）

7. A型Ⅰ式平底盘（T121⑧：25）

8. A型Ⅰ式平底盘（T110⑧：6）

傅家山遗址第8层出土的陶敛口盆与陶平底盘

图版三四

1. A型Ⅰ式（T110⑧：8）
2. A型Ⅰ式（T122⑧：2） 
3. A型Ⅱ式（T121⑧：29） 
4. A型Ⅱ式（T110⑧：10） 
5. B型Ⅰ式（T143⑧：27） 
6. B型Ⅰ式（T131⑧：12） 
7. B型Ⅰ式（T112⑧：2） 
8. B型Ⅰ式（T143⑧：17） 

傅家山遗址第8层出土的陶平底盘

图版三五

1. B型Ⅰ式（T143⑧：26）

2. B型Ⅰ式（T134⑧：26）

3. B型Ⅰ式（T110⑧：9）

4. B型Ⅱ式（T131⑧：9）

5. B型Ⅱ式（T134⑧：3）

6. B型Ⅱ式（T143⑧：15）

7. B型Ⅱ式（T113⑧：9）

8. B型Ⅱ式（T161⑧：8）

傅家山遗址第8层出土的陶平底盘

图版三六

1. B型Ⅱ式（T142⑧：17）
2. B型Ⅲ式（T134⑧：16） 
3. B型Ⅲ式（T124⑧：21） 
4. B型Ⅲ式（T123⑧：27） 
5. C型Ⅰ式（T144⑧：4） 
6. C型Ⅰ式（T143⑧：18） 
7. C型Ⅱ式（T132⑧：11） 
8. C型Ⅱ式（T134⑧：29） 

傅家山遗址第8层出土的陶平底盘

图版三七

1. C型Ⅲ式平底盘（T131⑧：10）

2. A型Ⅰ式圈足盘（T111⑧：17）

3. A型Ⅱ式圈足盘（T120⑧：7）

4. B型圈足盘（T114⑧：8）

5. B型圈足盘（T114⑧：17）

6. C型圈足盘（T113⑧：5）

7. C型Ⅱ式圈足盘（T134⑧：13）

8. D型Ⅰ式圈足盘（T143⑧：23）

傅家山遗址第8层出土的陶平底盘与陶圈足盘

图版三八

1. A型Ⅰ式（T134⑧:30）

2. A型Ⅰ式（T133⑧:12）

3. A型Ⅰ式（T112⑧:6）

4. A型Ⅱ式（T123⑧:28）

5. A型Ⅱ式（T124⑧:7）

6. A型Ⅱ式（T112⑧:16）

傅家山遗址第8层出土的陶敛口钵

图版三九

1. A型Ⅱ式（T141⑧：7）

2. A型Ⅱ式（T141⑧：22）

3. A型Ⅱ式（T134⑧：17）

4. A型Ⅱ式（T153⑧：22）

5. A型Ⅱ式（T151⑧：5）

6. A型Ⅱ式（T161⑧：5）

傅家山遗址第8层出土的陶敛口钵

图版四〇

1. A型Ⅱ式（T111⑧：31）

2. A型Ⅱ式（T133⑧：32）

3. A型Ⅱ式（T112⑧：4）

4. A型Ⅱ式（T124⑧：25）

5. A型Ⅱ式（T133⑧：38）

6. B型（T153⑧：20）

傅家山遗址第8层出土的陶敛口钵

图版四一

1. B型（T163⑧：5）

2. B型（T154⑧：6）

3. C型Ⅰ式（T153⑧：21）

4. C型Ⅱ式（T144⑧：12）

5. C型Ⅱ式（T153⑧：18）

6. C型Ⅱ式（T144⑧：2）

傅家山遗址第8层出土的陶敛口钵

图版四二

1. C型Ⅱ式敛口钵（T134⑧：9）

2. D型敛口钵（T154⑧：1）

3. D型敛口钵（T133⑧：33）

4. A型Ⅰ式敞口钵（T134⑧：1）

5. A型Ⅰ式敞口钵（T154⑧：3）

6. A型Ⅰ式敞口钵（T144⑧：7）

傅家山遗址第8层出土的陶敛口钵与陶敞口钵

图版四三

1. A型Ⅱ式（T154⑧：8）

2. A型Ⅱ式（T134⑧：36）

3. A型Ⅱ式（T124⑧：7）

4. A型Ⅱ式（T112⑧：15）

5. B型Ⅰ式（T134⑧：38）

6. B型Ⅰ式（T144⑧：6）

傅家山遗址第8层出土的陶敞口钵

图版四四

1. B型Ⅰ式（T151⑧：3）

2. B型Ⅰ式（T142⑧：28）

3. B型Ⅰ式（T134⑧：32）

4. B型Ⅰ式（T144⑧：3）

5. B型Ⅱ式（T121⑧：32）

6. B型Ⅲ式（T133⑧：7）

傅家山遗址第8层出土的陶敞口钵

图版四五

1. C型敞口钵（T164⑧∶1）

2. A型Ⅰ式碗（T142⑧∶21）

3. A型Ⅰ式碗（T123⑧∶3）

4. A型Ⅰ式碗（T123⑧∶19）

5. A型Ⅰ式碗（T133⑧∶44）

6. A型Ⅰ式碗（T133⑧∶27）

7. A型Ⅰ式碗（T133⑧∶42）

8. A型Ⅰ式碗（T131⑧∶7）

傅家山遗址第8层出土的陶敞口钵与陶碗

图版四六

1. A型Ⅱ式（T123⑧：23）

2. A型Ⅲ式（T124⑧：28）

3. B型Ⅰ式（T134⑧：10）

4. B型Ⅰ式（T133⑧：18）

5. B型Ⅰ式（T133⑧：19）

6. B型Ⅱ式（T134⑧：27）

傅家山遗址第8层出土的陶碗

图版四七

1. A型Ⅰ式（T143⑧∶2）

2. B型Ⅰ式（T153⑧∶23）

3. B型Ⅱ式（T154⑧∶12）

傅家山遗址第8层出土的陶豆

图版四八

1. A型盂形器（T124⑧∶32）

2. B型盂形器（T153⑧∶15）

3. A型Ⅰ式器盖（T163⑧∶1）

4. A型Ⅰ式器盖（T134⑧∶24）

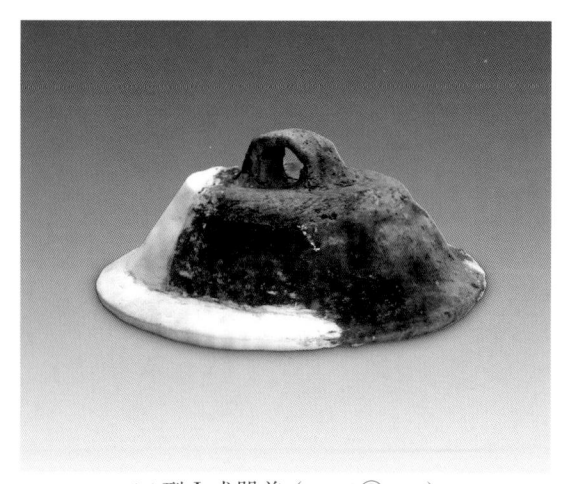

5. A型Ⅰ式器盖（T113⑧∶4）

傅家山遗址第8层出土的陶盂形器与陶器盖

图版四九

1. A型Ⅱ式（T113⑧：13）

2. A型Ⅱ式（T124⑧：20）

3. A型Ⅲ式（T161⑧：11）

4. B型Ⅰ式（T113⑧：11）

5. B型Ⅰ式（T144⑧：1）

6. B型Ⅱ式（T131⑧：8）

7. C型（T153⑧：3）

8. C型（T162⑧：13）

傅家山遗址第8层出土的陶器盖

图版五〇

1. A型Ⅰ式（T143⑧：21）

2. A型Ⅱ式（T133⑧：8）

3. A型Ⅲ式（T142⑧：13）

4. B型（T134⑧：14）

傅家山遗址第8层出土的陶器座

图版五一

1. Ⅰ式釜支架（T134⑧∶5）

2. Ⅱ式釜支架（T121⑧∶33）

3. Ⅲ式釜支架（T113⑧∶12）

4. A型Ⅰ式纺轮（T111⑧∶2）

5. A型Ⅰ式纺轮（T134⑧∶2）

6. A型Ⅰ式纺轮（T111⑧∶24）

傅家山遗址第8层出土的陶釜支架与陶纺轮

图版五二

1. A型Ⅰ式（T123⑧：13）

2. A型Ⅰ式（T123⑧：10）

3. A型Ⅰ式（T131⑧：18）

4. A型Ⅰ式（T133⑧：20）

5. A型Ⅰ式（T110⑧：4）

6. A型Ⅰ式（T120⑧：5）

7. A型Ⅰ式（T120⑧：6）

8. A型Ⅰ式（T153⑧：14）

傅家山遗址第8层出土的陶纺轮

图版五三

1. A型Ⅰ式（T141⑧：5）

2. A型Ⅰ式（T143⑧：10）

3. A型Ⅰ式（T131⑧：22）

4. A型Ⅰ式（T133⑧：9）

5. A型Ⅰ式（T112⑧：5）

6. A型Ⅰ式（T114⑧：6）

7. A型Ⅰ式（T114⑧：11）

8. A型Ⅰ式（T153⑧：5）

傅家山遗址第8层出土的陶纺轮

图版五四

1. A型Ⅰ式（T134⑧:37）
2. A型Ⅰ式（T133⑧:3） 
3. A型Ⅰ式（T124⑧:11） 
4. A型Ⅱ式（T141⑧:23） 
5. A型Ⅱ式（T162⑧:7） 
6. B型Ⅰ式（T131⑧:17） 
7. B型Ⅰ式（T114⑧:1） 
8. B型Ⅱ式（T162⑧:17） 

傅家山遗址第8层出土的陶纺轮

图版五五

1. 釜（T114⑧:24）

2. 釜（T133⑧:43）

3. 钵（T133⑧:41）

4. 钵（T152⑧:4）

5. 钵（T124⑧:17）

傅家山遗址第8层出土的捏塑小陶器

图版五六

1. 钵（T111⑧：21）

2. 钵（T152⑧：17）

3. 钵（T132⑧：9）

4. 圈足盘（T142⑧：2）

5. 豆（T124⑧：6）

6. 豆（T124⑧：4）

傅家山遗址第8层出土的捏塑小陶器

图版五七

1. A型（T131⑧：4）
2. A型（T152⑧：10）
3. A型（T162⑧：6）
4. A型（T162⑧：10）
5. A型（T143⑧：8）
6. A型（T110⑧：2）
7. A型（T142⑧：8）
8. B型（T111⑧：15）
9. B型（T110⑧：1）

傅家山遗址第8层出土的石斧

图版五八

1. B型（T154⑧：4）　　2. B型（T154⑧：14）　　3. B型（T114⑧：33）

4. B型（T111⑧：19）　　5. B型（T162⑧：1）　　6. B型（T131⑧：5）

7. B型（T142⑧：1）　　8. B型（T113⑧：3）　　9. B型（T153⑧：8）

傅家山遗址第8层出土的B型石斧

图版五九

1. B型（T153⑧：17）
2. B型（T144⑧：8）
3. B型（T154⑧：5）
4. B型（T151⑧：7）
5. B型（T121⑧：19）
6. B型（T142⑧：11）
7. B型（T114⑧：18）
8. B型（T123⑧：14）
9. B型（T121⑧：5）

傅家山遗址第8层出土的石斧

图版六〇

1. C型（T123⑧：18）
2. C型（T143⑧：11）
3. C型（T161⑧：6）
4. C型（T162⑧：2）
5. C型（T113⑧：8）
6. C型（T124⑧：12）
7. D型（T144⑧：10）
8. D型（T133⑧：6）
9. D型（T133⑧：22）

傅家山遗址第8层出土的石斧

图版六一

1. A型Ⅰ式（T153⑧：10）　　2. A型Ⅰ式（T124⑧：2）　　3. A型Ⅰ式（T162⑧：12）

4. A型Ⅰ式（T123⑧：2）　　5. A型Ⅱ式（T142⑧：4）　　6. A型Ⅱ式（T131⑧：6）

7. B型（T123⑧：22）　　8. B型（T124⑧：14）　　9. B型（T144⑧：9）

傅家山遗址第8层出土的石锛

图版六二

1. B型锛（T142⑧：10）
2. B型锛（T152⑧：7）
3. B型锛（T114⑧：7）
4. 打制石器（T153⑧：16）
5. 打制石器（T153⑧：19）
6. 打制石器（T123⑧：6）
7. A型Ⅰ式凿（T142⑧：23）
8. A型Ⅰ式凿（T124⑧：26）
9. A型Ⅰ式凿（T161⑧：3）

傅家山遗址第8层出土的石锛、打制石器、石凿

图版六三

1. A型Ⅱ式（T112⑧：20）　　2. A型Ⅱ式（T121⑧：26）　　3. A型Ⅱ式（T110⑧：7）

4. A型Ⅱ式（T114⑧：16）　　5. A型Ⅱ式（T162⑧：5）　　6. A型Ⅱ式（T111⑧：33）

7. B型Ⅰ式（T113⑧：12）　　8. B型Ⅰ式（T153⑧：7）　　9. B型Ⅰ式（T124⑧：3）

傅家山遗址第8层出土的石凿

图版六四

1. B型Ⅱ式凿（T121⑧：20）

2. B型Ⅱ式凿（T153⑧：12）

3. 球（T154⑧：7）

4. 球（T133⑧：30）

5. 球（T142⑧：31）

6. 球（T143⑧：9）

傅家山遗址第8层出土的石凿与石球

图版六五

1. 锤（T124⑧：34）

2. 砺石（T130⑧：5）

3. 砺石（T124⑧：35）

4. 砺石（T134⑧：18）

5. 砺石（T152⑧：24）

6. 纺轮（T133⑧：21）

傅家山遗址第8层出土的石锤、砺石、石纺轮

图版六六

1. 玦（T121⑧：14）

2. 玦（T111⑧：27）

3. 玦（T110⑧：3）

4. 环（T111⑧：20）

傅家山遗址第8层出土的玉玦与玉环

图版六七

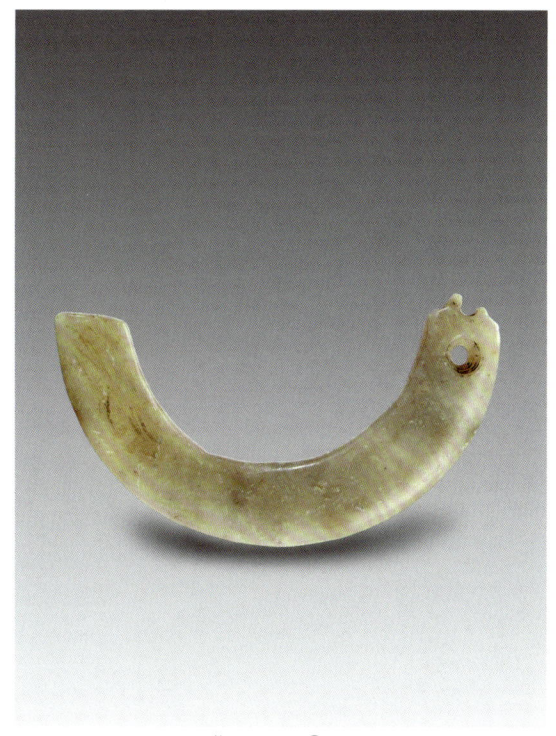

1. 玉璜（T111⑧：26）

2. 玉垂（T111⑧：28）

3. 石管（T111⑧：1）

4. 石管（T143⑧：1）

傅家山遗址第8层出土的玉石器

图版六八

1. A型Ⅰ式（T124⑧：10）
2. A型Ⅰ式（T153⑧：2） 
3. A型Ⅰ式（T161⑧：1） 
4. A型Ⅱ式（T111⑧：7） 
5. A型Ⅱ式（T114⑧：9） 
6. A型Ⅲ式（T121⑧：24） 
7. A型Ⅲ式（T141⑧：9） 
8. A型Ⅳ式（T111⑧：6） 
9. B型（T111⑧：22） 

傅家山遗址第8层出土的骨耜

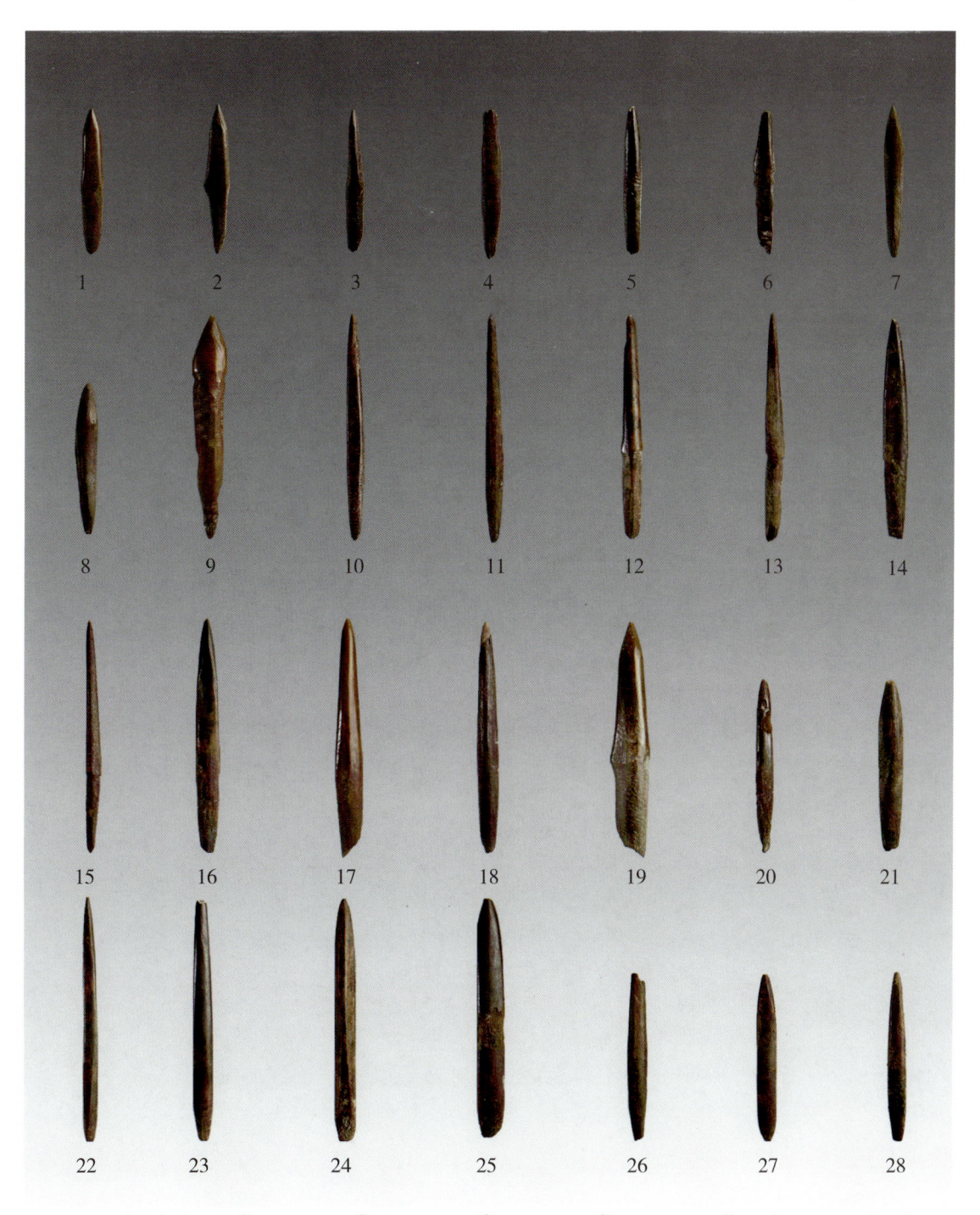

图版六九

1~5.A型Ⅰ式（T130⑧：1、T133⑧：14、T152⑧：6、T152⑧：14、T133⑧：5） 6~9.A型Ⅱ式（T124⑧：9、T112⑧：7、T142⑧：15、T112⑧：8） 10~21.A型Ⅲ式（T134⑧：20、T143⑧：6、T141⑧：4、T133⑧：11、T162⑧：9、T153⑧：4、T163⑧：3、T111⑧：13、T143⑧：16、T111⑧：18、T121⑧：23、T124⑧：5） 22~28.B型Ⅰ式（T162⑧：16、T113⑧：6、T142⑧：25、T131⑧：25、T123⑧：16、T152⑧：15、T132⑧：6）

傅家山遗址第8层出土的骨镞

图版七〇

1~15.B型Ⅰ式（T122⑧：6、T152⑧：1、T111⑧：3、T143⑧：7、T124⑧：23、T123⑧：12、T152⑧：11、T111⑧：8、T132⑧：10、T114⑧：10、T114⑧：5、T143⑧：4、T124⑧：22、T161⑧：2、T114⑧：19）　16~22.B型Ⅱ式（T152⑧：3、T111⑧：10、T123⑧：5、T113⑧：7、T152⑧：9、T151⑧：4、T124⑧：8）　23~28.B型Ⅲ式（T130⑧：2、T142⑧：29、T114⑧：14、T124⑧：15、T132⑧：8、T152⑧：2）

傅家山遗址第8层出土的骨镞

图版七一

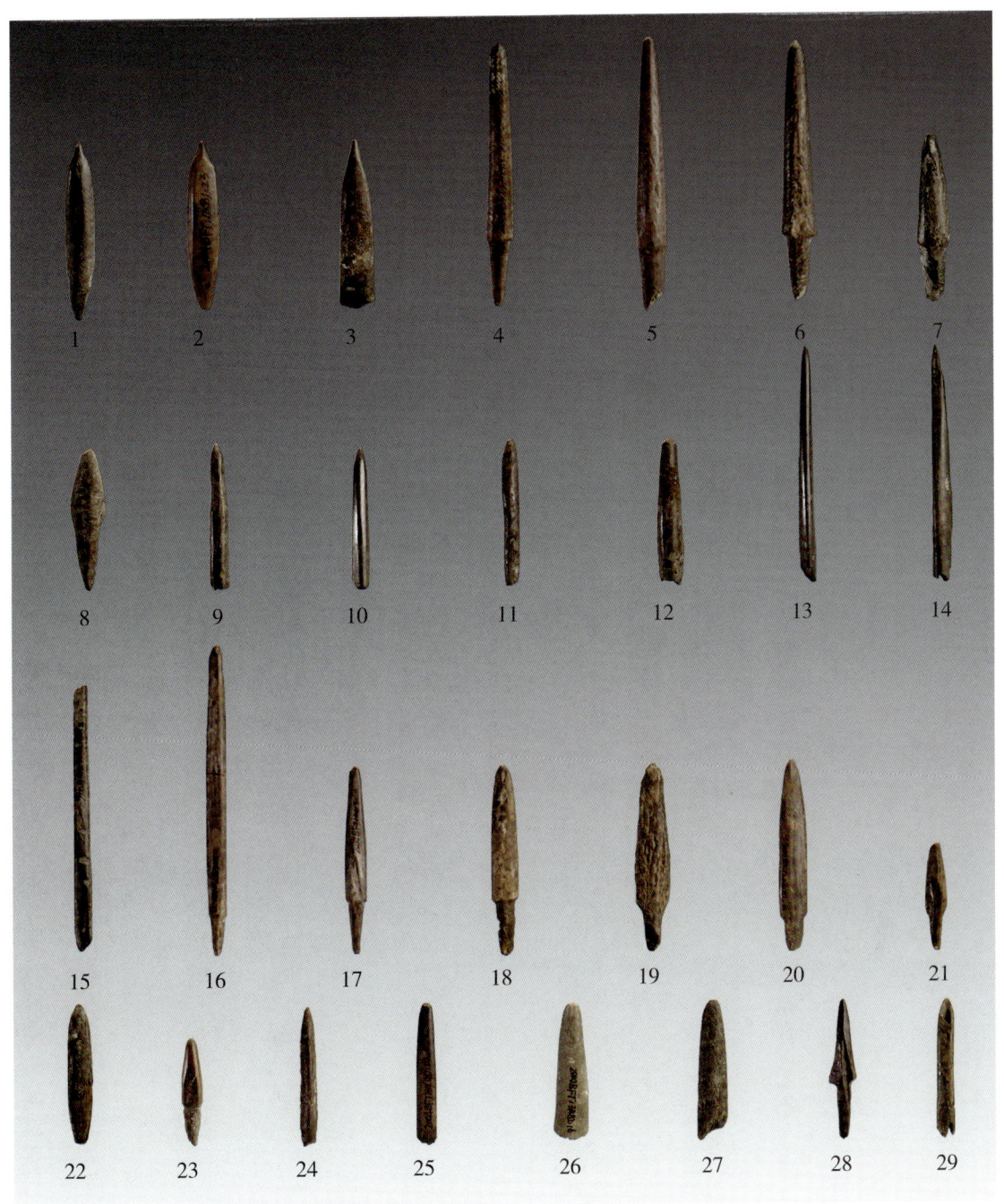

1~3.B型Ⅲ式（T111⑧：34、T111⑧：23、T152⑧：8），4~15.C型Ⅰ式（T131⑧：13、T134⑧：35、T132⑧：1、T133⑧：4、T121⑧：9、T153⑧：9、T132⑧：5、T123⑧：15、T111⑧：9、T133⑧：40、T142⑧：14、T143⑧：3） 16~27.C型Ⅱ式（T123⑧：12、T144⑧：18、T133⑧：23、T120⑧：2、T123⑧：9、T153⑧：6、T133⑧：39、T112⑧：11、T121⑧：21、T162⑧：14、T133⑧：16、T133⑧：15） 28.C型Ⅲ式（T120⑧：1） 29.D型（T142⑧：26）

傅家山遗址第8层出土的骨镞

图版七二

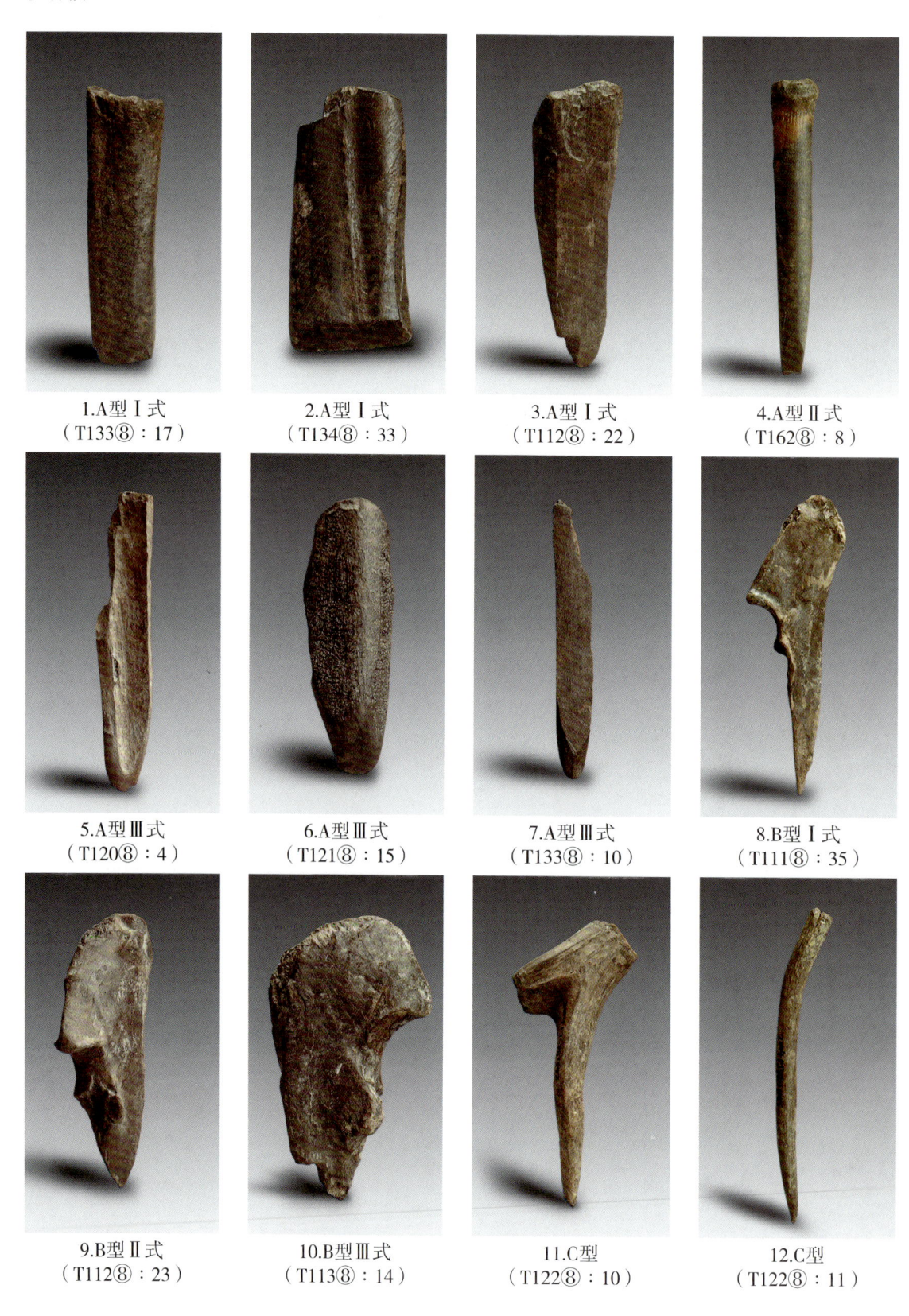

1. A型Ⅰ式
（T133⑧：17）

2. A型Ⅰ式
（T134⑧：33）

3. A型Ⅰ式
（T112⑧：22）

4. A型Ⅱ式
（T162⑧：8）

5. A型Ⅲ式
（T120⑧：4）

6. A型Ⅲ式
（T121⑧：15）

7. A型Ⅲ式
（T133⑧：10）

8. B型Ⅰ式
（T111⑧：35）

9. B型Ⅱ式
（T112⑧：23）

10. B型Ⅲ式
（T113⑧：14）

11. C型
（T122⑧：10）

12. C型
（T122⑧：11）

傅家山遗址第8层出土的骨凿

图版七三

| 1.A型锥
(T123⑧:4) | 2.A型锥
(T133⑧:2) | 3.A型锥
(T132⑧:7) | 4.A型锥
(T114⑧:15) |

| 5.A型锥
(T123⑧:7) | 6.A型锥
(T123⑧:17) | 7.A型锥
(T124⑧:37) | 8.B型锥
(T124⑧:19) |

| 9.B型锥
(T143⑧:5) | 10.A型Ⅰ式笄
(T162⑧:4) | 11.A型Ⅱ式笄
(T152⑧:13) | 12.A型Ⅱ式笄
(T112⑧:10) |

傅家山遗址第8层出土的骨锥与骨笄

图版七四

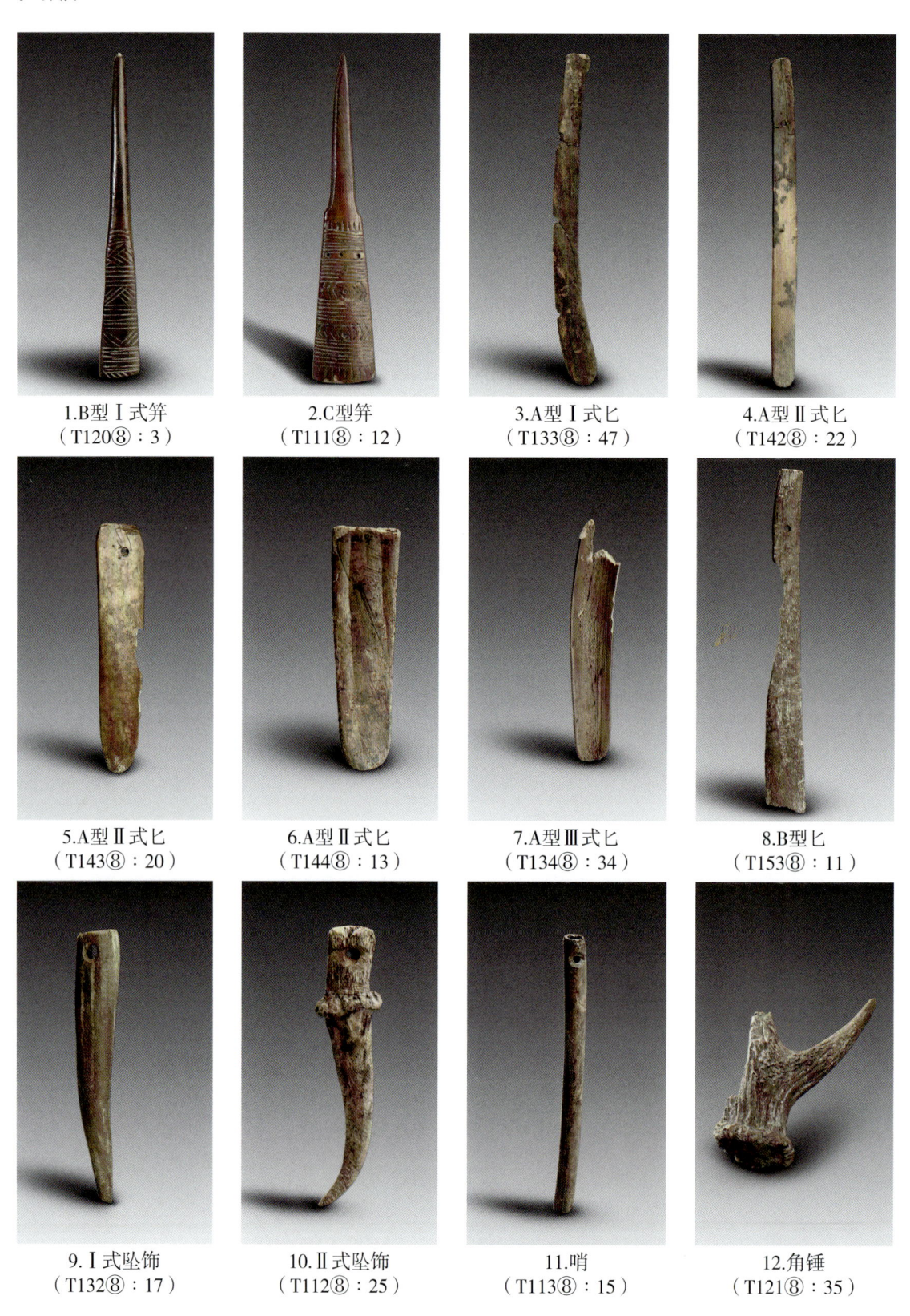

1.B型Ⅰ式笄	2.C型笄	3.A型Ⅰ式匕	4.A型Ⅱ式匕
（T120⑧：3）	（T111⑧：12）	（T133⑧：47）	（T142⑧：22）

5.A型Ⅱ式匕	6.A型Ⅱ式匕	7.A型Ⅲ式匕	8.B型匕
（T143⑧：20）	（T144⑧：13）	（T134⑧：34）	（T153⑧：11）

9.Ⅰ式坠饰	10.Ⅱ式坠饰	11.哨	12.角锤
（T132⑧：17）	（T112⑧：25）	（T113⑧：15）	（T121⑧：35）

傅家山遗址第8层出土的骨笄、骨匕、坠饰、骨哨、角锤

图版七五

1. A型柄形器（T124⑧：13）
2. A型柄形器（T132⑧：18） 
3. B型柄形器（T141⑧：5） 
4. 蝶（鸟）形器（T151⑧：2） 
5. 蝶（鸟）形器（T130⑧：7） 
6. 鹰首（T121⑧：13） 
7. 靴形器（T142⑧：12） 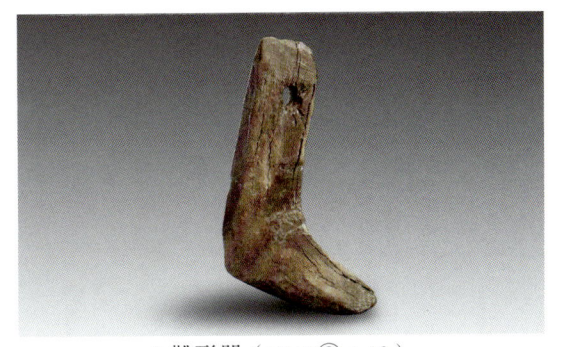

傅家山遗址第8层出土的柄形器、蝶（鸟）、鹰首、靴形器

图版七六

1.A型Ⅰ式 (T141⑧:26)	2.A型Ⅰ式 (T142⑧:16)	3.A型Ⅰ式 (T123⑧:11)	4.A型Ⅱ式 (T152⑧:12)
5.A型Ⅱ式 (T121⑧:7)	6.B型Ⅰ式 (T112⑧:9)	7.B型Ⅰ式 (T121⑧:3)	8.B型Ⅱ式 (T111⑧:14)

傅家山遗址第8层出土的轴杆

图版七七

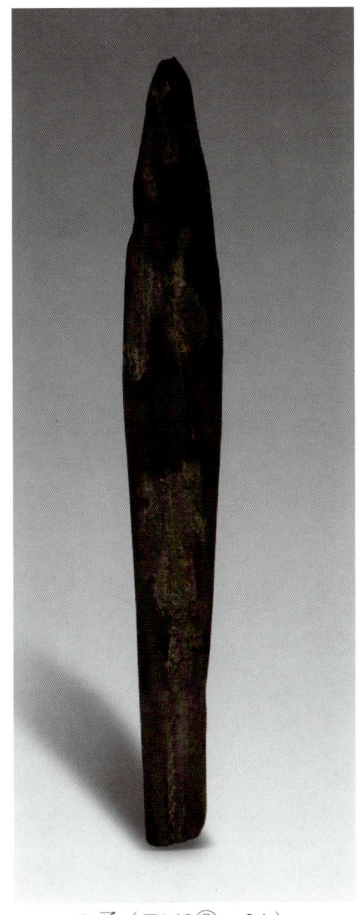

1. 矛（T143⑧:13）　　2. 矛（T142⑧:24）　　3. 锛柄（T111⑧:39）

4. 镞（T132⑧:4）　　5. 蝶（鸟）形器（T111⑧:38）

傅家山遗址第8层出土的木矛、木镞、锛柄、蝶（鸟）形器

图版七八

1. 第7层木础立柱⑦Z1

2. 第7层木础立柱⑦Z2

傅家山遗址第7层木础立柱

图版七九

1. 第7层木础立柱⑦Z3

2. 第7层木础立柱⑦Z4

傅家山遗址第7层木础立柱

图版八〇

1. A型Ⅲ式敞口釜（T112⑦∶3）

2. A型Ⅴ式敞口釜（T131⑦∶1）

3. D型Ⅱ式敞口釜（T141⑦∶1）

4. E型Ⅰ式敞口釜（T141⑦∶2）

5. F型Ⅰ式敞口釜（T151⑦∶10）

6. C型Ⅰ式直口釜（T130⑦∶1）

傅家山遗址第7层出土的陶釜

图版八一

1. B型Ⅰ式敛口釜（T123⑦：5）

2. C型Ⅱ式敛口釜（T113⑦：1）

3. C型Ⅲ式敛口釜（T141⑦：3）

4. A型Ⅰ式釜形罐（T123⑦：1）

5. A型Ⅱ式釜形罐（T112⑦：2）

6. B型敞口盆（T124⑦：1）

傅家山遗址第7层出土的陶釜、陶罐、陶盆

图版八二

1. B型Ⅱ式敞口盆（T132⑦：1）
2. C型Ⅰ式平底盘（T124⑦：3） 
3. C型Ⅳ式平底盘（T153⑦：3） 
4. A型Ⅰ式圈足盘（T161⑦：2） 
5. A型Ⅱ式敛口钵（T123⑦：2） 
6. A型Ⅱ式敛口钵（T152⑦：6） 

傅家山遗址第7层出土的陶盆、陶盘、陶钵

图版八三

1. A型Ⅱ式敛口钵（T133⑦：2） 　　　　2. D型Ⅰ式敛口钵（T153⑦：8）

3. D型Ⅰ式敛口钵（T153⑦：4） 　　　　4. B型Ⅰ式敞口钵（T153⑦：6）

5. A型Ⅰ式碗（T133⑦：3） 　　　　6. A型Ⅰ式器盖（T153⑦：5）

傅家山遗址第7层出土的陶钵、陶碗、陶器盖

图版八四

1. C型Ⅰ式器盖（T143⑦：1）

2. D型器盖（T153⑦：7）

3. A型Ⅰ式纺轮（T151⑦：6）

4. A型Ⅱ式纺轮（T152⑦：1）

5. A型Ⅱ式纺轮（T152⑦：5）

6. A型Ⅱ式纺轮（T151⑦：2）

7. C型纺轮（T161⑦：1）

8. 陶兽（T123⑦：4）

傅家山遗址第7层出土的陶器盖、陶纺轮、陶兽

图版八五

1. A型斧（T162⑦:3）
2. A型斧（T161⑦:4）
3. B型斧（T151⑦:8）
4. B型斧（T151⑦:7）
5. B型斧（T163⑦:1）
6. C型斧（T131⑦:3）
7. C型斧（T151⑦:9）
8. A型Ⅰ式锛（T153⑦:1）
9. A型Ⅰ式锛（T152⑦:2）

傅家山遗址第7层出土的石斧与石锛

图版八六

1. A型Ⅰ式锛（T153⑦：2）
2. A型Ⅰ式锛（T162⑦：5） 
3. A型Ⅰ式锛（T121⑦：13） 
4. B型锛（T162⑦：1） 
5. A型Ⅰ式凿（T122⑦：8） 
6. 刻刀（T152⑦：3） 
7. 球（T151⑦：1） 
8. 球（T162⑦：2） 

傅家山遗址第7层出土的石锛、石凿、刻刀、石球

图版八七

1. A型Ⅱ式耜（T162⑦∶6）

2. A型Ⅱ式耜（T124⑦∶4）

3. A型Ⅱ式耜（T124⑦∶5）

4. A型Ⅰ式镞（T111⑦∶5）

5. A型Ⅰ式镞（T151⑦∶3）

6. A型Ⅱ式镞（T112⑦∶9）

7. A型Ⅱ式镞（T122⑦∶10）

8. A型Ⅲ式镞（T152⑦∶4）

9. A型Ⅲ式镞（T151⑦∶4）

10. A型Ⅲ式镞（T113⑦∶2）

11. A型Ⅲ式镞（T111⑦∶10）

傅家山遗址第7层出土的骨耜与骨镞

图版八八

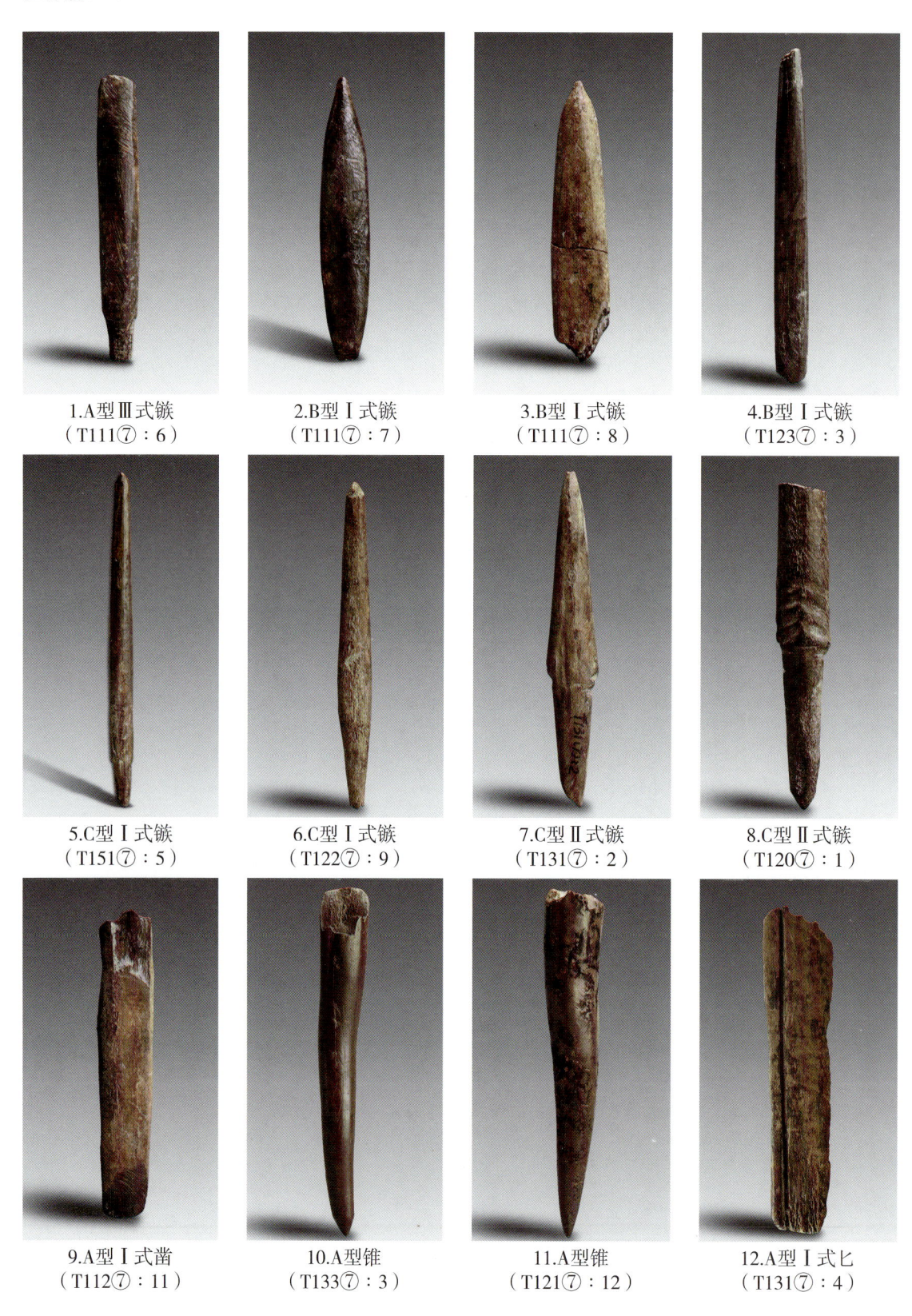

1.A型Ⅲ式镞 （T111⑦:6）	2.B型Ⅰ式镞 （T111⑦:7）	3.B型Ⅰ式镞 （T111⑦:8）	4.B型Ⅰ式镞 （T123⑦:3）
5.C型Ⅰ式镞 （T151⑦:5）	6.C型Ⅰ式镞 （T122⑦:9）	7.C型Ⅱ式镞 （T131⑦:2）	8.C型Ⅱ式镞 （T120⑦:1）
9.A型Ⅰ式凿 （T112⑦:11）	10.A型锥 （T133⑦:3）	11.A型锥 （T121⑦:12）	12.A型Ⅰ式匕 （T131⑦:4）

傅家山遗址第7层出土的骨镞、骨凿、骨锥、骨匕

图版八九

1. I型敞口釜（T161⑥:1）

2. C型Ⅳ式敛口釜（T141⑥:1）

3. A型Ⅱ式双耳罐（T123⑥:1）

4. C型双耳罐（T122⑥:4）

5. 四耳罐（T132⑥:2）

傅家山遗址第6层出土的陶釜与陶罐

图版九〇

1. 敛口豆盘（T152⑥：1）

2. 敛口豆盘（T152⑥：2）

3. C型器盖（T161⑥：2）

4. D型器盖（T142⑥：1）

5. A型Ⅱ式盂（T143⑥：3）

6. A型Ⅰ式纺轮（T122⑥：3）

傅家山遗址第6层出土的陶豆盘、陶器盖、陶盂、陶纺轮

图版九一

1. B型斧（T111⑥：2）

2. B型斧（T134⑥：1）

3. A型Ⅰ式锛（T122⑥：2）

4. A型Ⅰ式锛（T143⑥：1）

5. A型Ⅰ式凿（T122⑥：1）

6. A型Ⅰ式凿（T132⑥：1）

傅家山遗址第6层出土的石斧、石锛、石凿

图版九二

1. 宽沿釜（鼎）（T112④：2） 　2. 宽沿釜（鼎）（T120④：1） 　3. 窄沿釜（鼎）（T111④：2）

4. 窄沿釜（鼎）（T113④：1） 　5. 窄沿釜（鼎）（T120④：2） 　6. 敞口罐（T120④：5）

7. 敛口罐（T111④：3） 　8. 釜支架（T121④：1）

傅家山遗址第4层出土的陶釜(鼎)、陶罐、陶釜支架

图版九三

1. 鱼鳍形足
（T120④：3）

2. 鱼鳍形足
（T120④：4）

3. 鱼鳍形足
（T110④：4）

4. 鱼鳍形足
（T130④：2）

5. 三棱形足
（T110④：2）

6. 三棱形足
（T130④：1）

7. 凿形足
（T111④：4）

8. 舌形足
（T110④：3）

傅家山遗址第4层出土的陶器足

图版九四

1. 喇叭形Ⅰ式豆把（T112④：3）
2. 喇叭形Ⅰ式豆把（T113④：2）
3. 喇叭形Ⅰ式豆把（T113④：3）
4. 喇叭形Ⅰ式豆把（T113④：4）
5. 喇叭形Ⅱ式豆把（T121④：2）
6. 陶纺轮（T110④：1）
7. B型石锛（T111④：1）
8. 石刀（T132④：1）

傅家山遗址第4层出土的陶豆把、陶纺轮、石锛、石刀

图版九五

1. A型Ⅰ式陶纺轮（T130③∶2）

2. A型Ⅳ式釜支架（T130③∶3）

3. 石锛（T110③∶1）

4. 石锛（T120③∶1）

5. A型Ⅰ式石纺轮（T154③∶1）

6. 石刀（T130③∶1）

7. 石镞（T131③∶1）

傅家山遗址第4层与第3层出土的陶纺轮、陶釜支架、石纺轮、石刀、石镞

图版九六

1. 犁（T121③：1）

2. 犁（采集）

傅家山遗址第3层出土及采集的石犁

图版九七

1. 乌鳢左下齿骨（2004FJS⑧：1237）

3. 未定种鱼左上颌骨（2004FJS⑧：704）

2. 乌鳢脊椎骨
（2008FJS⑧：1350）

4. 未定种鱼脊椎骨
（2004FJS⑧：1347）

5. 未定种鱼脊椎骨
（2004FJS⑧：1349）

傅家山遗址第8层出土的动物骨骼

图版九八

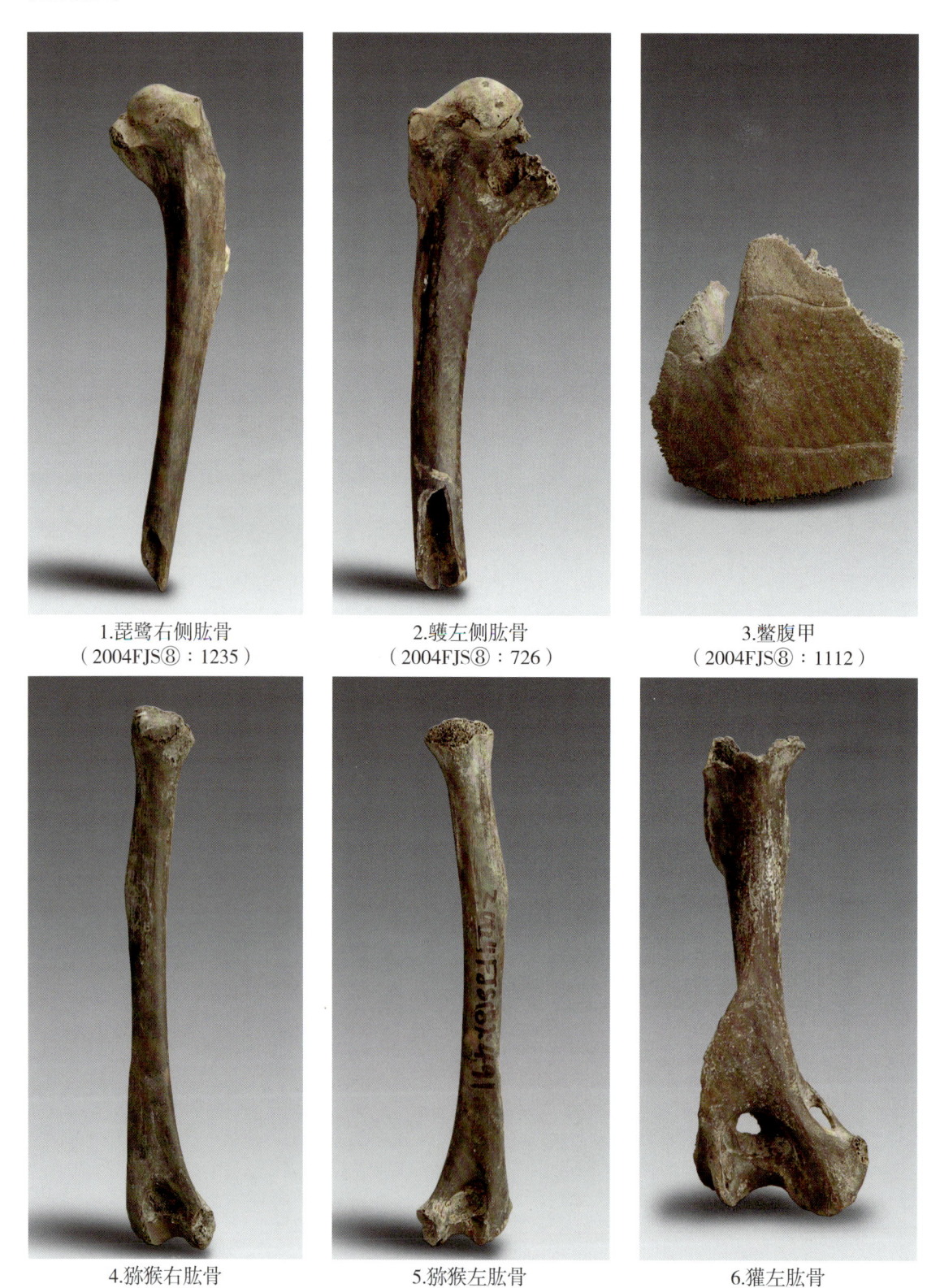

1. 琵鹭右侧肱骨
（2004FJS⑧：1235）

2. 䴉左侧肱骨
（2004FJS⑧：726）

3. 鳖腹甲
（2004FJS⑧：1112）

4. 猕猴右肱骨
（2004FJS⑧：729）

5. 猕猴左肱骨
（2004FJS⑧：491）

6. 獾左肱骨
（2004FJS⑧：263）

傅家山遗址第8层出土的动物骨骼

图版九九

1. 水獭左下颌骨（2004FJS⑧：730）

3. 猫科头后骨（2004FJS⑧：733）

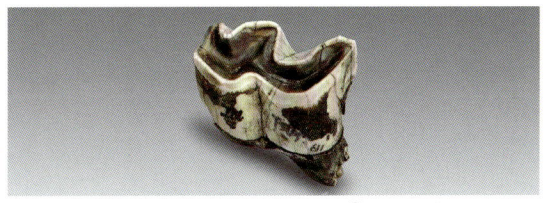

4. 犀牛左下 M_2（2004FJS⑧：611）

2. 水獭右髋骨（2004FJS⑧：495）

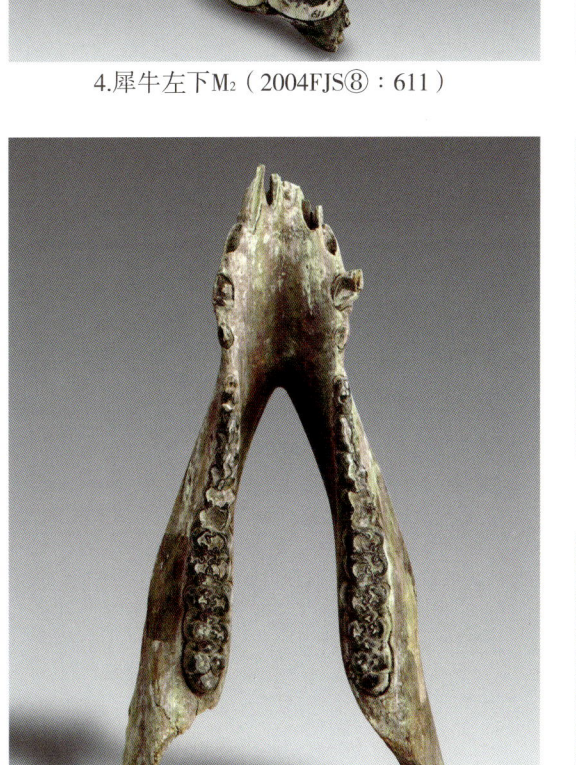

5. 猪下颌骨（2004FJS⑧：688）

6. 猪右侧距骨（2004FJS⑧：496）

7. 猪左侧第三掌骨（2004FJS⑧：725）

8. 猪右侧第三跖骨（2004FJS⑧：751）

傅家山遗址第8层出土的动物骨骼

图版一〇〇

1. 梅花鹿右角（2004FJS⑧：819）

2. 梅花鹿右角（2004FJS⑧：511）

3. 梅花鹿左角
（2004FJS⑧：2001）

4. 梅花鹿寰椎
（2004FJS⑧：559）

5. 梅花鹿枢椎
（2004FJS⑧：356）

傅家山遗址第8层出土的动物骨骼

图版一〇一

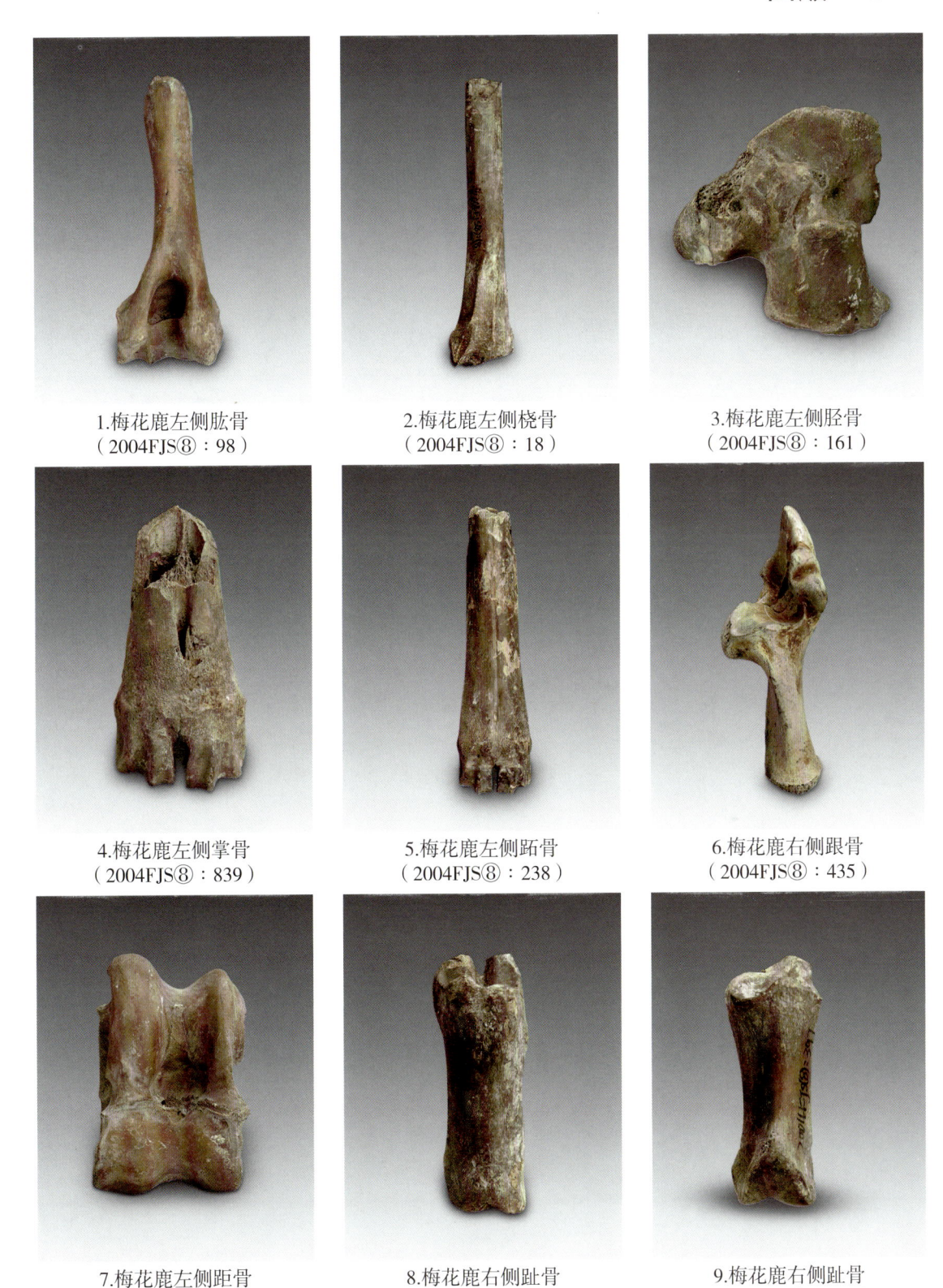

1. 梅花鹿左侧肱骨
（2004FJS⑧：98）

2. 梅花鹿左侧桡骨
（2004FJS⑧：18）

3. 梅花鹿左侧胫骨
（2004FJS⑧：161）

4. 梅花鹿左侧掌骨
（2004FJS⑧：839）

5. 梅花鹿左侧跖骨
（2004FJS⑧：238）

6. 梅花鹿右侧跟骨
（2004FJS⑧：435）

7. 梅花鹿左侧距骨
（2004FJS⑧：134）

8. 梅花鹿右侧趾骨
（2004FJS⑧：28）

9. 梅花鹿右侧趾骨
（2004FJS⑧：397）

傅家山遗址第8层出土的动物骨骼

图版一〇二

1. 水鹿左角（2004FJS⑧：671）

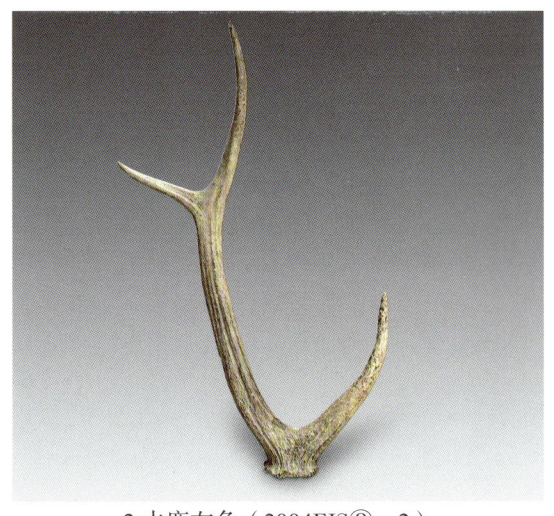

2. 水鹿左角（2004FJS⑧：2）

3. 水鹿右角顶枝（2004FJS⑧：501）

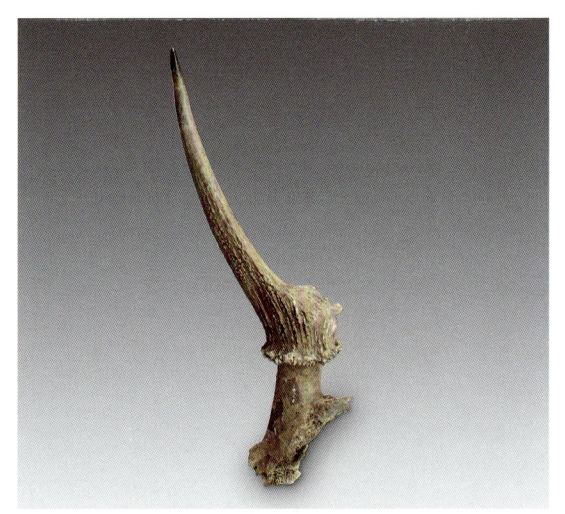

4. 水鹿右角（2004FJS⑧：82）

5. 水鹿右角（2004FJS⑧：797）

6. 水鹿后侧头骨（2004FJS⑧：1343）

傅家山遗址第8层出土的动物骨骼

图版一〇三

1. 水鹿头骨（2004FJS⑧：706）

2. 水鹿右侧下颌骨（2004FJS⑧：639）

3. 水鹿左侧肱骨（2004FJS⑧：577）

4. 水鹿左侧桡骨（2004FJS⑧：220）

5. 水鹿右侧胫骨（2004FJS⑧：172）

6. 水鹿左侧跟骨（2004FJS⑧：361）

傅家山遗址第8层出土的动物骨骼

图版一〇四

1. 麂右角
（2004FJS⑧：714）

2. 麂左角
（2004FJS⑧：846）

3. 麂左侧掌骨
（2004FJS⑧：741）

4. 麂右下颌骨（2004FJS⑧：652）

6. 麂右侧距骨
（2004FJS⑧：418）

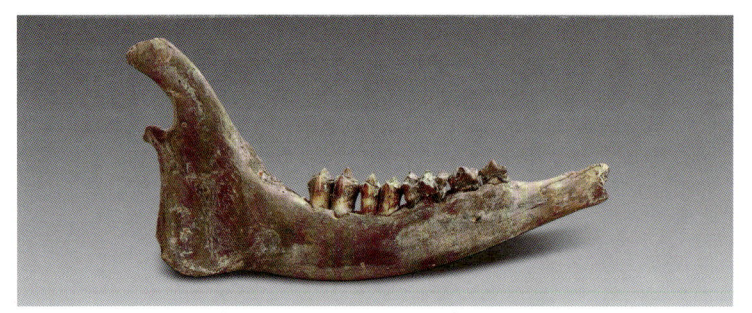

5. 麂右下颌骨（2004FJS⑧：642）

7. 麂左下蹄骨
（2004FJS⑧：498）

傅家山遗址第8层出土的动物骨骼

图版一〇五

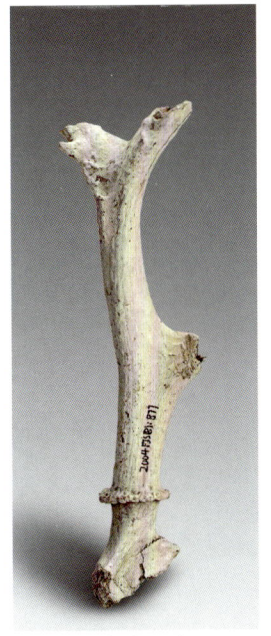

1. 麋鹿左角
（2004FJS⑧：877）

2. 麋鹿角顶枝杈
（2004FJS⑧：885）

3. 麋鹿左角
（2004FJS⑧：754）

4. 麋鹿右顶角枝杈
（2004FJS⑧：886）

5. 麋鹿左侧下颌骨（2004FJS⑧：638）

6. 麋鹿左侧胫骨（2004FJS⑧：451）

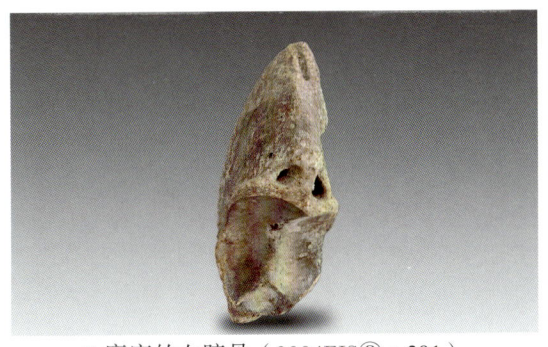

7. 麋鹿的左蹄骨（2004FJS⑧：391）

傅家山遗址第8层出土的动物骨骼

图版一〇六

1. 水牛右侧头骨（2004FJS⑧：930）

2. 水牛右上颌骨（2004FJS⑧：952）

3. 水牛左下颌骨（2004FJS⑧：944）

4. 水牛左上M^2（2004FJS⑧：481）

5. 水牛寰椎（2004FJS⑧：934）

傅家山遗址第8层出土的动物骨骼

图版一〇七

1. 水牛左侧掌骨
（2004FJS⑧：116）

2. 水牛右侧跖骨
（2004FJS⑧：109）

3. 水牛右侧髋骨
（2004FJS⑧：409）

4. 水牛右侧股骨
（2004FJS⑧：903）

5. 水牛左侧髌骨
（2004FJS⑧：567）

8. 水牛右侧距骨
（2004FJS⑧：438）

6. 水牛左侧胫骨
（2004FJS⑧：448）

7. 水牛右侧跟骨
（2004FJS⑧：572）

9. 水牛右侧蹄骨
（2004FJS⑧：388）

傅家山遗址第8层出土的动物骨骼

图版一〇八

傅家山遗址地层出土的菱壳

图版一〇九

1.菱角

2.橡子

菱角和橡子

图版一一〇

1. 南酸枣

2. 松球果

南酸枣和松球果

图版一一一

1. 手抵内壁指印

2. 敛口内沿制作

3. 敛口外沿凸脊

4. 手指抹平痕迹

陶器加工痕迹

图版一一二

1. 附加连肩脊

2. 二次加厚的釜底

3. 圈足黏痕

4. 分段制作痕迹

陶器加工痕迹